世界主要政党规章制度文献

丛书主编：俞可平
执行主编：陈家刚

俄罗斯

主编：徐向梅

中央编译局文库出版工作领导小组(编委会)

组　　长：贾高建
副 组 长：魏海生　陈和平　柴方国　季正聚
成　　员：崔友平　沈红文　杨雪冬　冯　雷　陈家刚
　　　　　赖海榕　郗卫东　张文成　葛海彦

中央编译局文库出版工作领导小组办公室

主　　任：薛晓源
成　　员：徐向梅　苗永姝

中央编译出版社文库编辑中心编辑小组

葛海彦　董　巍　贾宇琰　曲建文　苗永姝
杜永明　盛菊艳　李媛媛　薛迎春　董　妍

总　序

近代的政党，是基于一定的阶级或阶层之上，为了夺取和巩固国家的政治权力，从而维护特定利益的政治组织。与其他政治组织相比，政党最明显的特征，就是它有着明确的政治目标，即夺取政权和维护政权。除了执掌国家政权这一基本职能外，政党也是现代社会中最重要的利益表达和利益综合机构，是连接政府与民众的政治桥梁。政党还是国家政治生活的最重要组织者，是公民参与国家政治生活的重要平台，它履行着政治动员、公共参与和政治教育等重要的政治职能。因此，从权力的角度看，在所有政治组织中，政党是最重要的政治组织，它对近代国家的政治生活有着极为重要的影响。实际上，近代政治就是政党政治。国家权力主要由政党掌握，并且通过政党运行。

由于政党在国家公共政治生活中起着如此关键性的决定作用，规范政党组织本身及其成员的行为和活动，就变得极其重要。从国家的角度看，宪法及相应的专门法律，通常要对政党参与国家政权的方式、途径、范围等作出原则性规定，从而形成了不同的政党制度，如多党制、两党制、一党制、一党主导或一党独大制、多党合作制等。从政党自身的角度看，每个政党都必须有一整套政治纲领和规章制度，明确宣示政党的性质、使命、目标、任务和政策倡议，详细规定党员的资格、条件、义务、责任、权利，以及党的组织形式、选举制度、领导机制、决策程序和纪律约束等。广义上说，政党制度既包括政党的外部制度，也包括政党的内部制度，它们一起构成国家政治制度的重要组成部分。

如果说主权国家是国际政治舞台的主角，那么政党便是国内政治舞台的主角。除了少数小国之外，世界上绝大多数国家的政权实际上都掌握在执政党手中。一个个政党的产生、发展、壮大、掌权、下台、消亡，以及各个政党之间的竞争、合作、争斗、兼并、分化、组合，构成了现实政治生活一幅五彩斑斓的图景。要真正了解当代世界，就要了解世界各国的政治图景，那就不能不了解主演这些政治图景的各个政党。世界的丰富多彩，不仅体现在文化传统、生活方式和乡土风情上，也体现在社会结构、发展模式和政治体制上。进而言之，要真正了解一个国家，就要了解这个国家的政治体制；而要了解一个国家的政治体制，就不能不了解这个国家的政党制度。

中国共产党是按照马列主义原则建立起来的一个革命政党，在夺取国家政权后，特别是在改革开放后，它逐渐从一个革命党转变为执政党。党的根本宗旨没有改变，但党的群众基础、指导思想、组织结构、领导机制和执政方式等，都发生了重大的变化。坚持人民主体地位，发展人民民主已经成为中共执政的基本政治目标；民主、自由、平等、公正、法治、和谐，已经成为中共追求的核心政治价值；民主执政、依法执政和科学执政，已经成为中共的基本执政方式；建设中国特色的社会主义法治国家，推进国家治理现代化，已经成为中共全面深化改革的总目标。所有这些都表明，中国共产党自身正处于现代化的转型之中，实现治理的现代化，不仅是党执政治国的目标，也是党自身建设的目标。政党治理的现代化，是世界各国主要政党共同面临的时代课题。一些政党在推进治理现代化方面，取得了成功的经验，得以继续在本国的政坛叱咤风云；而另一些政党则付出了惨重的代价，直至失去了政权。学习和借鉴国外政党的成功经验，汲取它们的失败教训，对于中国共产党实现治理现代化，有着重要的现实意义。

1998年，我曾经主编过当时国内唯一的《当代各国政治体制》丛书，总共有16册之多，内容包括了世界各主要国家。那套丛书比较客观地介绍了各国主要政治体制，为读者全面了解当代世界的各种政治制度提供了翔实的资料，从而广受好评。此后，我一直想编纂一套介绍世界各主要政党制度的丛书，可惜终未如愿。巧的是，前几年中央为了加强党内法规建设，需要了解和借鉴国外政党的经验做法，有关部门便委托我局编译国外主要政党的规章制度。我认为，这些党内规章制度，虽不能在整体上等同于政党制度，但却在很大程度上体现了党的组织制度、领导制度、决策制度和纪检制度，因而，编译这些国外政党的法规制度，不仅对于我们加强党内法规建设有其借鉴意义，而且将这些材料正式汇编出版，也可以在一定程度上起到帮助读者了解世界各国政党制度，从而更全面地了解世界各国政治制度的作用。

《世界主要政党规章制度文献》丛书，总共有20卷，收录了当今世界绝大多数重要政党的代表性规章制度。在收集、编选和翻译这套丛书的过程中，我们得到了社会各界的大力支持。例如，一些从事世界政党研究的专家学者提出了很好的编纂建议，一些驻外使领馆人员为我们提供了所在国主要政党的最新材料，一些译者放弃休息时间，努力按照要求完成翻译任务；国家出版基金给予了专项出版资助。在此，我代表编者向所有为本丛书出版作出过贡献的朋友们表示衷心的感谢。参与本丛书的许多译者，是年轻的博士后和博士生，他们积极性高，责任心强，但尚缺乏足够的翻译经验，错讹之处还望读者谅解并不吝批评。

俞可平

2015年1月13日于方圆阁

目 录

导 言 ·· 1

第一部分 宪法、全国性涉党法律 ················· 1
俄罗斯联邦宪法 ·· 3
俄罗斯联邦政党法 ·· 40
俄罗斯联邦联邦会议国家杜马代表选举法（摘译） ············ 86
俄罗斯联邦总统选举法（摘译） ······························ 96
保证议会党平等使用国家公共电视和广播频道阐释本党活动法 ········ 100

第二部分 主要政党内部规章制度 ················· 107
统一俄罗斯党章程 ·· 109
统一俄罗斯党纲领性宣言 ····································· 182
俄罗斯联邦共产党章程 ······································· 191
俄罗斯联邦共产党纲领 ······································· 239
公正俄罗斯党章程 ·· 255
公正俄罗斯党纲领（摘译） ···································· 339
俄罗斯自由民主党章程 ······································· 349
俄罗斯自由民主党纲领（简介） ······························· 376

导　言

一、俄罗斯政党制度的发展进程与特点

（一）俄罗斯多党政治的发源

现代俄罗斯政党制度发源于苏联末期戈尔巴乔夫改革年代。不过这个阶段只是俄罗斯多党制在法理上奠基、在实践中摸索的时期。

1985年戈尔巴乔夫上台后首先把注意力集中在经济改革上，提出"加速发展战略"。但是经济改革执行过程中困难重重，难以推进，于是转向了政治领域。1986年下半年以后戈尔巴乔夫逐渐把政治体制改革的任务放在了首位，其中心就是政治民主化，他多次在自己的讲话和施政纲领中谈到"完全的社会主义民主"，倡导公开性、民主化。1987年1月，在苏共中央委员会会议上，戈尔巴乔夫呼吁苏联社会的"高度民主"，并把这当作苏联共产党"最紧迫的任务"。在1988年下半年到1989年有关社会主义法制问题的全国大讨论中，政治多元化、党政分开的原则被广泛论及。

1988年苏共第19次代表大会决定实行苏联人民代表大会制度。人民代表大会作为苏联最高的权力机关，从人民代表中选举组成的最高苏维埃，作为苏联国家权力机关的常设机关。1988年12月联盟最高苏维埃通过了宪法修正案和新选举法。苏联社会各阶层以空前的政治热情参与了苏联第一届人民代表的选举。俄罗斯首任总统叶利钦正是借这次人民代表的选举扭转了政治生活中的挫败，从而登上俄罗斯政治殿堂的顶峰。

1990年1月，以叶利钦为首的党内激进派提出《向苏共二十八大提出的民主纲领》，主张对苏共进行根本改革，使之成为在多党制条件下发挥作用的议会型的现代民主政党。纲领声称："今天，当极权制度和我们以前的整个发展模式已陷入危机的时候，越来越清楚地看出，党的新斯大林主义、反民主的模式及其在政治体系中的地位和作用已完全不符合当代社会发展进程"，"极权的新斯大林主义类型的党的超集中、反民主和严格等级制的结构，是同千百万普通共产党员和改革的需要以及民主社会主义的价值观直接相抵触的"。[①]

1990年苏共中央二月全会通过了《走向人道的、民主的社会主义》行动纲领草案，承认并接受苏联社会已然形成的多党制现实，提出修改苏联宪法第六条，放弃苏共在苏联社会和政治体制中的领导地位，并建议以三权分立原则重新建构国家权力体系。在1990年3月召开的有87%的代表是共产党员的苏联人民代表大会上，投票以1771票赞成、264票反对、74票弃权通过了对苏联宪法第六条的修正，废除了党在宪法上对国家的统治权力，同时规定苏联公民有权组织政党。苏联共产党不再是国家统筹一切的核心力量，党内意见分歧，派别纷争，大批党员退党脱党，甚至各加盟共和国的地方党组织纷纷脱离苏共而独立。

1990年3月，苏联最高苏维埃通过《结社和信仰自由法》。1990年10月，苏联最高苏维埃通过《苏联社会联合组织法》和《苏联社会联合组织法的生效法》，规定所有政党和组织一律平等，进一步具体化了多党制的宪法原则。此前已经成立的政党、群众运动等社会联合组织按照法律要求进行注册，正式获得了法律地位。俄罗斯联邦于1991年1月和12月通过决议，宣布《苏联社会联合组织法》适用于俄罗斯联邦。

从戈尔巴乔夫倡导政治民主化改革，苏联社会呈现前所未有的政治活跃状态，形形色色的社会组织大量涌现，有些社会组织逐渐具有了政党雏形，开始朝着政党的方向发展。这一时期成立的政党或政党组织大多站在

---

① 〔苏联〕《真理报》，1990年3月3日。

苏共反对派的立场上,"虽政策主张、组织形式、活动方式五花八门,但斗争的主要目标是迫使苏共下台"。① 比如,1988年5月成立的公开声称是"苏联共产党的反对派"的"民主联盟",1989年7月以叶利钦、萨哈罗夫等人为首的跨地区议员代表团,1989年12月成立的日里诺夫斯基的自由民主党等等。到1990年11月,自由民主党、俄罗斯民主党等已经在全苏200多个城市建立了自己的分部。

1991年"8·19事件"之后,面对着已经分崩离析的国家,戈尔巴乔夫发表声明辞去苏共中央总书记职务,要求苏共中央自行解散,各地方党组织自行决定前途。8月29日,苏联议会通过决议,暂停苏共在苏联全境的活动。

(二) 俄罗斯多党政治格局的初步奠定

苏联解体后俄罗斯政党制度的发展大体可以划分为两个阶段。**第一阶段是叶利钦执政时期,多党制获得了宪法基础,多党政治从无序走向有序,多党政治格局奠定。**

叶利钦执政初期,俄罗斯的政权体制还未理顺,宪法本身就包含许多矛盾,致使总统和议会之间权力划分不明确。当时的最高苏维埃和人民代表大会,即议会,是国家最高权力机关,议会有权修改宪法,有权通过立法,有权批准政府的组成,宪法规定,"一切权力归苏维埃"。总统按宪法规定有领导国家的大权,但他无权解散议会,无权否决议会通过的立法,总统领导国家的行动经常受到议会的制约。叶利钦最终借助武力结束了总统和人民代表大会及最高苏维埃(即议会)两权并立的局面,并通过全民公决的方式通过了一部新的《俄联邦宪法》,确认俄罗斯的国体是民主的联邦制的法治国家,并以根本法的形式确立了总统不可动摇的权威。新宪法明文规定:"在俄罗斯联邦,承认政治多样性和多党制","社会团体在法律面前一律平等"。

---

① 章平:《俄罗斯多党制的形成与发展》,载《国际社会与经济》1996年第6期。

根据1993年10月通过的《俄罗斯联邦联邦会议国家杜马代表选举条例》和《1993年俄罗斯联邦联邦会议联邦委员会选举条例》，新的俄罗斯国家代表机关为联邦会议，即议会，将由国家杜马（议会下院）和联邦委员会（议会上院）组成。国家杜马代表450名，其中半数代表按单名制方式与多数代表制原则由选民直接选举产生，另外半数代表由地方竞选联盟按比例选出，年满18周岁的俄联邦公民都有选举权，年满21周岁的俄联邦公民都有被选举权。联邦委员会则由89个联邦主体按多数制原则各选派2名代表，共178名。1995年6月颁布的《1995年俄罗斯联邦联邦会议国家杜马代表选举法》和1999年6月颁布的《1999年俄罗斯联邦联邦会议国家杜马代表选举法》对选举具体程序作了修改和补充。由于国家杜马是俄联邦会议的权力中心，再加上是由选举产生，因而四年一度的国家杜马选举成为各派政治力量激烈争夺的对象。

1993年12月，俄罗斯开始了第一届国家杜马的选举。本届杜马与以后历届不同，任期只有两年。具有总统党之称的由第一副总理盖达尔领导的"俄罗斯选择"联盟呼声最高。然而选举结果爆出冷门，被新闻媒体称为"民族主义党"或"法西斯主义党"的自由民主党取得了辉煌的胜利，以22.79%的第一得票率在杜马中赢得了225个议席中的59个议席。于1990年成立、在苏联解体过程中遭禁、刚刚恢复活动一年的俄联邦共产党也赢得了12.4%的选票。呼声最高的盖达尔的"俄罗斯选择"联盟只获得了15.38%的选票，只是借助于单席位选区的人数才在议会赢得第一大党的地位。农业党领袖雷布金出任杜马主席。尽管选举出乎当局预料，爆出冷门，但是作为俄罗斯多党政治的第一次政治演练还是具有非常的意义。

1995年4月，《俄罗斯联邦社会联合组织法》出台，对实施多党制的宪法原则作了细化，规定有三个以上年满18岁的俄联邦公民倡议就可以成立包括政党在内的社会联合组织。尽管条件相当低，但仍然是开始为建立政党设定法律门槛的尝试。

1995年12月第二届国家杜马选举，有43个政党获得了竞选资格。不过，此时的俄罗斯，政治力量对比发生了很大的变化。几年来俄罗斯自由主义改革给社会造成的创伤唤起了人们对前苏联时代的怀恋，久加诺夫领导的俄联邦共产党抓住时机调整自己的党纲，广泛吸收民主社会主义和俄罗斯爱国主义思想，力求使自己的党符合时代的精神和人民的心理。俄共抓住当局的政策失误，扩大宣传，其影响和实力明显上升，成为社会上一支举足轻重的政治力量。最终突破5%得票率的四个政党进入议会。俄共在这届杜马选举中一枝独秀获得了22.3%的选票，远远超过了参加竞选的其他各党，成为议会第一大党团。而且，左翼同盟的农业党以及独立人士中的共产党人和倾向社会主义主张的人也获得了不少选票，与俄共相加，获得了杜马中超过50%的席位。自民党的选票由上次的22.4%下降到11.18%。车臣战争使叶利钦失去了激进民主派的一贯支持，临时组建的新的政权党——由现任总理切尔诺梅尔金领导的"我们的家园——俄罗斯"虽然得到总统和众多中央和地方官员的支持以及俄罗斯天然气工业公司超级工业集团的财力帮助，在最终的选举中也只是获得了10.13%的选票。另一个进入杜马的是"亚博卢"联盟，得票率为6.89%。在"俄罗斯选择"联盟基础上组建的盖达尔的"俄罗斯民主选择党"作为政党干脆被挤出了议会。

俄共在新杜马一统天下的局面使叶利钦惊呼"红色势力"的卷土重来。不仅如此，俄共领袖久加诺夫乘着杜马选举胜利的东风，在1996年的总统大选中与连选总统叶利钦展开激烈的角逐，只是在第二轮中惜败。尽管没能登上总统宝座，但是凭借议会第一大党团的地位，俄共在叶利钦第二个总统任期内给叶利钦制造了很多麻烦，叶利钦的政令在杜马通过相当艰难，1998年叶利钦对基里延科的总理提名两次遭到国家杜马否决，国家杜马还屡次利用宪法赋予的权力以弹劾总统相要挟。

1999年第三届国家杜马选举，共有28个竞选联盟获准登记，俄联邦共产党、新的竞选联盟"团结"（统一俄罗斯党的前身）、"祖国—全俄罗斯"、右翼力量联盟、日里诺夫斯基联盟、"亚博卢"共6个政党赢得选举。这次选举最有特色的是"团结"联盟的异军突起。为了同俄共以及在俄罗斯越来越有市场的中派力量"祖国—全俄罗斯"联盟对抗，在未来的议会中培植一个新的政权党，1999年9月24日，克里姆林宫临时组建了由俄联邦紧急情况部部长绍伊古出任领袖、39个地区行政长官构成的新的中间偏右的竞选联盟"团结"。"团结"成立不足3个月，没有纲领，没有政策，没有基层群众，只有两个人物——紧急情况部部长绍伊古和获得奥林匹克摔跤三枚金牌的亚历山大·卡列林。"团结"联盟观点的阐述不过是一本12页纸的问答形式的小册子，其中讲到督促纳税、支持私有化和东西方并举的外交等问题。但是因为拥有权力机关所提供的资金、行政和新闻支持，特别是出任总理不久、刚刚在车臣战争中获得巨大声誉和威望的普京以公民的身份表达了对"团结"联盟的支持，"团结"联盟在12月19日的选举中，一举夺得23.32%的选票，落后得票第一的俄联邦共产党不足一个点，位列议会第二大党团。

这次杜马选举是各个政治力量的竞争，但和1995年12月时的情况一样，议会选举的主要竞争者所瞄准的是俄罗斯新总统的选举。其中最受关注的两个人物普里马科夫和普京（虽然他不是议会选举的候选人）实际上在此进行了一场演练。在这场演练中，普京以他所支持的"团结"联盟的胜利而显示出他自身的魅力。

在叶利钦时代，总统与杜马的关系是激烈对抗的。1999年末的议会选举使形势完全改观，尽管俄共仍成为议会第一大党，占据了按比例制方式225个议席中的67个议席，但是位居第二、坚决支持普京的"团结"联盟紧随其后，获得64个议席，如果加上也是普京重要盟友的基里延科和涅姆佐夫领导的右翼力量联盟的支持，俄共左右议会局面的时代是再也不会出现了。国家杜马从总统的反对者变成了支持力量，日后普京的各种政治议案的通过比之叶利钦时代前景是光明得多。比如，叶利钦用了七年时间都没能使杜马通过第二阶段削减进攻性战略武器条约，而普京当选总统后只用了几天时间就顺利解决，克里姆林宫和议会之间呈现出前所未有的合作关系。

总体来说，整个叶利钦执政时期，特别是1993年底新宪法通过之后，尽管俄罗斯政治体制处于初创时期，政局不稳，但是各种派别各种层面的政治斗争基本是在宪法的框架下有序进行的。各派尽管在选举之前激烈角逐甚至互相攻讦，但选举之中基本都能遵守相关的法律和规则，选举之后也都能认可选举结果，没有再发生严重的政治对抗。可以说，在这一阶段俄罗斯多党政治尽管不成熟，但这种政治格局的基础已经奠定。

（三）俄罗斯多党政治形成

俄罗斯多党政治发展的第二阶段从普京执政开始，是俄罗斯政党制度改革、多党制趋于形成阶段。

在1999年岁末的杜马选举过后，俄罗斯各派政治力量发生了新的分化整合。

成立不足三个月全力支持普京并获得普京支持的竞选组织"团结"联盟大获全胜，已然成为议会第二大党团，但到这时为止它甚至没有像样的纲领、政策，也没有固定的基层群众。这个样子显然是不够的。2000年2月27日，"团结"竞选联盟改组为全俄社会政治运动。2000年5月27日，又改组成"团结"党。团结党主席绍伊古在成立大会上作的报告中公开表明，"团结"要成为权力机关的伙伴，对普京和现政府的支持是该党的原则立场。普京总统在团结党成立大会上发表了讲话，对该党的目标给予了积极的回应："你们谋求成为政权党。我认为，这种立场是完全正确的。"

2001年7月，团结党与"祖国"运动联合组成"团结—祖国"联盟。12月1日，经过了大半年的准备和协调，并吸收了"全俄罗斯"运动加盟，正式组建了"团结与祖国"党，又称"统一俄罗斯"党。统一俄罗斯党纲领宣称，党将在"自由与公正、法律与和谐"的基本价值观下将全体党员联系在一起。俄罗斯紧急情况部部长绍伊古、鞑靼共和国总统沙伊米耶夫、莫斯科市长卢日科夫共同当选为党的最高委员会主席。2002年10月以后，俄内务部长格雷兹洛夫出任该党最高委员会主席。"团结"与"祖国"和"全俄罗斯"摒弃了前次杜马选举中的恩恩怨怨，为的是进一步表达对总统普京的支持，正如绍伊古所说，统一的中派政党的主要任务在于，使社会团结在总统奉行的建设性方针周围，使所有人团结在国家元首周围，组成"为我们祖国繁荣昌盛而工作的统一战线"。统一俄罗斯党的成立，使支持总统和政府的中派力量在议会中形成了稳定的多数，而统一俄罗斯党自身也取代俄共成为议会第一大党。

与统一俄罗斯党状况相反，尽管在1999年的杜马选举中俄共仍然赢得了全联邦选区的最多席位，但其后却日渐走向分裂，在杜马的势力日益削弱。2000年，以舍宁为首的"激进派"因反对久加诺夫"与普京政权合作"而退出俄共，另建新党。2000年5月20日，莫斯科附近地区社会政治组织"俄罗斯"社会政治联合会宣告成立，这是一个在俄共的地区和地方组织的基础上建立起来的政治组织，俄共最高领导人久加诺夫却并没有参与，尽管该组织的领导人宣称它是为俄共的未来展开决战的一个战略基地，但无疑反映了俄共内部的意见分歧。2002年4月，统一俄罗斯党和右翼力量联合行动，通过表决撤销了俄共在杜马担任的10个委员会主席中8个的职务。为表示抗议，俄共中央决定放弃在杜马中的所有领导职位，其中包括谢列兹尼奥夫担任的杜马主席、古边科担任的杜马文化和旅游委员会主席以及戈里亚切娃担任的妇女、家庭和青年委员会主席职务，但身为俄共中央领导成员的谢列兹尼奥夫等三人拒绝执行该决议。5月25日，俄共中央全会以谢列兹尼奥夫等不遵守党章规定、给党造成损失为由，以76票赞成、25票反对的表决结果将其开除出党，俄共内部矛盾公开化。谢列兹尼奥夫随即另起炉灶，组建了"俄罗斯运动"，并于当年9月7日更名为"俄罗斯复兴党"，与俄共分庭抗礼。2003年9月，由于思想差异，以经济学家格拉济耶夫为首的29个左派组织与俄共分道扬镳，建立"祖国"竞选联盟。

普京在2000年出任俄联邦总统以后，首先是稳定政局，其中包括加快政党制度改革步伐。普京在总统国情咨文中表示，俄罗斯的政党格局应该是有两三个或四个政党参加的多党制，使政党对国家的政治生活和政治格局产生现实的影响。

2001年7月《俄罗斯联邦政党法》出台①,对政党的性质、活动原则、权利和义务都作了明确的规定,特别是对政党建立和活动提出了明确的限制性条款:成立全国性政党的主要条件是党员人数在1万人以上,在半数以上联邦主体设有分支机构,且每个分支机构的人数不得少于100人,在其他地方分部中,每个分部党员不少于50人。《政党法》的实施,促使社会上各种政治力量进行重新整合。

2002年12月,《俄罗斯联邦联邦会议国家杜马代表选举法》颁布,对国家杜马选举的基本原则和具体选举程序作了明确规定。第一,只有符合《俄罗斯联邦政党法》对政党建立和活动的要求而注册的政党才能推举自己的候选人参加国家杜马的选举。第二,像以往一样在选举中得票超过5%的政党才有权分配议会的席位。不过到下一届即2007年议会选举时将会把这一门槛提高到7%。得票率超过3%、不足5%的政党可以按比例从联邦预算中获得活动经费。得票率低于2%的政党尽管仍可以参加以后的选举,但需要偿还国家预算预支的在国家媒体上进行宣传的费用。第三,提高了每个参加选举的政党选举基金的额度到2.5亿卢布,单席位选区每个候选人选举基金的额度提高到600万卢布,违反将受到处罚。第四,获准参加国家杜马议席分配的各政党的总得票数不得少于参加选举的选民总数的半数,且进入杜马的政党数量不得少于四个(从2007年选举以后不得少于三个),遇到低于规定数量的情况,则从得票低于进入国家杜马门槛的政党中补足。②

2003年12月7日,俄罗斯举行了新一届议会选举,共有23个政党及竞选团体的候选人角逐450个国家杜马席位,约有1.09亿选民参加了投票。以"与总统同呼吸共命运"为竞选口号、深受克里姆林宫宠爱的统一俄罗斯党取得了苏联解体后政权党有史以来最大的胜利,以37.1%

---

① 李兴耕:《普京时代俄罗斯政党制度的基本特征》,载《中共天津市委党校学报》2005年第4期。

② 李兴耕:《俄罗斯国家杜马选举制度改革及其影响》,载《当代世界与社会主义》2003年第2期。

的选票遥遥领先，稳坐杜马第一大党的席位，俄共仅获得了12.7%的选票，几乎相当于1999年的一半，其他进入议会的两个政党分别是日里诺夫斯基的自由民主党，得票11.6%，格拉济耶夫的"祖国"竞选联盟，得票9.1%。俄罗斯自由主义民主党派"亚博卢"和右翼力量联盟经受沉重失败，因为没有获得所需的5%的选票而惨遭排挤。统一俄罗斯党与其他忠实于总统和政府的力量获得了超过三分之二的议席，这将使克里姆林宫推行的任何方针政策都能顺利获得通过。2003年12月8日俄罗斯《独立报》刊登美国斯坦福大学教授迈克福尔的一篇文章，题为《普京方案基本实现》，称此次杜马选举体现了政府非常有效的控制，真正的胜利者是"可控民主"模式的支持者。同一天，俄罗斯《消息报》刊登一篇评论，题为《杜马的控股权掌握在总统手中》，认为今后的杜马将成为一个更加容易控制的"生产法律的工具"，如果需要的话，它甚至可以轻而易举地修改宪法。

总的来说，普京时代政局的稳定与叶利钦执政年代形成了鲜明的对比，激荡了十年之久的俄罗斯政坛归于平静。在2001年总统国情咨文的结语中，普京讲道："过去的十年，对俄罗斯来说是变化巨大的十年，可以毫不夸大地说是革命的十年。……许多人已经习惯于经常出现危机……可是我认为，该是斩钉截铁地说结束这种循环的时候了。再也不会有革命，也不会有反革命了！国家有经济保障的牢固稳定，是俄罗斯，也是俄罗斯人民的幸福。"

2004年12月，《政党法》修正案进一步提高了政党进入门槛，成立全国性政党的主要条件是党员人数在5万人以上，在半数以上联邦主体设有分支机构，且每个分支机构的人数不得少于500人，在其他地方分部中，每个分部党员不少于250人。2008年，梅德韦杰夫任总统后修改《政党法》，将组建政党的人数从5万降低到4.5万，后再降低到4万。与此同时，增补和完善相关立法，如：《俄罗斯联邦公民选举权和参与全民公决权基本保障法修正案》、《保证议会党平等使用国家公共电视和广播频道阐释本党活动法》等。

2004年10月,《俄罗斯联邦政府法》修正案取消了政府总理和部长级官员不得担任政党领导职务的规定。2005年4月,新的《国家杜马代表选举法》规定从2007年起,以国家杜马所有450个议席全部按照政党名单选举产生的"比例代表制"取代原来的"混合选举制"(一半是政党代表、一半通过单席位选出)。同时规定,参选政党须得票7%以上,才能进入未来的国家杜马。

《俄罗斯联邦政党法》的颁布以及其他一些法律法规的出台,对俄罗斯政党制度和政党格局产生了重大影响。首先是小党林立局面大为改观。2003年议会选举,23个政党及竞选团体参加角逐,最后是统一俄罗斯党、俄联邦共产党、自由民主党和"祖国"竞选联盟四个政党获胜。2007年议会选举,11个政党参选,统一俄罗斯党、俄共、自由民主党和新成立不久有总统支持的公正俄罗斯党获得成功。俄罗斯出现四个议会内党团加三个议会外党团的新的政党架构。对政府高官担任政党要职规定的取消,使得拥有总统支持的国家第一大党统一俄罗斯党欣然将一大批政府要员收入门下,从而进一步壮大了力量,在国家杜马一党独大。普京所倡导的两三个或四个政党的格局基本形成。

2011年底的第六届国家杜马选举,国家杜马内四个党团没有改变。尽管统一俄罗斯党在选举中得票较2007年下降很多,但仍被指责在选举中存在舞弊现象,俄全国范围因此掀起了大规模的反对派抗议示威运动。为缓解现实的政治危机并更好地迎接2012年3月的总统选举,梅德韦杰夫总统于当年的国情咨文中承诺全面改革国内政治体制,建立各地行政长官直选制度,简化政党注册手续,降低总统选举人门槛。

2012年4月,新修订的《俄罗斯联邦政党法》将组建政党进行注册的党员人数门槛从4万人降低到500人,仍规定政党必须在半数以上联邦主体建立地区分部,但不再对政党地区分部的最低党员人数作法律限制,而交由各党党章规定;简化了政党提交党员人数信息以及财务报表的手续,从每年申报一次改为每三年申报一次。新法律生效激发了社会新的政治热情,申请注册的政党达数百个,截止到2013年7月,获准注册的合法政党从此前的 7 个激增到 72 个，新增的主要政党有：俄罗斯共和党—人民自由党、俄罗斯民主党、"保护俄罗斯妇女"人民党、绿色同盟—人民党、俄罗斯退休者党、"青年俄罗斯"党、俄罗斯车手党、俄联邦互联网党、俄罗斯老战士党、保皇党、俄罗斯社会主义党、"反对一切"党等等。①

政党法的修改，政党进入门槛的降低和注册程序的简化促使代表更多阶层和群体利益的政治组织现身国内政治舞台。不过今天俄罗斯的政治局势却并不是要回到叶利钦时代混乱无序的状态。尽管有大量新党出现，但原议会内四个政党和议会外三个合法政党依然存在，统一俄罗斯党在 2011 年 12 月的杜马选举中尽管得票未能超过半数，在杜马内没能获得像上届杜马中宪法多数的议席，但是总体上仍旧处于一党独大的局面，统一俄罗斯党成员仍占据着全国 80 多个联邦主体绝大多数行政长官的位置。俄共等反对派政党尽管较以前更为活跃，但目前还无力挑战统一俄罗斯党的地位。新成立的小党成长前景还很模糊，应该说基本上不可能形成影响俄罗斯政治格局的力量。现有的国家杜马代表选举法不允许组成竞选联盟，如果这一原则不改变的话，这些小党在下一届杜马选举中也不大可能突破 5% 的得票率门槛进入议会。因此，在未来一段时间内，俄罗斯的政党政治依然会保持着普京所期望的"两三个或四个政党"的格局，新政党的层出不穷不至于"乱花渐欲迷人眼"。当然，政党改革的新举措的长远影响还有待观察。

2012 年 5 月 2 日，梅德韦杰夫总统在卸任前签署了有关取消政党征集签名和从根本上减少参加总统选举征集签名数量的法律。非议会政党推选总统候选人所要征集的支持者签名从 200 万减少到 10 万，不过一个地区的选民签名不能超过 2500 个。无党派人士参加总统选举所需的支持者签名也从 200 万减少到 30 万，一个联邦主体的选民签名不能超过 7500 个。政党参加国家杜马、地方国家机关和地方自治机关选举不再需要征集签名。但社会组织以及参加地方议会选举的竞选联盟参加各类地方选举时，仍需征集足够数量的支持者签名才有资格推荐候选人。

---

① 俄罗斯司法部网站：http：//www.minjust.ru/nko/gosreg/partii/spisok? theme = minjust。

2013年4月，俄议会通过了恢复国家杜马代表混合选举制法案，国家杜马450个议席从全部由政党名单的比例代表制产生恢复到2007年前实行的一半是政党比例代表制产生、一半通过单席位产生的混合选举制。同时，政党进入杜马的门槛也从7%恢复到5%。

二、俄罗斯政党法律规制建设情况

（一）规范俄罗斯政党活动的基本法律——《俄罗斯联邦政党法》

俄罗斯政党制度是苏联解体以后形成的，属于转型发展中的多党政治，其政党法律规制建设也是从无到有，处于不断发展完善过程中。

俄多党政治格局由1993年全民公决产生的俄联邦宪法所确认，宪法规定："在俄罗斯联邦，承认政治多样性和多党制"。

2001年11月，俄国家杜马三读通过、联邦委员会确认并经总统签署的《俄罗斯联邦政党法》正式出台[①]，后历经30多次修订，但基本精神不变。《俄罗斯联邦政党法》是规范俄罗斯政党活动的最重要法律，开篇承认"在俄罗斯联邦承认政治多样性和多党制"这一宪法原则，并规定："国家根据此宪法原则保证各政党在法律面前一律平等，无论其成立文件和纲领性文件中所阐述的思想体系、目标和任务如何。国家保证维护各政党的权利和合法利益。"

《政党法》对政党的概念、目标、任务，对政党建立的标准、组织结构、活动范围，政党的权利和义务以及政党注册、停止活动和撤销的程序，以及国家对政党的权利和义务等进行了原则规定。

《政党法》规定，其规范对象是因俄罗斯公民行使组建政党的权利和政党在俄罗斯联邦境内的建立、活动、改组和取缔的特性而产生的社会关系。俄罗斯公民拥有"在自愿基础上根据自己的信仰建立政党的权利、参加政党或放弃参加政党的权利、根据党章参加政党活动的权利以及不受限

---

① 参见 http://www.regist.spb.ru/fz/95fz。

制地退出政党的权利"。

《政党法》对政党的定义是:"政党是社会联合组织,其创立的宗旨是借助形成和表达俄罗斯联邦公民的政治意志、参加社会和政治行动、参加选举和全民公决,来促使公民参与社会政治生活,并在国家权力机关和地方自治机关中代表公民的利益。"

组建政党的基本要求是:政党应在半数以上俄罗斯联邦主体内拥有地区分部,并且在每个俄罗斯联邦主体内只能建立该政党的一个地区分部;组建政党必须有不少于500名成员,党章可以规定政党地区分部的最低人数要求。这道组建政党的最低门槛从2001年《政党法》初立至今已几经改变,反映了俄罗斯联邦当局对俄多党制格局理念的发展。

《政党法》规定,在政党的章程和纲领中应阐明政党的目标和任务,包括:形成社会舆论;对公民进行政治教育和培养;表达公民对于任何社会生活问题的意见,并把这些意见传达给社会大众和国家权力机关;推举候选人(候选人名单)参加俄罗斯联邦总统、议会以及各级地方性的选举。

《政党法》规定,政党活动应以俄罗斯联邦宪法为基础,接受联邦宪法性法律、本联邦法和其他联邦法律的规范。

《政党法》还对政党的名称、标志和活动范围作了规定。

政党活动必须遵守一些基本原则,《政党法》对政党活动规定了一些边界,比如:禁止以进行极端主义活动为目标的政党建立和活动;不允许根据职业、种族、民族或宗教属性特征建立政党;不允许政党在国家权力机关、地方自治机关、联邦武装力量、护法机关、其他国家机关以及国家和非国家组织中建立分支机构,政党的分支机构只能按地域特征建立和活动;不允许其他国家的政党和政党分支机构在俄罗斯联邦境内建立和活动;等等。

《政党法》特别规定作为某一政党成员的国家公职人员"在履行其职务和职位职责时不应受到政党决定的约束"。俄联邦总统可以参加某一个政党,不过他"在任职期间有权暂时中止自己的政党党员资格"。

(二) 规范俄罗斯政党活动的其他法律

各政党在宪法原则和《政党法》基础上开展活动，与此同时，还受其他一些法律法规的具体规范和约束，比如《俄罗斯联邦总统选举法》、《俄罗斯联邦国家杜马代表选举法》、《俄罗斯联邦政府法》、《保证议会党平等使用国家公共电视和广播频道阐释本党活动法》等。

1. 《俄罗斯联邦总统选举法》

《俄罗斯联邦总统选举法》规定，政党有参加俄罗斯联邦总统选举的平等的权利，俄联邦总统职位候选人可以由根据《俄罗斯联邦政党法》有权参加选举、包括推举候选人的政党推举，也可以按自荐程序推举。不过，政党推举的候选人不能以候选人资格进入自荐程序。政党有权在总统选举过程中召回本党的候选人。

《俄罗斯联邦总统选举法》还对政党参加总统选举的程序进行了规定。

2. 《俄罗斯联邦国家杜马代表选举法》

现行《俄罗斯联邦国家杜马代表选举法》分别对政党参加总统和国家杜马代表选举的权利和程序进行了规定。

俄联邦会议国家杜马代表450名，其中225名代表由单席位选区选举产生，225名代表从联邦选区所提交的联邦候选人名单中按选民投票比例选举产生。有被选举权的俄联邦公民可能通过直接或者进入联邦候选人名单的方式被推荐为候选人，也可以由根据《政党法》规定有权参加选举、包括推荐候选人和候选人名单的政党进行推荐。

俄联邦公民、政党和其他社会联合组织有权以法律允许的形式和合法的方式进行选前动员。国家将对此予以保障。已经被登记的候选人和注册了联邦候选人名单的政党，将被赋予平等使用大众传媒进行选前动员的权利。

推荐联邦候选人名单的政党和按单席位选区被推荐的候选人，应该建立选举基金来支持自身的选举运动。法律还限定了选举基金的获得途径和支出额度。

法律规定了政党参加议员席位分配的条件。联邦选区获得选民投票5%的政党，且达到这一标准的政党不低于两个，这些政党获得的选票总数超过参加投票的选民的票数的50%，这些政党将有权参加国家杜马代表席位的分配。如果说获得选民投票达到5%的政党不低于两个，但这些政党获得的选票总数不超过参加投票的选民的票数的50%，则低于5%得票率的政党将依次获准参加代表席位分配，直到这些政党获得的选票总数超过参加投票的选民的票数的50%。如果一个政党获得的选票总数超过参加联邦选区投票的选民的票数的50%，而其他政党获得的参加投票选民的选票低于5%，则除该政党有权参加代表席位的分配之外，获得的参加投票选民的选票低于5%的政党中获得参加投票选民最多票数的政党，也被允许参加代表席位的分配。

3.《保证议会党平等使用国家公共电视和广播频道阐释本党活动法》

该法规定了议会党平等使用国家公共电视和广播频道阐释活动的一般原则，包括：每个议会党等额传播活动信息；国家公开对议会党阐释活动进行监督；在议会党进行阐释活动时国家公共电视或广播频道的编辑部门拥有创作的独立性和职业自主性，包括自主决定这种阐释的素材、形式和方式；对电视观众和广播听众就有关议会党活动进行全面和客观的报道。法律规定了议会党在全俄电视节目（电视转播）和广播节目（转播）中阐释活动应发布的活动信息，以及国家对保证议会党平等使用国家公共电视和广播频道阐释本党活动保障的监督。

（三）俄政党内部规制的主要体现——党纲和党章

俄《政党法》规定，政党必须有自己的党章和党纲，并规定了政党章程和纲领应该包含的内容。

按照《政党法》的规定，党纲必须明确党的活动原则、目标和任务，以及实现目标和任务的方式。俄各主要政党的党纲，基本都是其理论主张和政策方针的一种描述。比如统一俄罗斯党在2001年第一次全俄代表大会上通过的党纲①，主题是"我们信赖自己和俄罗斯"，宣称将统一俄罗斯党

---

① Программа всероссийской партии 《ЕДИНАЯ РОССИЯ》. http://www.minjust.ru/common/img/uploaded/docs/Programma_partii.doc.

全体党员团结在一起的共同价值是"自由、法制、公正及和谐一致",提出强大的、自由人的、繁荣的、安全的、现代的、拥有发达的科学和文化的国家,以及发展公民社会、公正的社会的目标,并称该党纲是统一俄罗斯党行动的指南。2003年党的纲领性宣言[1],宣布自己不仅是议会多数党,而且是全民族多数的党,是人民党。2009年11月21日,党的第十一次代表大会通过的纲领性文件宣布本党的意识形态是"俄罗斯保守主义"。[2]

俄罗斯实行的是超级总统制,获胜的政党也没有组阁权,因此政党的纲领并不意味着真正的治国方略,党纲对各政党发展的意义更多的是宣扬自己的理念,明确自己的奋斗目标,争取更多的拥护者和选民。

真正对政党和党员活动起到规制作用的主要是各政党依据政党法的要求制定和通过的章程。党章在政党成立代表大会上通过,一般来说,各政党成立之后的历次代表大会,经常都会对党章作一定程度的修改和补充。《政党法》规定各政党及其下层组织应该在其党章原则上开展活动,并规定了各党党章中必须包含的内容,如:该党的目标和任务;名称;获得和失去党员资格的条件和程序,党员的权利和义务;党员登记的程序;建立、改组和撤销政党及其下层组织的程序;选举领导人和监察机关的程序,相应机关的职权范围和权限期限;修改、补充党章和党纲的程序;政党及其下级组织管理货币资金和其他财产的权力,政党的财务责任和会计制度;政党推荐参加国家权力机关和地方自治机关竞争岗位选举的候选人的程序;政党召回自己推荐的候选人的理由和程序;等等。因为《政党法》对党章内容已经有了基本描述,因此各政党的章程基本上是把《政党法》所要求的内容细化、具体化,当然在各自的党章中也可以包含《政党法》对党章内容规定以外的原则,政党在决定其内部结构、目标、形式和活动方式上是自由的,只要不与《政党法》相抵触。各政党及其党员活动受本党党章规范。

---

[1] 统一俄罗斯党官方网站:Манифест Партии "ЕдинаяРоссия". http://www.er.ru。
[2] http://www.edinros.ru/text.shtml? 10/9535, 110030.

就各政党党章对《政党法》规定的细化来说，比如，俄联邦《政党法》规定，年满18岁的俄罗斯公民都有权组建、加入政党和参加政党活动，也有权自愿退党。统一俄罗斯党章程①具体规定，从本党的拥护者到被吸收成为正式成员应该有不低于六个月的预备期，一般情况下党的基层组织、地方和地区分部、有的时候党的总委员会主席团都可以发展党员。吸收入党需要在某一级党员会议上公开投票，半数以上同意。党章还对公民提交入党申请应该被受理的期限、发放党员证的机关作了规定。党员可以递交书面申请自愿退党，也可能由于不遵守党章、党纲以及党的领导机关的其他决定，或者从事了有损党的声誉、给党的政治利益带来损害的行为而被开除出党。统一俄罗斯党党章规定党员交纳党费具有自愿性质。

俄联邦共产党党章②规定认同并执行俄共纲领和章程的俄罗斯公民自愿加入俄共，申请入党需要个人提交书面申请，有两个入党介绍人，基层党组织全体会议表决决定。俄共党员应该定期交纳党费，党费占收入的比例不低于百分之一。对于不执行党章规定的俄共党员依据情节轻重可施以警告、处分和严重处分，直至开除出党。俄共党章宣称自己是苏联共产党的继承者，规定党的活动建立在自愿、平等、公正、合法和公开的原则基础上，特别强调党的组织原则是民主集中制、思想一致性和党内的同志式关系，这是秉承了苏联共产党的组织原则而与当今俄罗斯其他政党不同之处。秉承苏共党章，俄共党章第二条第五款也规定严禁党内建立不同的派别。俄共党章规定保障少数人表达自己意见的权利，党的机关在作出决定时对这些意见予以考虑，但通过决定后少数人必须无条件服从多数人。俄共党章第三条第八款规定，在选举党的机关时通常遵循经常更新（不少于五分之一成员）的原则，同时保持领导集团的继承性。

---

① 统一俄罗斯党官方网站：Устав Всероссийской политической партии "Единая Россия". http://www.er.ru。

② 俄联邦共产党官方网站：Устав политической партии КПРФ. http://kprf.ru。

俄共党章规定俄共代表大会是党的最高领导机关，俄共中央委员会是党的常设领导机关。俄共中央委员会、俄共中央委员会主席团和俄共中央委员会书记处是党的中央机关。俄共中央监察委员会和俄共中央监察委员会主席团是党的中央监察机关。俄共分支机构包括基层支部、地方分部和地区分部。

俄共党章特别指出，联邦法律禁止要求身为俄共党员的俄罗斯联邦公民在提供关于自己的正式信息时指明自己是否为党员。俄罗斯联邦公民的俄共党员资格不是限制其权利和自由的理由，也不是为其提供某种特权的条件。涉及俄共利益的问题由国家权力机关和地方自治机关在俄共的参与下或者与俄共协商后解决。

俄共党章规定了党的经费的来源渠道，包括：入党费和党费；依据俄罗斯联邦法律由联邦预算提供的经费；按照现行法律规定的程序，由自然人和法人以货币或其他财产形式提供的捐赠；党、党的地区分部和注册的地方分部举办活动的收入以及经营活动的收入；民事—法律行为的收入；其他未被法律禁止的收入。

统一俄罗斯党党内规章中有两个比较有特点的制度：

预投票制度。党章第八条第一款规定，党内自由选举是其所有成员政治意志的直接表达。在党内进行预先的投票是推荐议员候选人以及国家权力机关和地方自治机关候选人所必需的程序。2010年4月7日，统一俄罗斯党总委员会主席团通过了《有关预先举行党内投票的程序的决议》，规定不只是本党党员，而且本党的拥护者，以及与本党有互动与合作协议的其他社会组织的代表，都可以参加统一俄罗斯党的党内预投票。有权推荐候选人的只有党的领导机关及其党的附属组织的代表。

党内争论制度。党章第八条第二款规定，党的各级领导机关和中央机关都应该促进党员以及党的拥护者之间自由交换意见，组织党员及其拥护者对国家发展的迫切问题和本党的发展与完善问题进行党内争论。2008年

4月统一俄罗斯党第九次代表大会通过一项决议,要求积极进行党内争论①,鼓励党内三个政治俱乐部的存在——社会保守派政治中心(2005年1月建立)、自由保守派俱乐部(也称"11月4日政治行动俱乐部",这一天是俄罗斯人民团结日,建立于2005年秋天)和国家爱国主义俱乐部(2008年建立,"九大"召开前不久)。三个俱乐部经常讨论立法问题以及国家决议和倡议,讨论的结果常常被吸收用于党的纲领性文件的制定和行动计划的起草。统一俄罗斯党总委员会副书记尤里·舒瓦洛夫希望,这三个俱乐部之间日益加强的互动构成党内争论的基础,成为该党未来变革和现代化的助推器。② 强调党内争论的重要性也反映了统一俄罗斯党在国内地位的变化,它作为议会最大党团地位日益强大和巩固,为了实现其代表广大阶层人民利益的目标,需要尽可能地同各社会群体对话,符合他们的利益诉求。党内存在的不同取向的政治俱乐部可能有助于组织不同阶层的社会群体的对话,党内争论从一定程度上能解决统一俄罗斯党在国内政党格局中一党独大造成的一些弊端。

(四)俄罗斯政党法律规制建设的特点

俄罗斯政党制度与我国有很大不同。我国是中国共产党一党执政、多党合作的政治格局。中国共产党的地位受到宪法保护,主要依靠其内部相对完备的规章制度来明确、规范其政策主张和活动。而俄罗斯,尽管最近一些年来是接近总统和总理的统一俄罗斯党一党独大,其党员任职地方长官也是绝大多数,但从法律制度层面宪法规定实行多党竞争机制,《政党法》为各政党规定了基本的活动规则,对政党行为的基本要求都在法律层面上予以界定,并且明确国家保障各党平等的政治权力。政党内部规制的建立受到更高层面《政党法》的规范,在此基础上各政党形成自己的内部

---

① 参见 http://er.ru/er/text.shtml?13/3409,110105。
② 参见 http://er.ru/er/text.shtml?5/4060,100063。

规制，主要是党纲和党章，具体要求和指导本党及其党员的行为。从本质上说对俄罗斯政党发展发挥作用的是《政党法》。这是俄罗斯政党规章制度建设的一个基本背景。

俄罗斯实行多党政治的历史已经有20年，宪法规定了多党制，却没有具体的法律规范和限制，致使三五公民如果愿意也可组建政党，一时间国内小党成百上千，多半都是过眼烟云。2001年《政党法》出台，规定了政党进入的门槛，之后修订该法又屡将门槛提高。《政党法》的实施，首先，使社会上各种政治力量不得不重新进行整合，结束了小党林立的混乱局面；其次，把规范政党行为的规章制度上升到法律层面，使得各政党的行为能够合乎统一的规范；第三，从立法高度保证俄罗斯各政党发展的平等竞争的环境，在促进政党积极参与国家政治生活的原则下，避免某一政党或其任国家公职的党员利用职务之便谋求其所在政党的利益。《政党法》对促进俄罗斯政党制度朝着当局所希望的健康有序的方向发展发挥了重要作用。

应该说把政党规制建设提升到法律层面是俄罗斯政党制度建设的一个成绩，值得借鉴。但是不能不承认，俄罗斯政党对内部规章制度建设不够重视。这有两个主要原因：一是俄罗斯政党制度建立和运行的时间还短，尚处于转型之中。议会内四大政党中俄共和自由民主党的历史相对较长，创立于苏联末期，目前最大政党统一俄罗斯党正式建党是2001年，公正俄罗斯党更年轻，2006年才组建。二是各政党在其存在的短暂历史中，一方面由于国内政治形势的变化，不断地处于分化组合中，另一方面还要不停地参加四年一届的国家杜马选举和总统大选，要经常组织地方立法机构议员的选举，因此政党存在的主要意义和工作重心更多地体现在选举中，甚至《政党法》所要求的政党反映广大民众对国家政治生活的意见、参与国家政治生活并对其发挥引导作用的功能都体现得不明显，对党的内部规章制度建设更是疏于管理。从前文所述可以知道，各主要政党除了党章和党纲之外,很少有更具体的管理条例。统一俄罗斯党的两项比较有特点的内部制度特别是党内争论制度还处于摸索阶段,至于党内已经形成的三个不同取向的政治俱乐部能否像舒瓦洛夫所期望的那样成为党内争论的基础和有效联系社会各阶层的纽带,或者会成为分析人士指出的未来该党分裂出新的政治组织的潜在危险,还有待观察。

第一部分
宪法、全国性涉党法律

俄罗斯联邦宪法

1993年12月12日全民公决通过，并根据1996年1月9日第20号俄罗斯联邦总统令，1996年2月10日第173号总统令，2001年6月9日第679号总统令，2003年7月25日第841号总统令，2004年3月25日第1号联邦宪法性法律，2005年10月14日第6号联邦宪法性法律，2006年7月12日第2号联邦宪法性法律，2006年12月30日第6号联邦宪法性法律，2007年7月21日第5号联邦宪法性法律，2008年12月30日第6号联邦宪法性法律，以及2008年12月30日第7号联邦宪法性法律修订。

我们，在自己土地上由共同命运联合起来的多民族的俄罗斯联邦人民，

确认人的权利和自由、公民和睦与和谐，

维护历史形成的国家统一，

依循公认的民族平等和民族自决的原则，

缅怀将对祖国的热爱与尊重、对善良与正义的信念传递给我们的先辈，

复兴俄罗斯独立自主的国家观念并确认其民主基础的不可动摇，

努力保证俄罗斯的繁荣和昌盛，

基于为自己的祖国而对当代人和后代人所承担的责任，

意识到自己是国际社会的一部分，

特通过俄罗斯联邦宪法。

第一部分

第一章 宪法制度的基本原则

第一条

1. 俄罗斯联邦——俄罗斯是实行共和制的民主的、联邦制的法治国家。

2. 国名俄罗斯联邦和俄罗斯意义相同。

第二条 人、人的权利与自由是最高价值。承认、遵循和捍卫人与公民的权利和自由是国家的义务。

第三条

1. 俄罗斯联邦主权的体现者和权力的唯一源泉是其多民族的人民。

2. 人民直接地并通过国家权力机关和地方自治机关行使自己的权力。

3. 全民公决和自由选举是人民权力的最高的直接表现。

4. 任何人不得攫取俄罗斯联邦的权力。夺取或窃取权力将依照联邦法律予以追究。

第四条

1. 俄罗斯联邦主权适用于其全部领土。

2. 俄罗斯联邦宪法和联邦法律在俄罗斯联邦全境拥有至高无上的地位。

3. 俄罗斯联邦保证自己的领土完整和不可侵犯。

第五条

1. 俄罗斯联邦由共和国、边疆区、州、联邦直辖市、自治州、自治区——俄罗斯联邦的平等主体组成。

2. 共和国（国家）拥有自己的宪法和法律。边疆区、州、联邦直辖市、自治州、自治区拥有自己的规章和法律。

3. 俄罗斯联邦的联邦结构建立在它的国家完整、国家权力体系一、在俄罗斯联邦国家权力机关和俄罗斯联邦主体的国家权力机关之间划分管辖对象和职权、俄罗斯联邦各民族平等与自决的基础上。

4. 在同联邦国家权力机关的相互关系方面，俄罗斯联邦所有主体平等。

第六条

1. 俄罗斯联邦国籍根据联邦法律获得和中止，它是统一的和平等的，无论其获得理由如何。

2. 俄罗斯联邦的每一位公民在其境内都拥有俄罗斯联邦宪法所规定的一切权利和自由，并承担同等义务。

3. 俄罗斯联邦公民不得被剥夺国籍或被剥夺改变国籍的权利。

第七条

1. 俄罗斯联邦是社会国家，其政策旨在创造保证人的体面生活与自由发展的条件。

2. 在俄罗斯联邦，人的劳动与健康受到保护，规定有保障的最低劳动报酬额度，保证国家对家庭、母亲、父亲、儿童、残疾人和老年公民的扶持，发展社会服务系统，规定国家退休金、补助金和社会保护的其他保障措施。

第八条

1. 在俄罗斯联邦，保障经济空间的统一，商品、服务和财政资金的自由流动，支持竞争，经济活动的自由。

2. 在俄罗斯联邦，私有制、国家所有制、地方自治所有制和其他所有制形式受到同等承认和保护。

第九条

1. 在俄罗斯联邦，土地和其他自然资源作为在相应区域内居住的人民生活与活动的基础得到利用和保护。

2. 土地和其他资源可以属于私有、国有、地方所有和其他所有制的形式。

第十条 俄罗斯联邦的国家权力根据立法权、执行权和司法权分立的原则来实现。立法权、执行权和司法权的机构是独立的。

第十一条

1. 俄罗斯联邦的国家权力由俄罗斯联邦总统、联邦会议（联邦委员会和国家杜马）、俄罗斯联邦政府和俄罗斯联邦法院行使。

2. 俄罗斯联邦主体的国家权力由俄罗斯联邦主体国家权力机关行使。

3. 划分俄罗斯联邦国家权力机关和俄罗斯联邦主体国家权力机关的管辖对象和职权范围由本宪法和有关划分管辖对象与职权范围的联邦条约和其他条约予以实现。

第十二条 俄罗斯联邦承认并保障地方自治。地方自治在其职权范围内是独立的。地方自治机关不属于国家权力机关体系。

第十三条

1. 俄罗斯联邦承认意识形态多样性。

2. 任何意识形态不得被确立为国家的或必须服从的意识形态。

3. 俄罗斯联邦承认政治多样化、多党制。

4. 社会团体在法律面前一律平等。

5. 禁止目的或行为旨在以暴力改变宪法制度的基本原则、破坏俄罗斯联邦完整性、破坏国家安全的社会团体的建立和活动，禁止建立军事组织，煽动社会、种族、民族和宗教纠纷。

第十四条

1. 俄罗斯联邦是世俗国家。任何宗教不得被规定为国教或必须信仰的宗教。

2. 宗教团体与国家分离，在法律面前一律平等。

第十五条

1. 俄罗斯联邦宪法在俄罗斯全境具有最高法律效力，直接实施并适用。俄罗斯联邦所通过的法律和其他法律文件不得同俄罗斯联邦宪法相抵触。

2. 国家权力机关、地方自治机关、公职人员、公民及其团体必须遵守俄罗斯联邦宪法和法律。

3. 法律应正式公布。未经公布的法律不予适用。任何涉及人和公民的权利、自由与义务的规范性法律文件，如果未正式公布以便众所周知，则不得适用。

4. 公认的国际法原则和准则及俄罗斯联邦的国际条约是俄罗斯联邦法律体系的组成部分。如果俄罗斯联邦签署的国际条约确立了不同于法律所规定的规则，则适用国际条约规则。

第十六条

1. 宪法本章条款构成俄罗斯联邦宪法制度的基本原则，非经本宪法规定的程序不得修改。

2. 本宪法的其他任何条款均不得与俄罗斯联邦宪法制度基本原则相抵触。

第二章 人和公民的权利与自由

第十七条

1. 在俄罗斯联邦，根据公认的国际法原则和准则并依照本宪法的规定承认和保障人与公民的权利和自由。

2. 人的基本权利和自由是不可让与的，是每个人与生俱来的。

3. 人和公民的权利和自由的实现不应损害他人的权利和自由。

第十八条　人和公民的权利与自由具有直接的法律效力。它们决定着法律的意图、内容和适用范围，立法和执行权力机关以及地方自治的活动，并受到司法保证。

第十九条

1. 在法律和法庭面前人人平等。

2. 国家保障人和公民的权利与自由的平等，不论性别、种族、民族、语言、出身、财产状况和职务状况、居住地点、宗教态度、信仰、对社会团体的归属关系以及其他情况。禁止因社会、种族、民族、语言或宗教属性而对公民权利作出任何限制。

3. 男女享有平等的权利和自由，并拥有实现权利和自由的同等机会。

第二十条

1. 每个人都有生存权。

2. 在废除死刑前，死刑是可以由联邦法律规定作为在法庭为被告提供有宣誓陪审员参加审理案件的权利的情况下，针对谋害生命的特别严重的犯罪而采取的极端惩罚措施。

第二十一条

1. 人的尊严受国家保护。不得以任何理由诋毁人的尊严。

2. 任何人不应遭受刑讯、暴力、其他残酷的或有损人格的对待或处罚。任何人未经自愿同意不得被用于医学、科学或其他实验。

第二十二条

1. 每个人都有自由和人身不受侵犯的权利。

2. 只有根据法院的决定才允许逮捕、关押和监禁。在法院作出决定之前不得将人关押 48 小时以上。

第二十三条

1. 每个人都有私生活、个人和家庭秘密不受侵犯、维护其荣誉和良好声誉的权利。

2. 每个人都有秘密进行通信、电话交谈、邮政、电报和其他交际的权利。只有根据法庭决定才可限制这一权利。

第二十四条

1. 未经本人同意不得搜集、保存、利用和传播有关其私生活的信息。

2. 如果法律未另作规定，国家权力机关和地方自治机关及其公职人员必须保证每个人均有可能接触直接涉及其权利和自由的文件与资料。

第二十五条　住宅不可侵犯。任何人无权违背居住者意志侵入住宅，除非是在联邦法律规定的情况下或根据法院的决定。

第二十六条

1. 每个人都有权确定并表明自己的民族属性。任何人不得被强迫确定和表明自己的民族属性。

2. 每个人都有使用母语、自由选择交际、教育、学习和创作语言的权利。

第二十七条

1. 合法地处于俄罗斯联邦境内的每个人都有自由迁徙、选择逗留和居住地点的权利。

2. 每个人都可以自由地离开俄罗斯联邦国境。俄罗斯联邦公民有不受阻碍地返回俄罗斯联邦的权利。

第二十八条 保障每个人的信仰自由、信教自由，包括单独地或与他人一道信仰任何宗教或者不信仰任何宗教，自由选择、拥有和传播宗教信仰或其他信仰以及根据这些信仰进行活动的权利。

第二十九条

1. 保障每个人的思想和言论自由。

2. 不允许进行激起社会、种族、民族或宗教仇恨与敌意的宣传或鼓动，禁止宣传社会、种族、民族、宗教或语言的优越论。

3. 任何人不得被强制表明自己的主张和信仰或被强制放弃自己的主张和信仰。

4. 每个人都有以任何合法方式自由地搜集、获取、转交、生产和传播信息的权利。构成国家秘密的信息清单由联邦法律规定。

5. 保障媒体自由。禁止新闻检查。

第三十条

1. 每个人都有结社权，包括成立工会以保护自己利益的权利。保障社会团体的活动自由。

2. 任何人不得被强迫加入任何团体或者留在团体中。

第三十一条 俄罗斯联邦公民有权不携带武器和平集会，举行会议、集会、示威、游行和派出代表的自由。

第三十二条

1. 俄罗斯联邦公民有直接或通过自己的代表参加管理国家事务的权利。

2. 俄罗斯联邦公民有选举或被选入国家权力机关和地方自治机关以及参加全民公决的权利。

3. 法院确认为无行为能力的公民以及根据法院判决关押在剥夺自由场所的公民，没有选举权和被选举权。

4. 俄罗斯联邦公民有担任国家公职的平等机会。

5. 俄罗斯联邦公民有参与履行审判职能的权利。

第三十三条　俄罗斯联邦公民有亲自诉请并向国家机关和地方自治机关发出个人的和集体的呼吁的权利。

第三十四条

1. 每个人都有自由利用自己的能力和财产从事经营活动和法律未禁止的其他经济活动的权利。

2. 不允许进行旨在形成垄断和不正当竞争的经济活动。

第三十五条

1. 私有财产权受法律保护。

2. 每个人都有权拥有私有财产，有权单独地或与他人共同占有、使用和处分其财产。

3. 除非根据法院决定，任何人均不得被剥夺其财产。为了国家需要而征用财产只能在预先作出等价补偿的情况下进行。

4. 保障继承权。

第三十六条

1. 公民及其联合会有权拥有作为私有财产的土地。

2. 如果不对环境造成损害、不侵犯他人的权利和合法利益，所有者有权对其所拥有的土地和其他自然资源自由占有、使用和处分。

3. 使用土地的条件和程序根据联邦法律加以规定。

第三十七条

1. 劳动自由。每个人都有自由支配其劳动能力、选择活动种类和职业的权利。

2. 禁止强制劳动。

3. 每个人都有在符合安全和卫生要求的条件下从事劳动、获得不带任何歧视的和不低于联邦法律所规定的最低劳动报酬额度的劳动报酬的权利,以及免于失业的权利。

4. 承认利用联邦法律规定的方式解决个人或集体的劳动争议的权利,包括罢工的权利。

5. 每个人都有休息权。保障劳动者根据劳动合同享受联邦法律所规定的工作日长度、休息日和节假日、带薪年假。

第三十八条

1. 母亲、儿童和家庭受国家保护。

2. 关怀和培养子女是父母的平等权利和义务。

3. 年满18岁、有劳动能力的子女应关怀丧失劳动能力的父母。

第三十九条

1. 在患病、致残、失去供养人、培育子女和法律所规定的其他情况下,对每个人按照年龄提供社会保障。

2. 国家退休金和社会救济金由法律规定。

3. 鼓励自愿性社会保险,建立社会保障补充形式和创办慈善事业。

第四十条

1. 每个人都有住宅权。任何人不得被任意剥夺住宅。

2. 国家权力机关和地方自治机关鼓励住宅建设,为实现住宅权创造条件。

3. 向贫困者或法律指明的其他需要住房的公民无偿提供住宅,或者根据法律规定的标准从国家的、地方自治的和其他的住宅基金中廉价提供住宅。

第四十一条

1. 每个人都有保持健康和获得医疗帮助的权利。国家和地方自治医疗机关依靠相应的预算、保险金和其他收入为公民提供无偿的医疗帮助。

2. 在俄罗斯联邦，为保持和加强居民健康的联邦计划提供财政保障，采取措施发展国家、地方自治和私人卫生体系，鼓励有助于增强人的健康、发展体育运动、促进生态和卫生防疫条件改善的活动。

3. 公职人员隐瞒对人的生命和健康造成威胁的事实与情况，要依照联邦法律追究责任。

第四十二条 每个人都有享受良好的环境、了解关于环境状况的信息的权利，都有因生态破坏损害其健康或财产而要求赔偿的权利。

第四十三条

1. 每个人都有受教育权。

2. 保障国家或地方教育机构和企业中的学前教育、基础普通教育和中等职业教育的普及性和免费性。

3. 每个人都有权在竞争的基础上在国家或地方教育机构和企业中免费接受高等教育。

4. 基础普通教育为义务教育。父母或其替代者应保证孩子受到基础普通教育。

5. 俄罗斯联邦规定联邦的国家教育标准，支持各种形式的教育和自修。

第四十四条

1. 保障每个人的文学、艺术、科学、技术和其他类别的创作与教学自由。知识产权受法律保护。

2. 每个人都有参与文化生活和使用文化设施的权利，都有接触文化珍品的权利。

3. 每个人都必须关心和保护历史文化遗产，珍惜历史文物。

第四十五条

1. 在俄罗斯联邦,国家保护人和公民的权利与自由。

2. 每个人都有权以法律未予禁止的一切方式维护其权利和自由。

第四十六条

1. 保障对每个人的权利和自由提供司法保护。

2. 对国家权力机关、地方自治机关、社会团体和公职人员的决定和行为(或不作为),可以向法院投诉。

3. 在国内既有的法律保护手段都已用尽的情况下,每个人都有权根据俄罗斯联邦签署的国际条约向维护人权与自由的国际组织提出请求。

第四十七条

1. 任何人不得被剥夺由法律划归管辖的法庭和相应的法官审理其案件的权利。

2. 被控实施犯罪的人有在联邦法律规定的情况下由有宣誓陪审员参与的法庭审理其案件的权利。

第四十八条

1. 保障每个人都有权获得高水平的法律援助。在法律规定的情况下,法律援助是免费的。

2. 每个被拘留、监禁和指控实施犯罪的人,从其被拘留、监禁或起诉时起即有权获得律师(辩护人)的帮助。

第四十九条

1. 每个被控实施犯罪的人在其罪名未经联邦法律规定的程序证实和已经生效的法院判决确认之前均被视为无罪。

2. 被指控实施犯罪的人没有证明自己无罪的义务。

3. 无法排除的有罪的怀疑应作出有利于被告的解释。

第五十条

1. 任何人不得因同一起犯罪而再次被判刑。

2. 在从事司法活动的过程中不允许利用通过违反联邦法律而获得的证据。

3. 每个因犯罪而被判刑的人都有权要求上级法院在联邦法律规定的程序内重新审议判决，都有权请求赦免或减刑。

第五十一条

1. 任何人都没有义务自证己罪或证实自己的配偶和联邦法律规定的近亲属有罪。

2. 其他免于提供证据义务的情况由联邦法律规定。

第五十二条 犯罪和滥用职权的受害者的权利受法律保护。国家保障受害者诉诸司法机关并获得损害赔偿。

第五十三条 每个人都有权要求国家对国家权力机关或其公职人员非法行为（或不作为）而造成的损害予以赔偿。

第五十四条

1. 确认或加重责任的法律不具有追溯力。

2. 任何人不得为发生时不被认为违法的行为负责。如果违法行为发生后其责任已被撤销或减轻，则适用新法律。

第五十五条

1. 俄罗斯联邦宪法中列出的基本权利和自由不应当被解释为否定或贬低人和公民的其他普遍公认的权利和自由。

2. 在俄罗斯联邦不得颁布废除或贬低人和公民的权利和自由的法律。

3. 人和公民的权利和自由，只能在捍卫宪法制度的基本原则、他人的道德、健康、权利和合法利益、保证国防和国家安全所必需的限度内，由联邦法律予以限制。

第五十六条

1. 在为保证公民安全和捍卫宪法制度、根据联邦宪法性法律实行紧急状态的情况下，可以在指明该行动限度及期限的同时对权利和自由规定某些限制。

2. 在情势所需并遵循联邦宪法性法律规定的程序的情况下，可以在俄罗斯联邦全境或其部分地方实行紧急状态。

3. 不应限制俄罗斯联邦宪法第二十条、第二十一条、第二十三条（第1款）、第二十四条、第二十八条、第三十四条（第1款）、第四十条（第1款）、第四十六条至第五十四条所规定的权利和自由。

第五十七条 每个人都有义务依法缴纳税费。规定新税金或使纳税人状况恶化的法律不具有追溯力。

第五十八条 每个人都有义务爱护自然和环境，珍惜自然财富。

第五十九条

1. 保卫祖国是俄罗斯联邦公民的责任和义务。

2. 俄罗斯联邦公民依据联邦法律服兵役。

3. 俄罗斯联邦公民在其信念或信仰与服兵役相背离以及联邦法律规定的其他情况下，有权选择公民服务代替服兵役。

第六十条 俄罗斯联邦公民自18岁起即可完全独立行使其权利和履行其义务。

第六十一条

1. 俄罗斯联邦公民不得被驱逐出俄罗斯联邦国境或者引渡给其他国家。

2. 俄罗斯联邦保障为其境外公民提供保护和庇护。

第六十二条

1. 俄罗斯联邦公民可以根据联邦法律或俄罗斯联邦签署的国际条约拥有外国国籍（双重国籍）。

2. 如果联邦法律或俄罗斯联邦签署的国际条约未作其他规定，俄罗斯联邦公民拥有外国国籍不损害其权利和自由，也不免除因俄罗斯国籍而产生的义务。

3. 外国公民和无国籍者在俄罗斯联邦享有与俄罗斯联邦公民同样的权利和义务，联邦法律或俄罗斯联邦签署的国际条约规定的情况除外。

第六十三条

1. 俄罗斯联邦根据公认的国际法准则为外国公民和无国籍者提供政治避难。

2. 俄罗斯联邦不允许将因为政治信念以及因为俄罗斯联邦不承认为犯罪的行为（或不作为）而受到追究的人引渡给其他国家。引渡被控实施犯罪的人以及移交被判刑以便在他国服刑的人，应根据联邦法律或俄罗斯联邦签署的国际条约进行。

第六十四条 本章条款构成俄罗斯联邦个人法律地位的基础，非经本宪法规定的程序不得修改。

第三章 联邦结构

第六十五条

1. 俄罗斯联邦由俄罗斯联邦主体构成：

阿迪格共和国（阿迪格）、阿尔泰共和国、巴什科尔托斯坦共和国、布里亚特共和国、达吉斯坦共和国、印古什共和国、卡巴尔达—巴尔卡尔共和国、卡尔梅克共和国、卡拉恰伊—切尔克斯共和国、卡累利阿共和国、科米共和国、马里埃尔共和国、摩尔多维亚共和国、萨哈（雅库特）共和国、北奥塞梯—阿兰共和国、鞑靼斯坦共和国（鞑靼斯坦）、图瓦共和国、乌德穆尔特共和国、哈卡斯共和国、车臣共和国、楚瓦什共和国—楚瓦什；

阿尔泰边疆区、外贝加尔边疆区、堪察加边疆区、克拉斯诺达尔边疆区、克拉斯诺雅尔边疆区、彼尔姆边疆区、滨海边疆区、斯塔夫罗波尔边疆区、哈巴罗夫斯克边疆区；

阿穆尔州、阿尔汉格尔斯克州、阿斯特拉罕州、别尔哥罗德州、布良斯克州、弗拉基米尔州、伏尔加格勒州、沃洛格达州、沃罗涅日州、伊万诺沃州、伊尔库茨克州、加里宁格勒州、卡卢加州、克麦罗沃州、基洛夫州、科斯特罗马州、库尔干州、库尔斯克州、列宁格勒州、利佩茨克州、马加丹州、莫斯科州、摩尔曼斯克州、下哥罗德州、新哥罗德州、新西伯利亚州、鄂木斯克州、奥伦堡州、奥尔洛夫州、奔萨州、普斯科夫州、罗斯托夫州、梁赞州、萨马拉州、萨拉托夫州、萨哈林州、斯维尔德洛夫州、斯摩棱斯克州、坦波夫州、特维尔州、托姆斯克州、图拉州、秋明州、乌里扬诺夫斯克州、车里亚宾斯克州、赤塔州、雅罗斯拉夫尔州；

莫斯科、圣彼得堡——联邦直辖市；

犹太自治州；

涅涅茨自治区、汉特—曼西斯克自治区—尤克拉、楚克奇自治区、亚马尔—涅涅茨自治区。

2. 接纳新主体加入俄罗斯联邦和在俄罗斯联邦组成中建立新主体按照联邦宪法性法律规定的程序进行。

第六十六条

1. 共和国的地位由俄罗斯联邦宪法和共和国宪法规定。

2. 边疆区、州、联邦直辖市、自治州、自治区的地位由俄罗斯联邦宪法和相应的俄罗斯联邦主体立法（代表）机关所通过的边疆区、州、联邦直辖市、自治州、自治区规章予以规定。

3. 根据自治州、自治区立法和执行机关的提议，可以通过关于自治州、自治区的联邦法律。

4. 组成边疆区或州的自治区之间的关系可以由联邦法律和自治区国家权力机关与相应的边疆区或州国家权力机关之间的条约予以调节。

5. 经俄罗斯联邦与俄罗斯联邦主体相互同意，并根据联邦宪法性法律，可以改变俄罗斯联邦主体的地位。

第六十七条

1. 俄罗斯联邦领土包括其各联邦主体的领土、内河、领海和领空。

2. 俄罗斯联邦对大陆架和俄罗斯联邦特别经济区拥有主权并根据联邦法律和国际法规范所规定的程序行使司法权。

3. 俄罗斯联邦各主体之间的边界可以根据其相互同意予以改变。

第六十八条

1. 俄语是俄罗斯联邦全境内的国语。

2. 共和国有权确定自己的国语。它们可以在共和国国家权力机关、地方自治机关、国家机构中与俄罗斯联邦国语同时使用。

3. 俄罗斯联邦保障其各民族保留母语、创造条件以便研究和发展母语的权利。

第六十九条 俄罗斯联邦根据公认的国际法原则和准则以及俄罗斯联邦签署的国际条约保障土著少数民族的权利。

第七十条

1. 俄罗斯联邦国旗、国徽和国歌,对它们的说明和正式使用的程序由联邦宪法性法律规定。

2. 莫斯科市是俄罗斯联邦的首都。首都的地位由联邦法律规定。

第七十一条 属于俄罗斯联邦管辖的是:

(1) 通过和修改俄罗斯联邦宪法和联邦法律,对其遵守情况实行监督;

(2) 俄罗斯联邦的联邦结构和领土;

(3) 调节和维护人和公民的权利与自由;俄罗斯联邦国籍;调节和维护少数民族的权利;

(4) 确定联邦立法、执行和司法权力机关体系及其组织和活动程序;建立联邦国家权力机关;

(5) 联邦的国有财产及其管理;

(6) 确定俄罗斯联邦在国家、经济、生态、社会、文化和民族发展领域的联邦政策和联邦计划的基本原则;

(7) 确定统一市场的法律基础;财政、外汇、信贷、和关税的调节,货币发行,价格政策基础;包括联邦银行在内的联邦经济机构;

(8) 联邦预算;联邦税费;联邦地区发展基金;

(9) 联邦能源系统、核能、放射性材料;联邦运输、交通、信息和通讯;航天活动;

（10）俄罗斯联邦的对外政策和国际关系；俄罗斯联邦签署的国际条约；战争与和平问题；

（11）俄罗斯联邦的对外经济关系；

（12）国防与安全；国防生产；确定销售和购买武器、弹药、军事技术装备和其他军用物资的程序；有毒物质、麻醉品的生产及其使用程序；

（13）规定俄罗斯联邦国界、领海、领空、特别经济区和大陆架的地位并予以保护；

（14）法院组织；检察机关；刑事、刑事诉讼和刑事执行立法；大赦和特赦；民事、民事诉讼和仲裁诉讼立法；知识产权的法律调节；

（15）联邦冲突法；

（16）气象服务、标准、标准器、公制和计时；测绘；地理目标的命名；官方统计和会计核算；

（17）俄罗斯联邦的国家奖励和荣誉称号；

（18）联邦国家机构。

第七十二条

1. 属俄罗斯联邦和俄罗斯联邦各主体共同管辖的是：

（1）确保各共和国宪法和法律及边疆区、州、联邦直辖市、自治州、自治区的规章、法律和其他规范性法律文件符合俄罗斯联邦宪法和联邦法律；

（2）保护人和公民的权利与自由；保护少数民族的权利；确保法纪、法制、社会安全；边境地区制度；

（3）土地、矿藏、水和其他自然资源的占有、使用和处分问题；

（4）国有财产的划分；

（5）自然资源的（合理）利用；保护环境和确保生态安全；特别自然保护区；保护历史文物；

（6）培养、教育、科学、文化、体育运动的一般问题；

（7）协调医疗卫生问题；保护家庭、父母和儿童，社会保护，包括社会保障；

（8）采取措施同惨祸、自然灾害、流行病作斗争，消除其后果；

（9）确定俄罗斯联邦税费的一般原则；

（10）行政、行政诉讼、劳动、家庭、住宅、土地、水源、森林立法；矿藏、环境保护立法；

（11）法院和护法机关的干部；律师，公证系统；

（12）保护微小的民族共同体固有的居住环境和传统的生活方式；

（13）规定国家权力机关和地方自治机关体系的一般组织原则；

（14）协调俄罗斯联邦各主体的国际联系和对外经济联系，履行俄罗斯联邦签署的国际条约。

2. 本条各项规定同样适用于各共和国、边疆区、州、联邦直辖市、自治州、自治区。

第七十三条 在俄罗斯联邦的管辖之外，在俄罗斯联邦对俄罗斯联邦和俄罗斯联邦各主体共同管辖的对象的权限之外，俄罗斯联邦各主体拥有全部国家权力。

第七十四条

1. 俄罗斯联邦境内不允许设立海关边界、关税、收费以及其他任何妨碍商品、劳务和财政资金自由流动的障碍。

2. 如果为保证安全、保护人的生命和健康、保护自然和文化珍品所必需，可以根据联邦法律限制商品和劳务的流动。

第七十五条

1. 俄罗斯联邦的货币单位是卢布。货币发行只能由俄罗斯联邦中央银行进行；不允许其他货币在俄罗斯联邦流通和发行。

2. 保护和保证卢布的稳定是俄罗斯联邦中央银行的基本职能，俄罗斯联邦中央银行独立于其他国家权力机关而行使这一职能。

3. 在俄罗斯联邦联邦预算征税体制和税费征收的一般原则由联邦法律确定。

4. 国债根据联邦法律规定的程序发行并在自愿基础上配售。

第七十六条

1. 根据俄罗斯联邦管辖对象,通过在俄罗斯联邦全境具有直接效力的联邦宪法性法律和联邦法律。

2. 根据俄罗斯联邦和俄罗斯联邦各主体共同管辖对象,颁布联邦法律和根据这些法律所通过的俄罗斯联邦各主体的法律和其他规范性法律文件。

3. 联邦法律不得与联邦宪法性法律相抵触。

4. 在俄罗斯联邦管辖以及俄罗斯联邦和俄罗斯联邦各主体共同管辖范围外,各共和国、边疆区、州、联邦直辖市、自治州和自治区实施自身的法律调节,包括通过法律和其他规范性法律文件。

5. 俄罗斯联邦各主体的法律和其他规范性法律文件不得与根据本条第1款和第2款所通过的联邦法律相抵触。在俄罗斯联邦所颁布的联邦法律和其他文件之间相抵触时,以联邦法律为准。

6. 在联邦法律与俄罗斯联邦主体根据本条第4款所颁布的规范性法律文件之间相抵触时,以俄罗斯联邦主体的规范性法律文件为准。

第七十七条

1. 各共和国、边疆区、州、联邦直辖市、自治州、自治区的国家权力机关体系由俄罗斯联邦各主体根据俄罗斯联邦宪法制度的基本原则和联邦法律所规定的国家权力的代表机关和执行机关的一般组织原则而独立确定。

2. 在俄罗斯联邦管辖和俄罗斯联邦权限范围内,根据俄罗斯联邦和俄罗斯联邦各主体共同管辖的对象,联邦执行权力机关和俄罗斯联邦各主体执行权力机关在俄罗斯联邦组建统一的执行权力体系。

第七十八条

1. 联邦执行权力机关为实现其权限可以成立自己的区域机关和任命相应的公职人员。

2. 在不违背俄罗斯联邦宪法和联邦法律的情况下,联邦执行权力机关根据同俄罗斯联邦各主体执行权力机关达成的协议，可将其部分职权转交给俄罗斯联邦各主体权力机关行使。

3. 俄罗斯联邦各主体执行权力机关根据同联邦执行权力机关达成的协议，可将其部分职权转交给联邦执行权力机关行使。

4. 俄罗斯联邦总统和俄罗斯联邦政府根据俄罗斯联邦宪法保证联邦国家权力机关在俄罗斯联邦全境行使职权。

第七十九条 在不会导致人和公民的权利和自由受到限制并且不违背俄罗斯联邦宪法制度的基本原则的情况下，俄罗斯联邦可以参加国际联合组织，并根据国际条约将其部分职权转交给国际联合组织。

第四章 俄罗斯联邦总统

第八十条

1. 俄罗斯联邦总统是国家元首。

2. 俄罗斯联邦总统是俄罗斯联邦宪法、人和公民的权利和自由的保证人。他按照俄罗斯联邦宪法规定的程序，为维护俄罗斯联邦主权、独立和国家完整而采取措施，保证国家权力机关协调运行并相互配合。

3. 俄罗斯联邦总统根据俄罗斯联邦宪法和联邦法律确定国家内外政策的基本方向。

4. 俄罗斯联邦总统作为国家元首在国内和国际关系中代表俄罗斯联邦。

第八十一条

1. 俄罗斯联邦总统由俄罗斯联邦公民按照普遍、平等和直接选举原则采用无记名投票方式选举产生，任期六年。

2. 凡年满 35 岁、在俄罗斯联邦常住不少于十年的俄罗斯联邦公民可以当选为俄罗斯联邦总统。

3. 同一个人担任俄罗斯联邦总统职务连续任职不得超过两届。

4. 俄罗斯联邦总统选举程序由联邦法律规定。

第八十二条

1. 俄罗斯联邦总统就职时向人民宣读如下誓词：

"我宣誓，在行使俄罗斯联邦总统职权时，尊重和保护人和公民的权利与自由，遵守并捍卫俄罗斯联邦宪法，捍卫国家的主权和独立、安全与完整，忠实地为人民服务。"

2. 誓词应在俄罗斯联邦联邦委员会委员、国家杜马代表和宪法法院法官出席的情况下在就职典礼上宣读。

第八十三条 俄罗斯联邦总统：

（1）经国家杜马同意任命俄罗斯联邦政府总理；

（2）有权主持俄罗斯联邦政府会议；

（3）接受俄罗斯联邦政府的辞呈；

（4）向国家杜马提出任命俄罗斯联邦中央银行行长职务的候选人；向国家杜马提出解除俄罗斯联邦中央银行行长职务的问题；

（5）根据俄罗斯联邦政府总理的提名任命和解除俄罗斯联邦政府副总理、联邦部长职务；

（6）向联邦委员会提出任命俄罗斯联邦宪法法院、俄罗斯联邦最高法院、俄罗斯联邦高等仲裁法院法官职务的候选人，以及俄罗斯联邦总检察长候选人；向联邦委员会提出关于解除俄罗斯联邦总检察长职务的建议；任命其他联邦法院法官；

（7）组建和领导俄罗斯联邦安全委员会，俄罗斯联邦安全委员会的地位由联邦法律规定；

（8）批准俄罗斯联邦的军事理论；

（9）成立俄罗斯联邦总统办公厅；

（10）任命和解职俄罗斯联邦总统的全权代表；

（11）任命和解职俄罗斯联邦武装力量最高指挥官；

（12）在同联邦会议两院相应的委员会协商后任命和召回俄罗斯联邦驻外国和国际组织的外交代表。

第八十四条 俄罗斯联邦总统：

（1）根据俄罗斯联邦宪法和联邦法律确定国家杜马选举；

（2）根据俄罗斯联邦宪法规定的情况和程序解散国家杜马；

（3）根据联邦宪法性法律规定的程序确定全民公决；

（4）向国家杜马提出法律草案；

（5）签署和颁布联邦法律；

（6）向联邦会议提出关于国内形势、国家内外政策基本方针的年度咨文。

第八十五条

1. 俄罗斯联邦总统可利用协商程序解决俄罗斯联邦国家权力机关和俄罗斯联邦主体国家权力机关之间以及俄罗斯联邦各主体国家权力机关之间的分歧。在不能达成一致决定的情况下，他可将争议转给有关法院审理解决。

2. 俄罗斯联邦总统有权中止同俄罗斯联邦宪法和联邦法律、俄罗斯联邦国际义务相抵触的，或者侵犯人和公民权利与自由的俄罗斯联邦各主体执行权力机关文件的效力，直到有关法院解决这一问题为止。

第八十六条 俄罗斯联邦总统：

（1）领导俄罗斯联邦的对外政策；

（2）进行谈判并签署俄罗斯联邦的国际条约；

（3）签署已经批准的国书；

（4）接受派驻俄罗斯联邦的外交代表的任命和召回文书。

第八十七条

1. 俄罗斯联邦总统是俄罗斯联邦武装力量最高统帅。

2. 在俄罗斯联邦遭受侵略或者侵略的直接威胁时，俄罗斯联邦总统在俄罗斯联邦境内或其部分地区实行战时状态并立即向联邦委员会和国家杜马通告此事。

3. 战时状态制度由联邦宪法性法律规定。

第八十八条 在联邦宪法性法律所规定的情况下和程序内，俄罗斯联邦总统在俄罗斯联邦全境或其部分地区实行紧急状态并立即向联邦委员会和国家杜马通告此事。

第八十九条 俄罗斯联邦总统：

（1）决定俄罗斯联邦国籍和提供政治避难问题；

（2）授予俄罗斯联邦国家奖，授予俄罗斯联邦荣誉称号、高级军衔和高级专门称号；

（3）实施特赦。

第九十条

1. 俄罗斯联邦总统发布命令和指示。

2. 俄罗斯联邦总统的命令和指示在俄罗斯联邦全境必须执行。

3. 俄罗斯联邦总统的命令和指示不得与俄罗斯联邦宪法和联邦法律相抵触。

第九十一条 俄罗斯联邦总统不受侵犯。

第九十二条

1. 俄罗斯联邦总统从宣读誓词时起开始行使职权，自新当选的俄罗斯联邦总统宣誓起其任期届满并停止行使职权。

2. 俄罗斯联邦总统在其辞职、因健康原因长期不能履行总统职责或离职的情况下提前终止行使职权。在这种情况下，俄罗斯联邦总统选举应在提前终止行使职权后的三个月内举行。

3. 在俄罗斯联邦总统不能履行其职责的所有情况下，俄罗斯联邦政府总理临时行使这些职权。俄罗斯联邦代总统无权解散国家杜马、确定全民公决以及提出关于修改和重新审议俄罗斯联邦宪法条款的建议。

第九十三条

1. 俄罗斯联邦总统只能由联邦委员会根据国家杜马所提出的叛国罪或实施其他重大犯罪的指控予以罢免，这一指控须由俄罗斯联邦最高法院关于俄罗斯联邦总统行为中具备犯罪要素的结论和俄罗斯联邦宪法法院关于提出指控符合规定程序的结论所确认。

2. 国家杜马关于提出指控的决定和联邦委员会关于罢免总统的决定,应当根据三分之一以上国家杜马代表的动议并在国家杜马组建的专门委员会作出结论的情况下,经两院各以三分之二票数予以通过。

3. 联邦委员会关于罢免俄罗斯联邦总统的决定应当在国家杜马对总统提出指控后的三个月内作出。如果联邦委员会在这一期限内没有作出决定,对总统的指控视为被否决。

第五章 联邦会议

第九十四条 联邦会议是俄罗斯联邦议会,是俄罗斯联邦代表和立法机关。

第九十五条

1. 联邦会议由两院——联邦委员会和国家杜马组成。①

2. 联邦委员会由俄罗斯联邦每个主体各派两名代表组成:国家权力代表机关和国家权力执行机关各一人。

3. 国家杜马由 450 名代表组成。

第九十六条

1. 国家杜马每五年选举一次。

2. 联邦委员会的组成程序和国家杜马代表的选举程序由联邦法律规定。

第九十七条

1. 凡年满 21 岁并有权参加选举的俄罗斯联邦公民均可当选为国家杜马代表。

2. 同一个人不能同时成为联邦委员会委员和国家杜马代表。国家杜马代表不能担任国家权力代表机关和地方自治机关的代表。

---

① 俄罗斯联邦议会即联邦会议,由联邦委员会(即通常的议会上院)和国家杜马(即通常的议会下院)组成,联邦委员会代表也称联邦委员会委员,国家杜马代表,也称国家杜马议员,本文集中两种表述通用,为行文方便,不强求统一。

3. 国家杜马代表根据专职常任原则工作。国家杜马代表不能担任国家公职、从事其他有酬活动，教学、科研和其他创作活动除外。

第九十八条

1. 联邦委员会委员和国家杜马代表在其整个任期内不受侵犯。他们不得被羁押、逮捕和遭受搜查，在犯罪现场被抓获的情况除外；也不得遭受人身搜查，联邦法律为保证他人安全而规定的情况除外。

2. 剥夺不可侵犯权问题须根据俄罗斯联邦总检察长的提议由联邦会议相应的院予以决定。

第九十九条

1. 联邦会议为常设机关。

2. 国家杜马在选举后第三十天举行第一次会议。俄罗斯联邦总统可在这一期限之前召集国家杜马会议。

3. 国家杜马第一次会议由最年长的代表主持召开。

4. 自新一届国家杜马开始工作时起，上届国家杜马的权限即告终止。

第一百条

1. 联邦委员会和国家杜马分别开会。

2. 联邦委员会和国家杜马的会议公开举行。在议院议事规则规定的情况下，议院有权举行内部会议。

3. 两院可以举行联席会议以听取俄罗斯联邦总统咨文、俄罗斯联邦宪法法院咨文、外国领导人的演讲。

第一百零一条

1. 联邦委员会从其委员中选举联邦委员会主席及其副主席。国家杜马从其代表中选举国家杜马主席及其副主席。

2. 联邦委员会主席和副主席、国家杜马主席和副主席主持会议并管理两院内部制度。

3. 联邦委员会和国家杜马成立各种委员会，就其管辖的问题举行议会听证会。

4. 两院各自通过自己的议事规则并决定自己活动的内部程序问题。

5. 为了对联邦预算的执行情况实行监督，联邦委员会和国家杜马组成审计院，其构成与活动程序由联邦法律规定。

第一百零二条

1. 属于联邦委员会管辖的是：

（1）批准俄罗斯联邦各主体之间的边界变更；

（2）批准俄罗斯联邦总统关于实行战时状态的命令；

（3）批准俄罗斯联邦总统关于实行紧急状态的命令；

（4）决定在俄罗斯联邦境外能否使用俄罗斯联邦武装力量的问题；

（5）确定俄罗斯联邦总统选举；

（6）罢免俄罗斯联邦总统；

（7）任命俄罗斯联邦宪法法院、俄罗斯联邦最高法院、俄罗斯联邦最高仲裁法院法官职务；

（8）任命和解除俄罗斯联邦总检察长职务；

（9）任命和解除审计院副主席及其半数审计员职务。

2. 联邦委员会就俄罗斯联邦宪法划归其管辖的问题作出决议。

3. 如果俄罗斯联邦宪法未对通过决议的程序另作规定，联邦委员会决议由联邦委员会委员总数的多数票予以通过。

第一百零三条

1. 属于国家杜马管辖的是：

（1）对俄罗斯联邦总统任命俄罗斯联邦政府总理表示同意；

（2）决定对俄罗斯联邦政府的信任问题；

（3）听取俄罗斯联邦政府有关其活动结果的年度报告，包括国家杜马提出的问题；

（4）任命和解除俄罗斯联邦中央银行行长职务；

（5）任命和解除审计院主席及其半数审计员的职务；

（6）任命和解除根据联邦宪法性法律开展活动的人权代表的职务；

（7）宣布大赦；

（8）对俄罗斯联邦总统提出弹劾以便罢免其职务。

2. 国家杜马就俄罗斯联邦宪法划归其管辖的问题作出决议。

3. 如果俄罗斯联邦宪法没有对决议通过程序另作规定，国家杜马的决议由国家杜马代表总数的多数票予以通过。

第一百零四条

1. 立法动议权属于俄罗斯联邦总统、联邦委员会、联邦委员会委员、国家杜马代表、俄罗斯联邦政府、俄罗斯联邦各主体立法（代表）机关。根据管辖的问题，立法动议权还属于俄罗斯联邦宪法法院、俄罗斯联邦最高法院和俄罗斯联邦最高仲裁法院。

2. 法律草案提交给国家杜马。

3. 关于实行和取消税收、免除纳税、发行国债、改变国家财政义务的法律草案，以及规定用联邦预算抵补开支的其他法律草案，只能在附有俄罗斯联邦政府结论的情况下方可提出。

第一百零五条

1. 联邦法律由国家杜马通过。

2. 如果俄罗斯联邦宪法未作其他规定，联邦法律由国家杜马代表总数的多数票予以通过。

3. 国家杜马通过的法律在五天内移交联邦委员会审议。

4. 如果联邦委员会委员总数的半数以上投票赞成或者联邦委员会在十四天内未予审议，联邦法律即被视为获得联邦委员会批准。在联邦委员会否决联邦法律的情况下，两院可成立调停委员会以消除分歧。此后，联邦法律应当由国家杜马复审。

5. 如果国家杜马不同意联邦委员会的决定，并且在第二次投票时不少于国家杜马代表总数三分之二的人投赞成票，联邦法律即被视为通过。

第一百零六条　国家杜马就下列问题通过的联邦法律必须经联邦委员会审议：

（1）联邦预算；

（2）联邦税费；

（3）财政、外汇、信贷和关税调节、货币发行；

（4）批准和废除俄罗斯联邦签署的国际条约；

（5）俄罗斯联邦的国家边界的地位和保护；

（6）战争与和平。

第一百零七条

1. 通过的联邦法律在五天内发送俄罗斯联邦总统签署和公布。

2. 俄罗斯联邦总统在十四天内签署联邦法律并予以公布。

3. 如果俄罗斯联邦总统在联邦法律提交后十四天内将其否决，则国家杜马和联邦委员会按照俄罗斯联邦宪法所规定的程序重新审议该法。如果在复审中联邦法律以原来所通过的文本获得不少于联邦委员会委员和国家杜马代表总数三分之二的多数票赞同，俄罗斯联邦总统应在七天内签署和公布该法。

第一百零八条

1. 就俄罗斯联邦宪法规定的问题通过联邦宪法性法律。

2. 联邦宪法性法律如果获得不少于联邦委员会成员总数四分之三和不少于国家杜马议员总数三分之二的多数票赞成即被视为通过。俄罗斯联邦总统应当在十四天内签署和公布已经通过的联邦宪法性法律。

第一百零九条

1. 国家杜马可在俄罗斯联邦宪法第一百一十一条和第一百一十七条规定的情况下由俄罗斯联邦总统予以解散。

2. 在国家杜马解散的情况下，俄罗斯联邦总统确定选举日期以便使重新选出的国家杜马在不迟于四个月的期限内得以组建。

3. 国家杜马选出后一年内不能根据俄罗斯联邦宪法第一百一十七条规定的理由予以解散。

4. 国家杜马自其对俄罗斯联邦总统提出弹劾之时直到联邦委员会作出

相应决定之前不得被解散。

5. 国家杜马在俄罗斯联邦全境实行战时状态或紧急状态时期以及俄罗斯联邦总统任期届满前六个月内不得被解散。

第六章 俄罗斯联邦政府

第一百一十条

1. 俄罗斯联邦的执行权力由俄罗斯联邦政府行使。

2. 俄罗斯联邦政府由俄罗斯联邦政府总理、俄罗斯联邦政府副总理和联邦部长组成。

第一百一十一条

1. 俄罗斯联邦政府总理由俄罗斯联邦总统经国家杜马同意任命。

2. 提出关于俄罗斯联邦政府总理候选人的建议应不迟于新当选的俄罗斯联邦总统就职后或俄罗斯联邦政府辞职后两周,或在国家杜马否决候选人之日起的一周内。

3. 在关于候选人的提案提出之日起一周内国家杜马审议俄罗斯联邦总统提出的俄罗斯联邦政府总理的候选人。

4. 国家杜马三次否决俄罗斯联邦政府总理候选人后,俄罗斯联邦总统任命俄罗斯联邦政府总理,解散国家杜马并确定新的选举。

第一百一十二条

1. 俄罗斯联邦政府总理在任命后一周内向俄罗斯联邦总统提出关于联邦执行权力机关构成的建议。

2. 俄罗斯联邦政府总理向俄罗斯联邦总统提出俄罗斯联邦政府副总理和联邦部长职务候选人。

第一百一十三条 俄罗斯联邦政府总理根据俄罗斯联邦宪法、联邦法律和俄罗斯联邦总统令确定俄罗斯联邦政府活动的基本方针并组织政府工作。

第一百一十四条

1. 俄罗斯联邦政府：

（1）制定并向国家杜马提出联邦预算，并保证其执行；向国家杜马提供关于联邦预算执行情况的报告；向国家杜马提交其活动结果的年度报告，包括国家杜马提出的问题；

（2）保证在俄罗斯联邦实行统一的财政、信贷和货币政策；

（3）保证在俄罗斯联邦的文化、科学、教育、卫生、社会保障和生态领域实行统一的国家政策；

（4）管理联邦财产；

（5）采取措施保障国防、国家安全、实现俄罗斯联邦对外政策；

（6）采取措施确保法制、公民权利和自由、维护财产和社会秩序、同犯罪作斗争；

（7）行使俄罗斯联邦宪法、联邦法律和俄罗斯联邦总统令所赋予的其他职权。

2. 俄罗斯联邦政府活动的程序由联邦宪法性法律规定。

第一百一十五条

1. 俄罗斯联邦政府根据并为了执行俄罗斯联邦宪法、联邦法律、俄罗斯联邦总统的规范性命令颁布决议和指示，保证其执行。

2. 俄罗斯联邦政府的决议和指示在俄罗斯联邦必须执行。

3. 俄罗斯联邦政府的决议和指示在违背俄罗斯联邦宪法、联邦法律和俄罗斯联邦总统命令的情况下可由俄罗斯联邦总统予以废止。

第一百一十六条 俄罗斯联邦政府向新当选的俄罗斯联邦总统卸任。

第一百一十七条

1. 俄罗斯联邦政府可以递交辞呈，俄罗斯联邦总统接受或者拒绝。

2. 俄罗斯联邦总统可以作出关于俄罗斯联邦政府辞职的决定。

3. 国家杜马可以对俄罗斯联邦政府表示不信任。关于不信任俄罗斯联邦政府的决议由国家杜马代表总数的多数票予以通过。国家杜马对俄罗斯联邦政府表示不信任之后，俄罗斯联邦总统有权宣布俄罗斯联邦政府辞职或不同意国家杜马的决定。在国家杜马三个月内再次对俄罗斯联邦政府表示不信任的情况下，俄罗斯联邦总统宣布俄罗斯联邦政府辞职或者解散国家杜马。

4. 俄罗斯联邦政府总理可向国家杜马提出关于对俄罗斯联邦政府的信任问题。如果国家杜马拒绝表示信任，俄罗斯联邦总统在七天内作出俄罗斯联邦政府辞职或者解散国家杜马、举行新的选举的决定。

5. 在俄罗斯联邦政府辞职或被解除职权的情况下，俄罗斯联邦政府受俄罗斯联邦总统委托继续工作，直到俄罗斯联邦新政府组成为止。

第七章　司法权

第一百一十八条

1. 俄罗斯联邦的审判权只能由法院行使。

2. 司法权通过宪法、民法、行政法和刑事诉讼程序来实现。

3. 俄罗斯联邦的司法系统由俄罗斯联邦宪法和联邦宪法性法律规定。不允许成立特别法院。

第一百一十九条　凡年满25岁、接受过高等法律教育、不少于五年法律职业工龄的俄罗斯联邦公民均可担任法官。联邦法律可以对俄罗斯联邦各级法院法官规定补充要求。

第一百二十条

1. 法官独立，只服从俄罗斯联邦宪法和联邦法律。

2. 法院在审理案件时确认国家机关或其他机关的文件不符合法律，可根据法律作出决定。

第一百二十一条

1. 法官终身制。

2. 只能基于联邦法律规定的程序和理由法官的职权才能被终止或暂时停止。

第一百二十二条

1. 法官不受侵犯。

2. 非经联邦法律规定的程序，法官不得被追究刑事责任。

第一百二十三条

1. 在所有法院案件审理都是公开的。在联邦法律规定的情况下允许在非公开审理案件时旁听。

2. 不允许在法庭上缺席审理刑事案件，联邦法律规定的情况除外。

3. 诉讼程序根据双方辩论和平等的原则进行。

4. 在联邦法律规定的情况下，诉讼程序在陪审团参加下进行。

第一百二十四条 对法院的财政拨款只能出自联邦预算，它应保证法院能够根据联邦法律完全而独立地进行司法活动。

第一百二十五条

1. 俄罗斯联邦宪法法院由 19 名法官组成。

2. 俄罗斯联邦宪法法院根据俄罗斯联邦总统、联邦委员会、国家杜马、联邦委员会五分之一委员或国家杜马五分之一代表、俄罗斯联邦政府、俄罗斯联邦最高法院、俄罗斯联邦最高仲裁法院、俄罗斯联邦各主体立法和执行权力机关的要求，裁决下列文件是否符合俄罗斯联邦宪法：

（1）联邦法律，俄罗斯联邦总统、联邦委员会、国家杜马、俄罗斯联邦政府的规范性文件；

（2）各共和国宪法、规章，俄罗斯联邦各主体就属于俄罗斯联邦国家权力机关管辖和俄罗斯联邦国家权力机关与俄罗斯联邦各主体国家权力机关共同管辖的问题所颁布的法律和其他规范性文件；

（3）俄罗斯联邦国家权力机关和俄罗斯联邦各主体国家权力机关之间的条约，俄罗斯联邦各主体国家权力机关之间的条约；

（4）尚未生效的俄罗斯联邦签署的国际条约。

3. 俄罗斯联邦宪法法院裁决权限争端：

（1）联邦国家权力机关之间的争端；

（2）俄罗斯联邦国家权力机关和俄罗斯联邦各主体国家权力机关之间的争端；

（3）俄罗斯联邦各主体最高国家机关之间的争端。

4. 俄罗斯联邦宪法法院根据有关侵犯公民宪法权利和自由的投诉，根据法院的要求，按照联邦法律规定的程序审查在具体案件中适用和应该适用的法律是否符合宪法。

5. 俄罗斯联邦宪法法院根据俄罗斯联邦总统、联邦委员会、国家杜马、俄罗斯联邦政府、俄罗斯联邦各主体立法权力机关的要求解释俄罗斯联邦宪法。

6. 被认为违宪的文件及其个别条款没有效力；俄罗斯联邦签署的不符合俄罗斯联邦宪法的国际条约不得生效和适用。

7. 俄罗斯联邦宪法法院根据联邦委员会的要求作出关于提出俄罗斯联邦总统犯有叛国罪或其他严重罪行的弹劾是否符合规定程序的结论。

第一百二十六条　俄罗斯联邦最高法院是民事、刑事、行政和其他案件以及拥有一般司法审判权的法院所管辖事务的最高审判机关，它根据联邦法律规定的诉讼形式对这些法院的活动实行司法监督并就司法实践问题作出解释。

第一百二十七条　俄罗斯联邦最高仲裁法院是解决经济争端和仲裁法院所审理的其他案件的最高审判机关，它根据联邦法律所规定的诉讼形式对仲裁法院的活动实行司法监督并就司法实践问题作出解释。

第一百二十八条

1. 俄罗斯联邦宪法法院、俄罗斯联邦最高法院、俄罗斯联邦最高仲裁法院的法官由联邦委员会根据俄罗斯联邦总统的提名任命。

2. 其他联邦法院的法官由俄罗斯联邦总统根据联邦法律规定的程序任命。

3. 俄罗斯联邦宪法法院、俄罗斯联邦最高法院、俄罗斯联邦最高仲裁法院和其他联邦法院的权限、组成和活动程序由联邦宪法性法律规定。

第一百二十九条

1. 俄罗斯联邦检察机关是下级检察长服从上级检察长和俄罗斯联邦总检察长的统一的集中的体系。

2. 俄罗斯联邦总检察长由联邦委员会根据俄罗斯联邦总统的提名任命和解除职务。

3. 俄罗斯联邦各主体的检察长由俄罗斯联邦总检察长与联邦各主体协商任命。

4. 其他检察长由俄罗斯联邦总检察长任命。

5. 俄罗斯联邦检察机关的权限、组织与活动程序由联邦法律规定。

第八章 地方自治机关

第一百三十条

1. 在俄罗斯联邦地方自治保证居民独立解决地方性问题，占有、使用和处分地方财产。

2. 地方自治由公民通过公决、选举、直接表达意志的其他形式并经过选举产生的地方自治机关和其他地方自治机关来实现。

第一百三十一条

1. 考虑到历史的和其他的地方传统，在城市和农村居住区以及其他区域实行地方自治。地方自治机关的结构由居民独立确定。

2. 考虑到相应区域的居民意见，允许改变实行地方自治的地区边界。

第一百三十二条

1. 地方自治机关独立管理地方财产，编制、批准和执行地方预算，确定地方税费、维护社会秩序并解决其他地方性问题。

2. 地方自治机关可依法分享部分国家权能，并获得必要的物资和财政资金以行使这些权能。行使这部分被转交的权能受国家监督。

第一百三十三条 俄罗斯联邦的地方自治由司法保护权、因国家权力机关的决定而造成的额外支出补偿权、禁止限制俄罗斯联邦宪法和联邦法律所规定的地方自治权利予以保护。

第九章　宪法修改与宪法重新审议

第一百三十四条　俄罗斯联邦总统、联邦委员会、国家杜马、俄罗斯联邦政府、俄罗斯联邦各主体立法（代表）机关、以及人数不少于五分之一的联邦委员会委员或国家杜马代表，能够提出关于修改和重新审议俄罗斯联邦宪法条款的议案。

第一百三十五条

1. 联邦会议不得重新审议俄罗斯联邦宪法第一章、第二章和第九章条款。

2. 如果重新审议俄罗斯联邦宪法第一章、第二章和第九章条款的提案得到联邦委员会委员和国家杜马代表总数五分之三的票数支持，根据联邦宪法性法律召开制宪会议。

3. 制宪会议或是确认俄罗斯联邦宪法不需修改，或是制定新的俄罗斯联邦宪法草案，草案由宪法会议成员总数三分之二的票数予以通过或交由全民投票。在举行全民投票时，如果半数以上的选民参加投票且参加投票的选民半数以上对其表示赞成，俄罗斯联邦宪法即被视为通过。

第一百三十六条　对俄罗斯联邦宪法第三至第八章的修改，应按照为通过联邦宪法性法律而规定的程序予以通过，并在不少于三分之二的俄罗斯联邦主体立法权力机关批准之后生效。

第一百三十七条

1. 对规定俄罗斯联邦构成的俄罗斯联邦宪法第六十五条的修改，应根据关于吸收新的俄罗斯联邦主体加入俄罗斯联邦或建立新的俄罗斯联邦主体以及关于改变俄罗斯联邦主体宪法法律地位的联邦宪法性法律来进行。

2. 在共和国、边疆区、州、联邦直辖市、自治州、自治区名称变更的情况下，俄罗斯联邦主体的新名称应列入俄罗斯联邦宪法第六十五条。

第二部分　最后过渡条款

1. 俄罗斯联邦宪法自根据全民投票结果而正式公布之日起生效。

1993年12月12日全民投票日即被视为俄罗斯联邦宪法通过日。

1978年4月12日通过、后来作过修改和补充的俄罗斯联邦——俄罗斯宪法（基本法）同时失效。

在联邦条约——关于在俄罗斯联邦国家权力机关和组成俄罗斯联邦的各主权共和国国家权力机关之间划分管辖范围和权限的条约，关于在俄罗斯联邦国家权力机关和俄罗斯联邦边疆区、州、莫斯科市和圣彼得堡市国家权力机关之间划分管辖范围和权限的条约，关于在俄罗斯联邦国家权力机关和组成俄罗斯联邦的自治州、自治区国家权力机关之间划分管辖范围和权限的条约，以及俄罗斯联邦国家权力机关和俄罗斯联邦各主体国家权力机关之间的其他条约，俄罗斯联邦各主体国家权力机关之间的条约——条款与俄罗斯联邦宪法条款不符的情况下，以俄罗斯联邦宪法条款为准。

2. 本宪法生效前在俄罗斯联邦境内实施的法律和其他法律文件，与俄罗斯联邦宪法无抵触的部分继续适用。

3. 根据俄罗斯联邦——俄罗斯宪法（基本法）选出的俄罗斯联邦总统从本宪法生效之日起行使俄罗斯联邦宪法所规定的职权，直至其当选的任期届满。

4. 部长会议——俄罗斯联邦政府从本宪法生效之日起拥有俄罗斯联邦宪法所规定的俄罗斯联邦政府的权利、义务和责任，以后称为俄罗斯联邦政府。

5. 俄罗斯联邦各级法院根据本宪法规定的权限履行审判职能。

宪法生效后，俄罗斯联邦所有法院的法官均保留其职权，直至他们当选的任期届满。空缺职务根据本宪法规定的程序填补。

6. 在规定陪审团参加法院审理案件程序的联邦法律生效之前，法院审理相关案件的原有程序予以保留。

在根据本宪法条款进行俄罗斯联邦刑事诉讼立法之前，逮捕、羁押和监禁犯罪嫌疑人的原有程序予以保留。

7. 第一届联邦委员会和国家杜马选举产生，任期两年。

8. 联邦委员会在选举后第三十天召开首次会议。联邦委员会首次会议由俄罗斯联邦总统主持召开。

9. 第一届国家杜马代表可同时是俄罗斯联邦政府成员。本宪法关于代表在履行公务中因作为（或不作为）而承担责任方面的不可侵犯权的条款不适用于兼任俄罗斯联邦政府成员的国家杜马代表。

第一届联邦委员会委员根据非常设原则行使其职权。

（本译文采用于洪君发表在《外国法译评》1994年第2期上的1993年12月俄罗斯全民公决通过的第一部《俄罗斯联邦宪法》译文，增补了1993年以后俄罗斯历次修宪的内容）

（于洪君 译　徐向梅 校补）

俄罗斯联邦政党法

　　国家杜马 2001 年 6 月 21 日通过，联邦委员会 2001 年 6 月 29 日批准。并根据 2002 年 3 月 21 日第 31 号联邦法、2002 年 7 月 25 日第 112 号联邦法、2003 年 6 月 23 日第 85 号联邦法、2003 年 12 月 8 日第 169 号联邦法、2004 年 12 月 20 日第 168 号联邦法、2004 年 12 月 28 日第 183 号联邦法、2005 年 7 月 21 日第 93 号联邦法、2005 年 12 月 31 日第 202 号联邦法、2006 年 7 月 12 日第 106 号联邦法、2006 年 12 月 30 日第 274 号联邦法、2007 年 4 月 26 日第 64 号联邦法、2008 年 7 月 22 日第 144 号联邦法、2008 年 7 月 23 日第 160 号联邦法、2008 年 11 月 8 日第 200 号联邦法、2009 年 4 月 5 日第 41 号联邦法、2009 年 4 月 5 日第 42 号联邦法、2009 年 4 月 28 日第 75 号联邦法、2009 年 5 月 12 日第 94 号联邦法、2009 年 7 月 19 日第 196 号联邦法、2009 年 12 月 17 日第 319 号联邦法、2010 年 5 月 6 日第 80 号联邦法、2010 年 6 月 4 日第 116 号联邦法、2010 年 11 月 3 日第 289 号联邦法、2010 年 4 月 5 日第 44 号联邦法、2011 年 7 月 23 日第 259 号联邦法、2011 年 12 月 8 日第 421 号联邦法、2012 年 4 月 2 日第 28 号联邦法作了修正。

　　俄罗斯联邦承认政治多元化和多党制。国家根据此项宪法原则保证各政党在法律面前一律平等，无论其成立文件和纲领性文件中所阐述的思想体系、目标和任务如何。

　　国家保证维护各政党的权利和合法利益。

第一部分 宪法、全国性涉党法律

第一章 总 则

第一条 本联邦法的规范对象

本联邦法的规范对象是因俄罗斯公民行使组建政党的权利和政党在俄罗斯联邦境内的建立、活动、改组和取缔的特性而产生的社会关系。

第二条 俄罗斯联邦公民组建政党的权利

俄罗斯联邦公民组建政党的权利包括：在自愿基础上根据自己的信仰建立政党的权利、参加政党或放弃参加政党的权利、根据党章参加政党活动的权利以及不受限制地退出政党的权利。

第三条 政党的定义及其构成

1. 政党是社会联合组织，其创立的宗旨是借助形成和表达俄罗斯联邦公民的政治意志、参加社会和政治行动、参加选举和全民公决，来促使公民参与社会政治生活，并在国家权力机关和地方自治机关中代表公民的利益。

2. 政党应符合以下要求：

（1）政党应在半数以上俄罗斯联邦主体内拥有地区分部，并且在每个俄罗斯联邦主体内只能建立该政党的一个地区分部；

（2）根据本法第二十三条第6款，组建政党必须有不少于五百名成员，党章可以规定政党地区分部的最低人数要求；

（3）政党的领导机关和其他机关、其地区分部和其他分支机构都应设在俄罗斯联邦领土范围内。

3. 根据政党全权领导机关的决定建立并在俄罗斯联邦主体区域内活动的分支机构附属于本联邦法中的政党地区分部。在一个俄罗斯联邦主体，无论是由一个或多个自治区组成，可以建立政党的统一地区分部。按党章规定的情况和程序建立政党的其他分支机构（地方分部和基层支部）。

4. 在政党的章程和纲领中应阐明政党的目标和任务。

政党的基本目标是：

形成社会舆论；

对公民进行政治教育和培养；

表达公民对于任何社会生活问题的意见，把这些意见传达给社会大众和国家权力机关；

推举候选人（候选人名单）参加俄罗斯联邦总统选举、俄罗斯联邦联邦会议国家杜马代表选举，向俄罗斯联邦主体国家政权的立法（代表）机关推荐候选人（候选人名单），推举地方自治机关其他经选举产生的职位的候选人（候选人名单），向地方自治代表机关推荐候选人（候选人名单），参加规定的选举，并参与选举机关的工作。

5. 联邦候选人名单被允许参与国家杜马议员席位分配的政党，或者根据 2005 年 5 月 18 日第 51 号联邦法《俄罗斯联邦联邦会议国家杜马代表选举法》第八十二条第 1 款，一个（或多个）议员席位被交由该政党联邦候选人名单支配的政党，在本联邦法中都被视为国家杜马内政党。

候选人名单被允许参与俄罗斯联邦主体国家政权立法（代表）机关议席分配的政党，或者根据 2002 年 6 月 12 日第 67 号联邦法《有关俄罗斯联邦公民选举权和参与全民公决权力的基本保障》第三十五条第 17 款的规定，议员席位交由该政党候选人名单支配的政党，在本联邦法中都被视为俄罗斯联邦主体国家政权立法（代表）机关内政党。

第四条　俄罗斯联邦关于政党的法律

政党活动应以俄罗斯联邦宪法为基础，接受联邦宪法性法律、本联邦法和其他联邦法律的规范。

第五条　政党活动的地域范围

政党有权在整个俄罗斯联邦领土范围内活动。

第六条　政党的名称

1. 在政党的全称和简称中不得使用俄罗斯联邦现存其他政党、其他全俄社会联合组织的名称，不得使用与这些名称相似到足以混淆的名称，或者因违反本联邦法第九条第 1 款而被取缔并停止活动的政党的名称。

2. 在政党的名称中不得使用国家权力机关和地方自治机关的名称，不得使用某个公民的名字和（或）姓氏。

3. 政党的地区分部和其他分支机构在使用政党名称时应指明其所属地域。

4. 政党可以在其名称中使用"俄罗斯"、"俄罗斯联邦"字样，以及在此基础上构成的词和词组。

5. 政党名称应符合俄罗斯联邦关于保护知识产权和（或）著作权的法律要求。禁止使用伤害种族、民族或宗教情感的政党名称。

6. 不是政党的社会联合组织不得在名称中使用"政党"字样。

第七条 政党的标志

1. 政党可以拥有自己的标志物和其他标志，在党章中应对这些标志进行准确描述。政党的标志不应与俄罗斯联邦的国家标志、俄罗斯联邦主体的国家标志、地方自治区域的标志和其他国家的国家标志雷同。

2. 不能使用俄罗斯联邦现存的其他政党、其他全俄社会联合组织的标志物和其他标志，不能使用被禁止在俄罗斯联邦境内活动的组织的标志物和其他标志作为政党的标志物和其他标志。

3. 政党的标志应该符合俄罗斯联邦保护知识产权和（或）著作权的法律要求。禁止使用有损和有辱俄罗斯联邦国旗、国徽和国歌，俄罗斯联邦主体、地方自治区域和外国的正式旗帜、标志和歌曲，宗教标志，以及伤害种族、民族或宗教情感的标志。

第八条 政党活动的基本原则

1. 政党的活动建立在自愿、权利平等、自主管理、合法性和公开性原则的基础上。除了本联邦法规定的限制之外，政党可以自由确定自己的内部结构、目标、活动的形式和方法。

2. 政党的活动不应损害俄罗斯联邦宪法所保证的个人和公民的权利和自由。

3. 政党的活动公开，关于其创建文件和纲领性文件的信息对所有人公开。

4. 政党应为作为其成员的俄罗斯联邦男性、女性和各民族公民在政党领导机关中、在议员候选人名单中以及在国家权力机关和地方自治机关中其他经选举产生的职位的候选人名单中的代表权创造平等机会。

第九条 对政党建立及其活动的限制

1. 禁止以进行极端主义活动为目标的政党建立和活动。

2. 政党的章程和纲领包含维护社会公正思想的条款，与政党维护社会公正的活动一样，不应被视为挑起社会纷争。

3. 不允许根据职业、种族、民族或宗教属性特征建立政党。

本联邦法中的职业、种族、民族或宗教属性特征指在党章和党纲中指明维护职业、种族、民族或宗教利益的目标以及在政党的名称中反映上述目标。政党不应由同一职业的人员组成。

4. 政党的分支机构只能按地域特征建立和活动。不允许在国家权力机关、地方自治机关、俄罗斯联邦武装力量、护法机关和其他国家机关以及在国家和非国家组织中建立政党的分支机构。

5. 不允许政党及其分支机构在国家权力机关、地方自治机关［国家政权立法（代表）机关和地方自治代表机关除外］、俄罗斯联邦武装力量、护法机关和其他国家机关、在国家政权的立法（代表）机关和国家组织中活动。禁止政党干预教育机构的教学过程。

6. 不允许外国的政党和政党分支机构在俄罗斯联邦境内建立和活动。

7. 在俄罗斯联邦全境或个别地方实行紧急状态或军事状态的情况下，政党根据联邦关于紧急状态或军事状态的宪法性法律进行活动。

第十条 国家和政党

1. 不允许国家权力机关及其公职人员干涉政党的活动或政党干涉国家权力机关及其公职人员的活动。

2. 涉及政党利益的问题由国家权力机关和地方自治机关在相关政党参加之下或根据协商结果解决。

3. 代行国家或地方自治机关公职的人员和在国家或地方自治机关供职的人员无权利用职务或职位之便为其所属政党或任何其他政党谋利。除俄罗斯联邦联邦会议国家杜马的议员、其他国家政权立法（代表）机关的代表和地方自治代表机关代表外，上述人员在履行其职务和职位职责时不应受到政党决定的约束。

4. 俄罗斯联邦总统在任职期间有权暂时中止自己的政党党员资格。

第二章　政党的建立

第十一条　政党建立的方法

1. 政党建立自由，不需经过国家权力机关和公职人员的许可。政党可以在政党成立代表大会上建立，或在全俄社会联合组织或全俄社会运动代表大会上通过将全俄社会联合组织或全俄社会运动改组为政党而建立。

2. 从成立代表大会通过关于建立政党、在半数以上俄罗斯联邦主体建立其地区分部、通过政党的章程和纲领并设立政党的领导机关和监察机关的决议之日起，政党被视为建立。政党成立代表大会的代表是政党的创建者。

3. 政党从建立之日起开展与设立政党地区分部和政党获得确认被列入国家统一法人名录这一事实的文件相关的组织和信息宣传活动。

4. 在全俄社会联合组织或全俄社会运动改组为政党的情况下，全俄社会联合组织或全俄社会运动的代表大会通过决议，将全俄社会联合组织或全俄社会运动改组为政党，将其在俄罗斯联邦主体内的地区分支机构改组为政党的地区分部，通过政党的章程和纲领，并设立政党的领导机关和监察机关。

5. 在通过将全俄社会联合组织或全俄社会运动改组为政党的方式建立政党的情况下，政党从相应地被列入国家统一法人名录之日起视为建立。

第十二条　组织委员会

1. 为准备、召集和举行政党的成立代表大会，有权成为政党成员的俄罗斯联邦公民应建立组织委员会，其成员不得少于十人。

2. 组织委员会应以书面形式通知被授权履行政党国家注册职能的联邦执行权力机关（以下简称——联邦授权机关）建立政党的意向和拟采用的政党名称。在向该机关提交上述通知的同时，还应呈送：

（1）有关组织委员会的不少于十人的成员信息（姓、名、父称、出生日期、国籍和联系电话）；

（2）组织委员会会议记录，其中要指明委员会建立的目的、任期（不超过一年）、所在地、组织委员会的经费和其他财产的使用程序、被授权为筹集组织委员会经费而开设结算账户和为保证委员会活动而签署民事—法律合同的组织委员会成员（以下简称——组织委员会全权代表）的信息（姓、名、父称、出生日期、居住地址、国籍、护照或其他替代证件的系列和号码、联系电话）。

3. 联邦授权机关在收到通知和本条第 2 款中所指明的其他文件当日发给组织委员会全权代表确认其提交通知的证明。

4. 组织委员会从收到本条第 3 款指明的文件之日起一个月内，在一个或几个全俄定期印刷出版物上公布关于其建立政党的意向和向联邦授权机关呈送相关文件的消息。

第十三条　组织委员会的活动

1. 组织委员会独立确定自己的活动程序。组织委员会在任期内召开政党的成立代表大会。为实现上述目标，组织委员会应：

开展组织和信息宣传活动，目的是在各俄罗斯联邦主体成立组建中的政党地区分部，其中包括召开组建中的政党拥护者大会，选举参加政党成立代表大会的代表；

通过组织委员会全权代表在俄罗斯联邦某个信贷机构开立结算账户，并向俄罗斯授权机关通告。

2. 组织委员会的经费来自给政党的捐款，捐款的募集应根据本联邦法律第三十条的要求进行。

3. 在政党成立代表大会召开之后，组织委员会停止活动。同时，组织委员会的资金和其他财产，以及说明资金和其他财产的来源和使用情况的财务报告一并转交给已成立的政党。

4. 如果在组织委员会任期内没有举行政党的成立代表大会，任期结束后组织委员会应停止活动。在这种情况下，组织委员会留下的资金按比例转交给进行捐赠的捐赠人，其他财产返还捐赠者。如果组织委员会留下的资金和其他财产不可能归还给捐赠人，则计入俄罗斯联邦的收入。

第十四条　政党的成立代表大会或为把全俄社会联合组织或全俄社会运动改组为政党而召集的代表大会

1. 组织委员会或者全俄社会联合组织或全俄社会运动应在《俄罗斯报》或其他全俄定期印刷出版物上公布关于召开政党成立代表大会或为将全俄社会联合组织或全俄社会运动改组为政党而召集的代表大会的时间和地点的信息。这些信息应在政党成立代表大会或者全俄社会联合组织或全俄社会运动为将其改组为政党而召集的代表大会召开前的一个月内公布。

《俄罗斯报》在收到报送来的政党成立代表大会或者为将全俄社会联合组织或全俄社会运动改组为政党而召集的代表大会的时间和地点的信息后两个星期内，必须无偿地公布这些信息。

2. 如果政党成立代表大会有半数以上俄罗斯联邦主体的代表参加、并且这些代表主要居住在这些俄罗斯联邦主体内，在这种情况下，政党成立代表大会被认为合法有效。组织委员会在确定成立代表大会的代表名额时应考虑到，上述每个俄罗斯联邦主体的代表不得少于两名。本联邦法第十一条第2款所规定的政党成立代表大会的各项决议必须经过政党成立代表大会代表的多数票通过。

3. 关于将全俄社会联合组织或全俄社会运动改组为政党的决议和其他决议，应由全俄社会联合组织或全俄社会运动的代表大会根据其章程通过。如果参加全俄社会联合组织或全俄社会运动的代表大会工作的有全俄社会联合组织或全俄社会运动在半数以上俄罗斯联邦主体内的地区分部代表、并且这些代表主要居住在这些联邦主体内，在这种情况下，代表大会应视为合法有效。

确定代表大会代表名额时要考虑到上述每个地区分部的代表不得少于两名。在将全俄社会联合组织或全俄社会运动改组为政党的情况下不要求建立组织委员会。

4. [失效]。

第三章 政党的国家注册

第十五条 政党及其地区分部的国家注册

1. 政党及其地区分部应根据联邦法律《法人和个体经营者国家注册法》，并依据本联邦法规定的政党及其地区分部国家注册的特别程序进行国家注册。政党及其地区分部从国家注册之时起可以全面开展活动，包括作为法人进行活动。确认政党或其地区分部被列入国家统一法人名录这一事实的证书是对政党或其地区分部进行国家注册的证明。

2. 政党及其地区分部进行国家注册的决定由联邦授权机关及其区域机关（以下简称——授权机关）分别作出。根据联邦法律《法人和个体经营者国家注册法》第二条的规定被授权的联邦执行权力机关（以下简称——注册机关）在联邦授权机关或其区域机关分别作出的国家注册决定的基础上将政党及其地区分部的建立、改组和取缔的信息，以及联邦法律规定的其他信息列入全国统一法人名录。授权机关与注册机关在政党及其地区分部国家注册问题上的协调程序由俄罗斯联邦政府确定。

3. 从政党成立代表大会或者全俄社会联合组织或全俄社会运动决定将全俄社会联合组织或全俄社会运动改组为政党的代表大会召开之日起六个月内，应将政党国家注册所必需的文件报送联邦授权机关。

4. 政党地区分部的国家注册在政党的国家注册之后进行，同时政党地区分部在半数以上俄罗斯联邦主体内的注册应在从政党国家注册之日起六个月内进行。

5. 联邦授权机关或其区域机关在确认政党或其地区分部进行国家注册所必需的文件符合本联邦法的要求后，作出对政党或其地区分部国家注册的决定，并向注册机关提交该机关进行国家统一法人注册所必需的信息和文件。

在联邦授权机关或其区域机关作出上述决定并提交必需的信息和文件的基础上，注册机关应在收到这些必需信息和文件之日起五个工作日内将政党或其地区分部的登记列入全国统一法人名录，并在登记列入后一个工作日内向作出政党或其地区分部进行国家注册决定的机关通报。

联邦授权机关或其区域机关应在从注册机关收到将政党或其地区分部的登记列入全国统一法人名录的信息之日起三个工作日内向政党或其地区分部的全权代表颁发确认将相应的登记列入全国统一法人名录的事实的证书。如果没有作出拒绝政党或其地区分部进行国家注册的决定，则上述证书应在收到相应的国家注册申请之日起的一个月内颁发。而如果根据本条第1款作出暂时停止对政党或其地区分部进行国家注册的决定，上述期限自然终止。作出暂时停止对政党或其地区分部进行国家注册的决定之前发生的时间不被计入从重新提交政党或其地区分部进行国家注册所必需的文件之日起开始的新的期限。

5-1. 在本法第二十条第1款第（1）项和第2款第（1）项规定的情形下，联邦授权机关或其区域机关作出暂时停止政党或其地区分部的国家注册的决定应该在产生撤销其国家注册理由的三个月内。在作出暂时停止国家注册的决定时联邦授权机关或其区域机关向政党或其地区分部的全权代表发放说明理由的书面结论。结论中指明：本联邦法适用于暂时停止政党或其地方分部国家注册原则的具体条例；用于国家注册的文件与俄罗斯联邦宪法、联邦宪法性法律、本联邦法及其他联邦法律不吻合的明细。同时，在每种情形下指明，提交的文件不符合法律规范的哪一具体条款，并标示出这种不符合。

在上述决定的法定期限内，招致暂时停止政党或其地区分部国家注册的理由没有消除，联邦授权机关或其区域机关有理由作出拒绝对政党或其地区分部进行国家注册的决定。

6. 如果政党没有在本条第 4 款规定的期限期满后的一个月内向联邦授权机关提供其在半数以上俄罗斯联邦主体内的地区分部进行国家注册的文件副本，则政党国家注册的文件被联邦授权机关认定失效，按照联邦授权机关的决定该政党及其地区分部从全国统一法人名录中清除。

7. 如果联邦授权机关的区域机关作出本条第 5 款第（1）项所规定的暂时停止政党地区分部国家注册的决定，或者拒绝给政党地区分部进行国家注册的决定被诉至法院，并且在本条第 4、6 款所规定的期限到期时法庭的判决还没有发生法律效力，该期限可以延长。

8. 如果政党章程规定将法人代表的权利赋予政党的其他分支机构，该分支机构的国家注册应按照政党地区分部进行国家注册的规定程序进行。在这种情况下，除本联邦法第三条第 2 款的第（1）项和第（2）项外，本联邦法对于政党地区分部国家注册规定的要求适用于政党的分支机构。

9. 政党及其地区分部进行国家注册，应按俄罗斯联邦法律规定的程序收取国家注册费。

10. 政党从获得本条第 1 款规定的国家注册文件之日起十五天内向《俄罗斯报》提交自己的纲领用于公布。《俄罗斯报》必须在政党提交上述文件之日起十五天内免费予以刊登，内容不少于两百报纸行。

第十六条　在政党成立代表大会上建立的政党进行国家注册所须呈送的文件

1. 在政党成立代表大会上建立的政党进行国家注册，须向联邦授权机关呈送下列文件：

（1）经政党全权代表签名的申请书，并指明政党全权代表的姓、名、父称、居住地址和联系电话；

（2）三份党章，其中两份装订成册、编页码、经政党全权代表确认，党章正文使用机读版；

（3）经政党全权代表确认的党纲，党纲正文使用机读版；

（4）经政党全权代表确认的政党成立代表大会关于建立政党、通过党章和党纲、建立政党地区分部、成立领导机关和监察机关等决议的副本，以及关于成立大会的代表和投票结果的资料；

（5）付清国家注册费的凭证；

（6）与政党进行联络的政党常设领导机关地址（所在地）的信息；

（7）一份刊登政党成立大会举行日期和地点信息的全俄罗斯定期印刷出版物；

（8）经政党地区分部全权代表确认、在半数以上俄罗斯联邦主体内举行的代表会议和政党地区分部全体大会的会议记录副本，记录上指明按本款所规定的文件确认当日的情况政党地区分部所拥有的党员人数，以及政党地区分部领导机关所在地。

2. 联邦授权机关在收到本条第 1 款所指文件和材料的当日向政党全权代表颁发确认收到的证明。联邦授权机关无权要求政党呈送本条第 1 款没有规定的为政党进行国家注册的文件。

第十七条 通过将全俄社会联合组织或全俄社会运动改组为政党的途径建立的政党进行国家注册须呈送的文件

1. 通过将全俄社会联合组织或全俄社会运动改组为政党的途径建立的政党进行国家注册须向联邦授权机关呈送下列文件：

（1）经全俄社会联合组织或全俄社会运动全权代表或者负责将其改组为政党的其他机关全权代表签名的申请书，并指明全权代表的姓、名、父称、居住地和联系电话；

（2）三份党章，其中两份装订成册、编页码、经全俄社会联合组织或全俄社会运动全权代表或者负责将其改组为政党的其他机关全权代表确认，党章正文使用机读版；

（3）经全俄社会联合组织或全俄社会运动全权代表或者负责将其改组为政党的其他机关全权代表确认的党纲，党纲正文使用机读版；

（4）经全俄社会联合组织或全俄社会运动全权代表或者负责将其改组

为政党的其他机关全权代表确认的全俄社会联合组织或全俄社会运动将该组织或运动改组为政党的代表大会关于该组成政党、通过政党章程和纲领、将全俄社会联合组织或全俄社会运动的地区分部改组为政党的地区分部、成立领导机关和监察机关等决议的副本，以及有关出席大会的代表和表决结果的资料；

（5）付清国家注册费的凭证；

（6）同政党进行联络的政党常设领导机关地址（所在地）的信息；

（7）一份刊登全俄社会联合组织或全俄社会运动召集的将该组织或运动改组为政党的代表大会举行日期和地点信息的全俄罗斯定期印刷出版物；

（8）由全俄社会联合组织或全俄社会运动地区分部全权代表确认、在俄罗斯半数以上联邦主体举行的全俄社会联合组织或全俄社会运动地区分部的代表会议或全体大会的会议记录副本，其中包含将全俄社会联合组织或全俄社会运动的地区分部改组为政党的地区分部的各项决议，指明按本款所规定的文件确认当日的情况政党地区分部所拥有的党员人数，以及政党地区分部领导机关所在地；

（9）根据《俄罗斯联邦民法典》组建的全俄社会联合组织或全俄社会运动的移交的证书。

2. 联邦授权机关在收到本条第 1 款所指明的文件和材料的当日发给政党全权代表确认收到的证书。联邦授权机关无权要求政党呈送本条第 1 款没有规定的进行政党国家注册的文件。

第十八条 政党地区分部国家注册须呈送的文件

1. 政党地区分部进行国家注册须向区域机关呈送经政党全权代表签名的申请书，并指明全权代表的姓、名、父称、居住地和联系电话，以及下列文件：

（1）政党成立代表大会或者全俄社会联合组织或全俄社会运动代表大会关于建立（改组）政党的地区（区域）分部决议的副本，或者建立（改组）政党地区（区域）分部的政党全权机关决议的副本；

（2）经政党全权代表确认的政党国家注册文件的副本；

（3）经政党全权代表确认的党章和党纲副本；

（4）经政党地区分部全权代表确认的政党地区分部代表会议或全体会议的会议记录副本，指明政党在地区分部的党员数量和政党地区分部领导机关所在地；

（5）付清国家注册费的凭证；

（6）同政党地区分部进行联络的政党地区分部常设领导机关地址（所在地）的信息；

（7）政党地区分部成员名单。

2. 区域机关在收到本条第1款所指明的文件当日发给政党全权代表确认收到的证书。区域机关无权要求政党呈送本条第1款没有规定的为政党地区分部进行国家注册的文件。

第十九条　关于已注册政党的信息

1. 建立和取缔政党的信息要在全俄定期印刷出版物上公布。

2. 注册机关把政党及其地区分部国家注册的记录列入全国统一法人名录，并对全社会开放。

3. 联邦授权机关在本联邦法律生效之日起两个月内在公共电信网络上开设专门的网站，并在《俄罗斯报》上公布该网站的网址。

4. 联邦授权机关每年根据1月1日前的状况在全俄定期印刷出版物上公布政党及其地区分部的名单，指明每个政党及其地区分部的注册日期，在公共电信网络专门网站上公布政党章程和纲领的正文。政党章程修订后联邦授权机关应在党章修订国家注册之日起五天内在指定网站明示含有修订部分的党章正文。每年在指定网站上公布政党的综合财务报告、政党及其地区分部常设领导机关的联系电话和有关政党的其他公开信息。

5. 关于对相应的选举委员会的质询，授权机关要在收到质询之日起的十天内，根据收到相应质询之日的状况，向选举委员会提供符合本联邦法第三十六条第2款要求的政党及其地区分部的清单。

6. 向授权机关提供的关于政党成员的信息属于限制开放的信息。未经有关政党成员的同意泄漏本款中所指信息应承担俄罗斯联邦法律规定的责任。

7. 联邦授权机关在政党或者其章程修订国家注册之日起五天内向俄罗斯联邦中央选举委员会提交经确认的印刷版和机读版政党章程副本。

第二十条　暂时停止和拒绝为政党或其地区分部进行国家注册的理由

1. 在下列情况下，政党有可能被拒绝进行国家注册：

（1）政党章程的条款与俄罗斯联邦宪法、联邦宪法性法律、本联邦法和其他联邦法相抵触；

（2）政党的名称和（或）标志不符合本联邦法第六条和第七条的要求；

（3）没有提供按照本联邦法进行国家注册必需的文件；

（4）经联邦授权机关确认，在提供用于政党国家注册的文件中包含的信息不符合本联邦法的要求；

（5）超过本联邦法规定的呈送政党国家注册所必需文件的期限；

（6）导致政党国家注册被暂时停止的理由没有消除。

1-1. 在具备本条第1款第（1）项、第（2）项或第（4）项所规定的拒绝为政党进行国家注册的理由的情况下，根据本联邦法第十五条第5款第（1）项，政党国家注册可能被暂时停止。

2. 在下列情况下，政党的地区分部可能被拒绝进行国家注册：

（1）未提交按照本联邦法规定政党地区分部进行国家注册必需的文件；

（2）经区域机关确认，在提供用于政党地区分部进行国家注册的文件中包含的信息不符合本联邦法的要求；

（3）导致政党地区分部被暂时停止国家注册的理由没有消除；

2-1. 在具备本条第2款第（2）项所规定的拒绝为政党地区分部进行国家注册的理由的情况下，根据本联邦法第十五条第5款第（1）项，政党地区分部的国家注册可能被暂时停止。

3. 政党的纲领须呈送联邦授权机关备案。除了违反本联邦法第九条第1款的要求外，党纲中的任何错误和不准确之处不能作为拒绝政党进行国家注册的理由。禁止联邦授权机关要求政党对党纲进行任何修改。

4. 如果联邦授权机关作出拒绝为政党或其地区分部进行国家注册的决定，应从作出该决定之日起三天内以书面形式通知申请者，并指明被违反的、导致拒绝政党或其分部进行国家注册的联邦法律具体条款。

5. 对联邦授权机关拒绝或逃避为政党或其地区分部进行国家注册，可以向法院提出上诉。法院要在政党或其地区分部被拒绝国家注册而提出上诉之日起一个月之内受理申请。在导致拒绝注册的理由消除后，政党或其地区分部被拒绝进行国家注册不妨碍再次向联邦授权机关呈送文件为政党或其地区分部进行国家注册。授权机关审查再次呈送的文件并根据本联邦法规定的政党或其地区分部国家注册的程序作出决定。

6. 联邦授权机关有义务在本联邦法生效一个月内确定并在《俄罗斯报》上公布政党或其地区分部国家注册所必需的文件样本。

7. 政党或其地区分部国家注册所必需的文件样本在确定后的一个月内由联邦授权机关也发布在公共电信网络专门网站上。

第四章　政党的内部结构

第二十一条　政党的章程

1. 政党及其地区分部和其他分支机构在政党章程的基础上并根据章程进行活动。

2. 政党章程应包含下述主要条款：

（1）政党的目标和任务；

（2）政党的名称，包括缩写名称，以及对标志的描述（如果有标志）；

（3）入党和失去党员资格的条件和程序，党员的权利和义务；

（4）党员登记程序；

（5）建立、改组和取缔政党及其地区分部和其他分支机构的程序；

（6）政党及其地区分部和其他分支机构的领导机关和监察机关选举程序、任期和权限；

（7）对党章和党纲进行修改和补充的程序；

（8）政党及其地区分部和其他分支机构在管理经费和其他财产中的权利，政党及其地区分部和其他分支机构的财务责任，政党及其地区分部和其他分支机构的会计制度；

（9）推举政党候选人（候选人名单）参加议员和国家权力机关及地方自治机关其他经选举产生的职位竞选，包括重选和补选的程序；

（10）召回有权参加选举的政党、其地区分部和其他分支机构推举的候选人、已登记的议员候选人及国家权力机关和地方自治机关其他经选举产生的职位候选人的理由和程序，撤销有权参加选举的政党、其地区分部和其他分支机构推举的候选人、候选人名单的程序；

（11）政党推举候选人竞选俄罗斯联邦主体最高公职人员（俄罗斯联邦主体最高国家执行权力机关领导人）的程序，按照本联邦法第二十六条第1款的规定。

3. 政党的章程中可以包括属于政党活动范围、不违反俄罗斯联邦法律的其他条款。

4. 修改政党章程应按照政党进行国家注册同样的程序和在同样的期限内进行国家注册，从注册时起获得法律效力。

为修改政党章程进行国家注册要按照俄罗斯联邦法律规定的程序和数额缴纳国家注册手续费。

在为修改政党章程进行国家注册时，联邦授权机关无权对政党提出与修改党章无关的要求。

第二十二条　政党的纲领

1. 政党应该有规定政党的活动原则、目标和任务，以及实现目标和完成任务的方法的纲领。

2. 对政党的纲领进行修改和补充要在作出修改和补充一个月内呈送联邦授权机关备案。

第二十三条 党员资格

1. 加入政党是自愿的、个人的行为。

2. 年满18岁的俄罗斯联邦公民可以成为政党的成员。外国公民、无国籍者和被法院认定为无行为能力者无权成为政党成员。

3. 吸收入党根据俄罗斯公民按照党章规定的程序提出的个人书面申请进行。

4. 党员参加政党的活动，按照党章规定享有权利和承担责任。

5. 党员在选举政党及其地区分部和其他分支机构的领导机关时有选举权和被选举权，有权获知政党及其领导机关活动的信息，并根据党章规定的程序对上述机关的决定和活动提出申诉。

6. 俄罗斯联邦公民只能成为一个政党的成员。党员只能根据其固定居住地或主要居住地参加该政党的一个地区分部。

7. 禁止要求俄罗斯联邦公民在提供个人正式信息时说明自己参加或没有参加某个政党。

8. 俄罗斯联邦公民参加或没有参加政党不能作为限制其权利和自由的理由，也不能作为向其提供某些特权的条件。

9. 除在政党及其地区分部和其他分支机构的领导机关和监察机关工作的党员外，其他党员在履行自己的公务和岗位职责时不受政党决定的限制。

10. 政党成员资格不受职业、社会、种族、民族或宗教属性的限制，同样不取决于性别、出身、财产状况和居住地。对特定范畴的俄罗斯联邦公民，俄罗斯联邦宪法性法律和联邦法可以规定限制其参加政党的权利或者暂时中止其政党成员资格的责任。

第二十四条 政党及其地区分部的领导机关

1. 政党的最高领导机关是政党代表大会。

2. 政党地区分部的最高领导机关是政党地区分部代表会议或全体大会。

3. 政党领导机关的选举每五年不得少于一次。

4. 政党地区分部领导机关的选举每五年不得少于一次。

5. 政党的章程应该规定政党及其地区分部的常设集体领导机关领导人的轮换制。

第二十五条　通过政党的章程、纲领和其他重要决议的程序

1. 通过党章和党纲、对党章和党纲进行修改和补充、选举政党的领导机关和监察机关、推举政党的议员候选人（候选人名单）及国家权力机关和地方自治机关其他经选举产生的职位候选人（候选人名单）、讨论改组和取缔政党问题，都在党的代表大会上进行，参加代表大会工作的应有在半数以上俄罗斯联邦主体内建立的政党地区分部的代表。

2. 关于选举政党地区分部的领导机关和监察机关、政党地区分部推举议员候选人（候选人名单）及联邦主体国家权力机关和地方自治机关其他经选举产生的职位候选人（候选人名单）等决议要在政党地区分部代表会议或全体会议上作出。关于政党其他分支机构推举议员及地方自治机关其他经选举产生的职位的候选人（候选人名单）的决议要在相应的分支机构全体会议上作出，或者由党章规定的其他机关作出。

3. 政党章程可以预先规定，有关推举参加重选和补选的国家权力机关和地方自治代表机关的立法（代表）机关代表候选人的决议按相应选举等级由政党及其地区分部或者其他分支机构的常设集体领导机关作出。

3-1. 政党章程可以规定，在政党地区或地方分部缺席时推举相应的联邦主体国家权力机关、地方自治代表机关的立法（代表）机关代表的候选人（候选人名单）、推举地方自治机关其他经选举产生的职位的候选人的决议，可以在进行俄罗斯联邦主体立法（代表）机关的选举时由政党的常设集体领导机关作出，而在进行地方自治机关的选举时，由政党或其地区分部的常设集体领导机关作出。

4. 关于政党及其地区分部的领导机关和监察机关的选举、推举政党的议员及国家权力机关和地方自治机关其他经选举产生的职位候选人（候选人名单）的决议以无记名投票方式作出。

5. 政党的地区分部在决定与政党参加俄罗斯联邦联邦会议国家杜马议员选举，包括与形成联邦候选人名单有关的问题时，不是某一个政党的成员而向该政党的地区分部提出建议把自己列入联邦候选人名单，并得到该政党地区分部十名以上党员的支持的候选人，应该在政党地区分部的代表会议或全体会议上予以审核。在政党代表大会上审核有关推举联邦候选人名单问题时，政党地区分部代表会议或全体会议所支持的候选人应该与其他被推荐进入联邦候选人名单的候选人被同等审核。政党的常设集体领导机关及其地区分部或者其他分支机构在作出与参加俄罗斯联邦主体国家政权的立法（代表）机关、地方自治代表机关的议员选举有关的决议时，这些代表机关的议员席位只在被选举组织推举的候选人之间进行分配，不是某一个政党成员、向该政党的地区分部提出建议把自己列入相应的候选人名单，并得到该政党十名以上党员（在相应的俄罗斯联邦主体存在政党地区分部时得到该政党地区分部十名以上党员）支持的候选人，应该与其他被推荐列入相应候选人名单的候选人在政党常设机关会议、其地区分部或其他分支机构代表会议或全体会议上被同等审核。

5-1. 根据本联邦法第二十六条第1款第（8）项结成联合体或者与其他社会联合组织及其地区分部或其他分支机构建立联盟的政党在解决与形成参加地方自治代表机关代表选举候选人名单有关的问题时，该政党及其地区分部或其他分支机构必须列入到这些社会联合组织或其相应的分支机构所推荐的候选人提名名单中。按指定社会联合组织或其分支机构的推荐列入候选人名单的候选人的人数，不超过被推举构成候选人名单的所有候选人人数的15%。如果因为采用这个规则使得被推举进入候选人名单的候选人的人数出现小数，名单中将计入一个候选人。

本款规定的规则涉及按照社会联合组织或其分支机构的推荐可能被列入候选人名单的候选人的最大人数，该规则在政党组建联合组织或与两个或更多社会联合组织组建联盟时生效。这时，如果被社会联合组织或其分支机构推举的候选人中只有一个候选人可能进入候选人名单，这个候选人将由推荐候选人名单的政党及其地区分部或其他分支机构确定。社会联合组织或其相应的分支机构有权在确定选择的决议正式公布之日起五天内向推荐候选人名单的政党及其地区分部或在相应地方自治区域活动的其他分支机构建议将自己的候选人列入到该名单中。指定的候选人应该在相应的党代表大会、其地区分部或相应的其他分支机构的代表会议或全体会议上接受审核。按照本联邦法第二十六条第1款第（1）项，也可能是按党章规定的理由，有时也是因为被推举的候选人人数超过本款所规定的可以被列入候选人名单的候选人最大人数，被推举的有被选举权的候选人，没有被列入到候选人名单中。建议将自己的候选人列入到候选人名单的社会联合组织或其相应的分支机构的缺席不妨碍政党及其地区分部或其他的分支机构推举候选人名单，也包括不是政党的社会联合组织的成员进入这个名单。

6. 本条第1款第（3）项、第5款、第5款第（1）项中所指问题的决议根据政党章程作出，但需要出席政党代表大会或其地区分部代表会议的代表、出席政党地区分部全体会议的参加者、政党及其地区分部或其他分支机构常设集体领导机关成员人数的半数以上投票通过。

7. 政党章程可能规定本条第1款和第2款所指通过决议的补充条件。

8. 有关政党及其地区分部和其他分支机构活动其他问题的决议根据政党章程作出。

第五章 政党的权利和义务

第二十六条 政党的权利

1. 根据俄罗斯联邦法律规定，政党有以下权利：

（1）自由发布有关本党活动的信息，宣传自己的观点、目标和任务；

（2）根据本联邦法和其他法律规定的程序和范围参加国家权力机关和地方自治机关决议的制定；

（3）根据俄罗斯联邦法律参加选举和全民公决；

（4）建立地区分部、地方分部和基层支部，其中包括具有法人资格的分部，决定这些分部的改组和撤销；

（5）组织和举行会议、集会、示威、游行、派出代表和其他公开活动；

（6）成立出版社、通讯社、印刷企业、大众媒体和成人培训机构；

（7）在同等条件下使用国家和地方的大众媒体；

（8）与其他政党或社会联合组织建立联合体和联盟，但不得形成法人；

（9）维护自己的权利和代表其成员的合法利益；

（10）同其他国家的政党和其他社会组织建立和保持国际联系，参加国际联盟和国际协会；

（11）进行符合俄罗斯联邦法律和党章规定的商业活动。

1-1. 政党和依法注册的其他非政党社会联合组织组建联合体或同盟，其活动目标（目标之一）是共同形成地方自治代表机关代表选举中的候选人名单，需要缔结书面协议。协议中规定政党及其地区分部和其他分支机构在推举指定的选举的候选人名单时有义务把社会联合组织或其分支机构推荐的候选人列入名单，并注明政党及其地区分部和其他分支机构有权不把这个或那个被推荐的候选人列入候选人名单的理由。协议中规定社会联合组织或其分支机构推荐候选人进入候选人名单所依据的程序，指明协议的有效期。

2. 政党有权进行俄罗斯联邦法律规定的其他活动。

第二十六–1条 政党有关俄罗斯联邦主体最高公职人员（俄罗斯联邦主体最高国家执行权力机关领导人）候选人的推荐

1. 按将选举结果提交俄罗斯联邦主体立法（代表）机关之日前的正式公布，其候选人名单获得了最多数的选民投票并被允许参与议员席位分配的政党有权向俄罗斯联邦总统推荐俄罗斯联邦主体最高公职人员（俄罗斯联邦主体最高国家执行权力机关领导人）候选人（以下简称候选人）。

2. 本条第1款所指的政党向俄罗斯联邦总统推荐不少于三名符合1999年10月6日第184号联邦法律《俄罗斯联邦主体立法（代表）与国家执行权力机关组织通则》（以下简称联邦法律《俄罗斯联邦主体立

法（代表）与国家执行权力机关组织通则》）第十八条所规定的要求的候选人。

3. 政党的候选人推荐（以下简称候选人推荐）由其常设集体领导机关提交给俄罗斯联邦总统。

4. 违背本条款和联邦法律《俄罗斯联邦主体立法（代表）与国家执行权力机关组织通则》第十八条规定的要求的候选人推荐，俄罗斯联邦总统不予审核。

5. 候选人推荐从俄罗斯联邦主体最高公职人员（俄罗斯联邦主体最高国家执行权力机关领导人）权限到期前四十天内提交给总统。

6. 在俄罗斯联邦主体最高公职人员（俄罗斯联邦主体最高国家执行权力机关领导人）权限到期前四十五天内与俄罗斯联邦总统协商后提交候选人推荐。

7. 于候选人推荐提交之日起十天内俄罗斯联邦总统审查候选人推荐并向提出候选人推荐的政党的常设集体领导机关通告审查结果。俄罗斯联邦总统有权在通告提交候选人推荐的政党的常设集体领导机关审查结果之日起七天内在政党提供的候选人中向俄罗斯联邦主体立法（代表）机关提出有关俄罗斯联邦主体最高公职人员（俄罗斯联邦主体最高国家执行权力机关领导人）候选人的推荐意见。

8. 提交候选人推荐的程序、必需的文件清单、进行协商的程序以及审查候选人推荐的程序均由俄罗斯联邦总统确定。

9. 如果按照候选人推荐的审查结果俄罗斯联邦总统不支持其中任何一位候选人，本条第1款所指政党有权再次向俄罗斯联邦总统提供不少于此前未经俄罗斯联邦总统审查过的三名候选人。

10. 经与俄罗斯联邦总统协商并于通知之日起十天内再次提交候选人推荐。在推荐提交十天内俄罗斯联邦总统审查候选人推荐并向提出候选人推荐的政党的常设集体领导机关通告审查结果。俄罗斯联邦总统有权在通告之日起七天内在政党提供的候选人中向俄罗斯联邦主体立法（代表）机关提出有关俄罗斯联邦主体最高公职人员（俄罗斯联邦主体最高国家执行权力机关领导人）候选人的推荐意见。

11. 如果审查再次提交的候选人推荐之后俄罗斯联邦总统不支持其中任何一位候选人，俄罗斯联邦总统将与提交候选人推荐的政党以及相应的俄罗斯联邦主体国家政权立法（代表）机关协商。根据协商结果政党可以向俄罗斯联邦总统提交至少三名此前俄罗斯联邦总统未审查过的候选人。

12. 本条第 11 款所指的候选人推荐需要在最后的通知发出之日起一百八十天期满前十四天提交。俄罗斯联邦总统在推荐提交十四天内审查候选人推荐并向提出候选人推荐的政党的常设集体领导机关通告审查结果。俄罗斯联邦总统有权在相应的通告之日起七天内在政党提供的候选人中向俄罗斯联邦主体立法（代表）机关提出有关俄罗斯联邦主体最高公职人员（俄罗斯联邦主体最高国家执行权力机关领导人）候选人的推荐意见。

13. 在俄罗斯联邦主体最高公职人员（俄罗斯联邦主体最高国家执行权力机关领导人）权限提前终止的情况下，本条第 1 款所指的政党有权在俄罗斯联邦主体最高公职人员（俄罗斯联邦主体最高国家执行权力机关领导人）权限提前终止之日起十四天内基于与俄罗斯联邦总统协商的结果向俄罗斯联邦总统推荐至少三名候选人。俄罗斯联邦总统在推荐提交十天内审查候选人推荐并向提出候选人推荐的政党的常设集体领导机关通告审查结果。俄罗斯联邦总统有权在通告之日起七天内在政党提供的候选人中向俄罗斯联邦主体立法（代表）机关提出有关俄罗斯联邦主体最高公职人员（俄罗斯联邦主体最高国家执行权力机关领导人）候选人的推荐意见。再次提交候选人推荐及其审查的程序与期限遵照本条第 9—12 款。

13-1. 如果在俄罗斯联邦总统向俄罗斯联邦主体国家政权立法（代表）机关提出有关俄罗斯联邦主体最高公职人员（俄罗斯联邦主体最高国家执行权力机关领导人）候选人的推荐意见之前，在与俄罗斯联邦总统进行协商期间，或者在向俄罗斯联邦总统提交候选人推荐期间，或者审查期间，俄罗斯联邦主体最高公职人员（俄罗斯联邦主体最高国家执行权力机关领导人）的权限提前终止，或者候选人中的某人申请退出其候选人审查，或者确认某一个候选人由于健康状况不能履行俄罗斯联邦主体最高公职人员（俄罗斯联邦主体最高国家执行权力机关领导人）职权、候选人死亡而不可以作为候选人被审查，以及其他阻碍进行俄罗斯联邦主体最高公职人员（俄罗斯联邦主体最高国家执行权力机关领导人）更替的状况，俄罗斯联邦总统可以终止已经启动的程序。在这种情况下应在俄罗斯联邦总统终止指定的程序之日起十天内提交至少三名候选人。

14. 如果本条第1款所指政党没有行使向俄罗斯联邦总统提交候选人推荐的权力或者违背本条和联邦法律（《俄罗斯联邦主体立法（代表）与国家执行权力机关组织通则》）第十八条所规定的要求部分地行使了提交候选人推荐的权力，俄罗斯联邦总统将按规定的程序向俄罗斯联邦主体国家政权立法（代表）机关提出有关俄罗斯联邦主体最高公职人员（俄罗斯联邦主体最高国家执行权力机关领导人）候选人的推荐意见。

第二十六–2条 没有入选俄罗斯联邦联邦会议国家杜马或俄罗斯联邦主体国家政权立法（代表）机关代表的政党参加这些机关的全体会议

1. 没有入选俄罗斯联邦联邦会议国家杜马议员的政党有权每年至少一次参加俄罗斯联邦联邦会议国家杜马的全体会议。在这种全体会议上审查的问题、审查问题的程序，以及这些政党参加全体会议的程序，由俄罗斯联邦联邦会议国家杜马章程规定。

2. 没有入选俄罗斯联邦主体国家政权立法（代表）机关代表的政党有权每年至少一次参加俄罗斯联邦主体国家政权立法（代表）机关的全体会议。在这种全体会议上审查的问题、审查问题的程序，以及这些政党参加全体会议的程序，由俄罗斯联邦主体的法律和（或）俄罗斯联邦主体国家政权立法（代表）机关的章程规定。

3. 所有没有入选俄罗斯联邦联邦会议国家杜马议员的政党的代表都将被邀请参加本条第1款所指的全体会议。所有没有入选俄罗斯联邦主体国家政权立法（代表）机关代表的政党的代表都将被邀请参加本条第2款所指的全体会议，不管这些政党的地区分部是否在俄罗斯联邦主体的区域内活动。政党不参加相应的全体会议不能成为另外举行有它参加的全体会议的理由。

4. 有关没有入选俄罗斯联邦联邦会议国家杜马和俄罗斯联邦主体国家政权立法（代表）机关代表的政党参加本条第1款或第2款所指全体会议以及被授权代表政党在相应的全体会议上发言的个人的决定，由政党的常设集体领导机关作出。党章可以规定，有关其地区分部在该俄罗斯联邦主体的区域内活动但没有入选俄罗斯联邦主体国家政权立法（代表）机关的政党的这类决定由该政党地区分部的常设集体领导机关作出。

第二十七条　政党及其地区分部和其他分支机构的义务

1. 政党及其地区分部和其他分支机构有义务：

（1）在活动中遵守俄罗斯联邦宪法、联邦宪法性法律、联邦法律、俄罗斯联邦其他规范性法令和党章；

（2）准许授权机关的代表参加政党及其地区分部和其他分支机构举行的公开活动（代表大会、代表会议和全体会议）；

（3）预先通知相应级别的选举委员会关于举行与推举议员及国家权力机关和地方自治机关其他经选举产生的职位候选人（候选人名单）相关的活动的情况，准许相应级别的选举委员会代表参加这些活动。

2. 每三年一次向授权机关提交有关本党继续活动的信息，指明党员人数及其常设领导机关所在地，以及政党地区分部的有关信息，指明该党在这些地区分部的党员数量和地区分部常设领导机关所在地。

政党地区分部三年一次向区域机关提交有关自己继续活动的信息，指明本党在地区分部的党员人数和常设领导机关所在地，以及政党在相应俄罗斯联邦主体的没有法人权力但按党章有权参加选举和（或）全民公决的分支机构的信息。政党其他有法人权力的分支机构（以下简称——注册的分支机构）三年一次向区域机关提交其继续活动的信息，指明自己的常设领导机关所在地。

3. ［失效］。

4. 政党及其地区分部每三年一次向联邦授权机关或其区域机关提交政党及其地区分部和其他分支机构推举的已登记的议员候选人及国家权力机关和地方自治机关其他经选举产生的职位候选人数量的信息，以及已被选举委员会登记的议员候选人名单信息。上述信息以经相应级别选举委员会确认选举结果的证明文件副本的形式提交。

5. 政党及其地区分部和其他注册的分支机构有义务向联邦授权机关或其区域机关通报联邦法《法人和个体经营者国家注册法》第五条第1款所指明的信息变更（除获得特许的信息外）情况，要在这些信息变更3天内通报，并在信息变更十四天内向联邦授权机关或其区域机关提交相关文件，以便把这些文件发往注册机关将政党及其地区分部和其他注册的分支机构信息变更情况列入统一国家法人名录。联邦授权机关或其区域机关在收到按政党或其地区分部国家注册决议程序所指定的文件十四个工作日内作出将相关文件发往注册机关的决定。

第二十八条　政党的财产

1. 政党的财产可以包括本联邦法和党章规定的保证政党活动必需的任何财产。

2. 政党、包括其地区分部和其他分支机构财产的所有者是整个政党。政党的成员对政党的财产不拥有权利。政党的地区分部和其他已注册的政党分支机构对财产所有者指定其支配的财产具有业务管理权，有独立的资产负债表或预算。

3. 政党的财产只能用于实现和完成党章和党纲规定的目标和任务。

4. 政党的地区分部和其他注册的分支机构依据其义务对其所支配的财产负责。在上述财产不足的情况下，政党负责对地区分部和其他分支机构的债务进行补贴。

5. 根据党章任命的全权代表对政党、其地区分部和其他注册的分支机构的财务活动承担责任。

第二十九条　政党的经费

1. 政党的经费通过以下方式募集：

（1）党章规定必须交纳的入党费和党费；

（2）根据本联邦法由联邦预算提供的资金；

（3）捐款；

（4）政党及其地区分部和其他分支机构举办活动的收入以及经营活动的收入；

（5）民事—法律行为的收入；

（6）其他法律没有禁止的收入。

2. 政党的经费应存放在俄罗斯联邦境内注册的信贷组织的账户上。政党及其地区分部和其他注册的分支机构只能拥有一个结算账户。

第三十条　给政党及其地区分部的捐赠

1. 政党及其地区分部有权接受自然人和法人的货币资金和其他财产形式的捐赠，捐赠必须经过文件确认，并说明来源。

2. 给政党及其地区分部的货币资金捐赠应以非现金转账形式进行。准许自然人通过向政党及其地区分部转送现金的途径进行捐赠。一个自然人每年捐赠的现金总额不应超过4330卢布。

3. 政党及其地区分部不得接受下列来源的捐赠：

（1）其他国家和外国法人；

（2）外国公民；

（3）无国籍者；

（4）年龄未满18岁的俄罗斯联邦公民；

（5）有外国参股的俄罗斯法人，如果在捐赠之日（对于开放式股份公司是在上一财年有权参加年度全体股东大会的名单确定之日）的法定资本（股本）中外国参股的份额（投资）超过30%；

（6）国际组织和国际社会运动；

（7）国家权力机关、其他国家机关和地方自治机关；

（8）国家和地方自治机关、国家和地方自治单一制企业；

（9）捐赠之日（对于开放式股份公司是在上一财年有权参加年度全体股东大会的名单确定之日）的法定资本（股本）中俄罗斯联邦、俄罗斯联邦主体和（或）地方自治单位所有的财产比例超过30%的法人；

（9）-1　国家机关和（或）地方自治机关（私有化的股份公司除

外)建立的机构,本款第(5)项和第(9)项所指的法人建立的机构,以及在捐赠之日(对于开放式股份公司是在上一财年有权参加年度全体股东大会的名单确定之日)其份额(投资)在法定资本(股本)中超过30%的本款第(5)项和第(9)项所指的法人;

(10)部队、军事组织和护法机关;

(11)慈善组织和宗教组织,以及由它们建立的机构;

(12)匿名捐赠者。在进行捐赠的支付文件上下列信息中任何一项都不注明的:姓、名、父称、居住地,或者标注的信息不可靠;或者对于法人来说,在其进行捐赠的支付文件上下列信息中任何一项都不注明的:纳税人的验证码、名称、银行资料,或者标注的信息不可靠,都被视为匿名捐赠者;

(13)在捐赠之日前注册不足一年的法人;

(14)在给政党及其地区分部进行捐赠日之前的一年内接受过其他国家以及本款第(1)、(4)、(6)、(8)、(10)、(13)项所指的组织或自然人的货币资金或其他财产的非营利组织;有外国参股且在货币资金划拨或其他财产转交之日(对于股份公司来说是在上一财年有权参加年度全体股东大会的名单确定之日)外国参股的份额(投资)占法定资本(股本)超过30%的俄罗斯法人;在货币资金划拨或其他财产转交之日(对于开放式股份公司来说是在上一财年有权参加年度全体股东大会的名单确定之日)在法定资本(股本)中俄罗斯联邦、俄罗斯联邦主体和(或)地方自治区域的份额(投资)占比超过30%的法人;国家机关和(或)地方自治机关(私有化的股份公司除外)、本项第3段和第4段所指的法人所建立的机构;在货币资金划拨或其他财产转交之日(对于开放式股份公司来说是在上一财年有权参加年度全体股东大会的名单确定之日)本项第3段和第4段所指的法人在法定资本(股本)中的份额(投资)超过30%的机构。

3-1. 本条第3款第(14)项所指的非营利组织,如果在给政党及其地区分部进行捐赠之日前,其所获货币资金或其他财产没有被退还给本条第3款第(14)项第2—7段所指的汇来这些货币资金或者转交来其他财产的其他国家、外国机关、组织或自然人，在不可能退还的情况下也没有划转（转交）变成俄罗斯联邦预算收入，则无权给政党及其地区分部进行捐赠。

4. 政党及其地区分部在收到本条第3款指明的违反本条第5款和第6款要求的捐赠、以及超过本条第9款所指明数额的转账捐赠之日起一个月内应将捐赠返还捐赠人，在不能返还的情况下转交（划转）俄罗斯联邦国库。

5. 法人在以货币资金形式向政党或其地区分部转交捐赠时，将资金转入政党或其地区分部在信贷组织的账户上，同时在支付委托中指明下列情况：纳税人的验证码、名称、注册日期、银行资料，并注明没有本条第3款规定的对于捐赠的各种限制。

6. 俄罗斯联邦公民在亲自以货币资金形式向政党或其地区分部转交捐赠时，将资金从个人资金转到政党或其地区分部在信贷组织的账户上，须出示护照或替代证件，并在支付凭证或转账单中注明自己的下列信息：姓、名、父称、出生日期、居住地，护照或替代公民护照的证件种类及号码、国籍。俄罗斯联邦公民根据本条第2款以现金形式向政党或其地区分部转交捐赠时，在入账单据上要指明捐赠人的姓、名、父称、出生日期、居住地，护照或替代公民护照的证件种类及号码、国籍。

7. 如果捐赠不是以货币资金形式进行，政党或其地区分部要根据俄罗斯联邦法律对捐赠进行估价，并记录本条第5款和第6款所指的资料，包括捐赠人的信息，收入政党的综合财务报告、政党或其地区分部的财务（会计）报告。

8. 政党、包括其地区分部在一个年度内从一个法人获得的捐赠数额不得超过4330万卢布。政党、包括其地区分部在一个年度内从一个自然人获得的捐赠数额不得超过433万卢布。

9. 政党及其地区分部每年获得的捐赠总额不得超过43.3亿卢布。同时，政党地区分部每年获得的捐赠数额不得超过8660万卢布。

第三十一条 政党的经济活动

1. 政党独立决定保证其活动的经济问题，包括劳动报酬问题、经营活动问题、接受和使用货币资金和其他财产的问题。

2. 俄罗斯联邦劳动和社会保险的法律适用于按劳动合同（协议）在政党、其地区分部和其他分支机构工作的人员。

政党及其地区分部和其他分支机构有权同政党机关工作人员签订一定期限的劳动合同（协议），期限不超过政党及其地区分部或其他分支机构领导机关的任期。

3. 为创造经济和物质条件以实现和完成党章和党纲规定的目标和任务，政党及其地区分部和其他分支机构有权进行下列经营活动：

（1）为宣传自己的观点、目标、任务和公布自己的活动成果进行的信息、广告、出版和印刷活动；

（2）制造和出售有政党标志和（或）名称的纪念品，制造和出售出版和印刷品；

（3）出售和出租政党所有的动产和不动产。

4. 政党及其地区分部和其他分支机构无权进行本条第3款中没有指明的经营活动。

5. 政党及其地区分部和其他分支机构的经营活动收入不能在政党成员之间进行分配，应只用于党章规定的目的。

6. 政党及其地区分部和其他分支机构的经济活动的结果应该在政党的综合财务报告中及其地区分部和其他注册的分支机构的财务（会计）报告中得到反映。

7. 政党及其地区分部和其他分支机构有权进行慈善活动。

第六章 政党的国家扶持

第三十二条 国家对政党进行扶持的种类

1. 联邦国家权力机关、俄罗斯联邦主体的国家权力机关和地方自治机

第一部分　宪法、全国性涉党法律

关通过以下途径对政党及其地区分部和其他分支机构在同等条件下提供以下扶持：

（1）提供使用国家和地方传媒的同等条件和保证；

（2）创造提供国家和（或）地方自治所属的场所和通讯手段的同等条件，使之处于国家和地方自治机关提供的类似的条件下；

（3）保证参加选举运动、全民公决、社会和政治行动的平等条件。

1-1. 保证政党入选俄罗斯联邦联邦会议国家杜马、使用国家公共电视和广播频道说明自己的活动的平等权利，并根据2009年5月12日第95号联邦法律《保证议会党平等使用国家公共电视和广播频道阐释本党活动法》执行。

1-2. 保障政党入选俄罗斯联邦主体国家政权立法（代表）机关、使用地区电视和广播频道——被授权履行媒体注册职能的联邦执行权力机关的相应区域机关所注册的媒体说明自己的活动的平等权利，并根据规定这些保障的俄罗斯联邦主体法律执行。为此目的，在俄罗斯联邦主体内确定一家地区性的国家电视台和一家地区性的国家广播电台，就是说电视台和广播电台的创立者（合办者）是俄罗斯联邦主体的国家机关或国家社团，或者是俄罗斯联邦主体国家广播电视单位下属的电视台或广播电台，或者是俄罗斯联邦主体参与其法定资本的机构所创立的和（或）其下属的电视台和广播电台。如果在俄罗斯联邦主体内没有地区性的国家电视台和（或）广播电台，上述政党按照规定了这些保障的俄罗斯联邦主体法律规定的程序，利用被授权履行媒体注册职能的联邦执行权力机关的区域机关注册的其他电视台和（或）广播电台说明自己的活动。

1-3. 本条第1款和第2款所指的俄罗斯联邦主体法律适用范围应该在考虑到《保证议会党平等使用国家公共电视和广播频道阐释本党活动法》第二条规定的限制的情况下予以确定，而俄罗斯联邦主体该项法律所规定的政党入选俄罗斯联邦主体国家政权立法（代表）机关的平等权保障应该根据议会政党说明自己活动的一般原则以及考虑到上述联邦法律第三条和第四条规定的说明这项活动的条件予以确定。俄罗斯联邦主体选举委员会对这些保障性措施进行监督。

2. 国家对政党的扶持也可以根据本联邦法第三十三条通过对政党提供国家财政拨款的途径实现。

3. 如果政党停止活动，或没有履行本联邦法第三十四条的要求，国家停止向政党提供财政拨款。

4. 如果政党及其地区分部和其他分支机构被取缔，从法院作出取缔政党及其地区分部和其他分支机构的决定生效之日起，或从政党全权机关作出相应的决定之日起，国家停止对该政党及其地区分部和其他分支机构的扶持。如果政党及其地区分部和其他分支机构进行改组，如果这种改组导致政党及其地区分部和其他分支机构停止活动，从相应记录被列入国家统一法人名录之日起，国家停止对该政党及其地区分部和其他分支机构的扶持。

第七章 国家对政党的财政拨款

第三十三条 拨给政党的联邦预算经费

1. 国家根据政党参加选举的结果、按本联邦法规定的程序用联邦预算经费给予政党财政拨款，以补偿政党的经费开支。

2. 根据俄罗斯联邦预算分类，用于政党的国家财政拨款的联邦预算资金在预算中要独立列项。

3. 国家用于政党财政拨款的联邦预算经费的总额不得少于20卢布乘以在上一次俄罗斯联邦联邦会议国家杜马议员的选举或俄罗斯联邦总统选举中列入选民名单的选民数。

4. 根据当年联邦预算法案国家用于政党财政拨款的联邦预算资金每年一次性转账至政党的结算账户。

5. 政党在以下情况之一的条件下有权获得联邦预算资金：

（1）政党推荐的参加俄罗斯联邦联邦会议国家杜马议员选举的联邦候选人名单获得参加联邦选区投票的选民3%以上的选票；

(2)［失效］;

(3) 政党推荐的参加俄罗斯联邦总统职位竞选的登记候选人获得参加投票的选民3%以上的选票。

6. 国家对参加选举并符合本条第5款规定的政党给予财政拨款:

(1) 根据俄罗斯联邦联邦会议国家杜马议员的选举结果，每年拨给20卢布乘以政党推荐的联邦候选人名单所获得的选票数;

(2) 根据俄罗斯联邦总统选举结果，一次性拨给数额20卢布乘以政党推举的参加俄罗斯联邦总统职位竞选的登记候选人所得的选票数。

7. ［失效］。

7-1. 从2006年1月1日起，在2006年1月1日以后所进行的第一次俄罗斯联邦联邦会议国家杜马议员选举年份的下一年的1月1日前，国家给组成竞选联盟并符合本条第5款规定的政党财政拨款，每年拨款的数额是5卢布乘以竞选联盟推荐的候选人名单所获得的选票数或者竞选联盟推荐并符合本条第5款第（2）项按照选区的委任当选俄罗斯联邦联邦会议国家杜马议员的候选人所获得的选票数。如果建立竞选联盟时的协议没有另作规定，本项规定的联邦预算资金在组成竞选联盟的政党之间等额分配。

8. ［失效］。

9. 本条规定的联邦预算经费按照以下方式拨付:

(1) 根据俄罗斯联邦联邦会议国家杜马议员选举的结果，从正式公布选举结果之日起三个月内拨付，此后在每届俄罗斯联邦联邦会议国家杜马整个任期内每年拨付一次;

(2) 根据俄罗斯联邦总统选举结果，从正式公布选举结果之日起一年内一次性拨付。

10. 政党有权拒绝本条规定的国家财政拨款。如果政党拒绝国家财政拨款，根据选举结果应从国家预算中拨给政党的货币资金留在预算内。

11. 从2007年1月1日起，计算相应年份的联邦预算法所预测的通货膨胀水平，本条规定的给政党的国家财政拨款指数化。

第三十四条 政党的财务报告

1. 政党及其地区分部和其他注册的分支机构应按照俄罗斯联邦法律为法人规定的程序和期限作税务核算和会计报告。

2. 政党及其地区分部和其他注册的分支机构按照本条第3—7款进行政党资金收入和支出的核算。

3. 政党向俄罗斯联邦中央选举委员会提交,其地区分部和其他注册的分支机构向其注册所在地的俄罗斯联邦主体选举委员会提交有关政党资金收入和支出的信息。上述信息应于本季度结束前三十天内提交。

4. 政党有义务三年一次,在规定报告期下一年的4月1日前向俄罗斯联邦中央选举委员会提交规定报告期内有关资金收入和支出的综合财务报告。

5. 本条第3款所指政党的资金收入和使用情况的资料应该包括有关政党及其地区分部和其他注册的分支机构进账货币资金来源和数额的信息、政党及其地区分部和其他注册的分支机构所获捐赠的财产价值以及捐赠人的信息、政党及其地区分部和其他注册的分支机构相应的政党经费支出情况。

6. 本条第4款所指政党的综合财务报告应该包括在报告期内进入政党及其地区分部和其他注册的分支机构账户的货币资金的来源和数额、开支以及政党财产的价值和国家注册情况的资料,而对于获得的捐赠财产应注明捐赠人的信息。在报告中,这些政党及其地区分部和其他注册的分支机构用于筹备和进行选举的经费应单独统计。本条款所规定的对综合财务报告的诸项要求是详尽的。

7. 俄罗斯联邦中央选举委员会规定综合财务报告和资金收入支出资料的印刷版和机读版的形式。

8. 俄罗斯联邦中央选举委员会、俄罗斯联邦主体选举委员会向联邦授权机关或其区域机关提供未能完成本条第2—6款要求的政党及其地区分部和其他注册的分支机构的资料。

第三十五条　对政党遵守资金审计和支出要求的检查

1. 俄罗斯联邦中央选举委员会对政党的综合财务报告进行检查。被授权履行税务检查和监督职能的联邦执行权力机关及其区域机关对政党及其地区分部和其他注册的分支机构的财务（会计）报告进行检查。

2. 俄罗斯联邦中央选举委员会、俄罗斯联邦主体选举委员会分别对政党、政党的地区分部和其他注册的分支机构的资金收入和支出的资料进行检查。

3. 自政党提交综合财务报告之日起两个月内俄罗斯联邦中央选举委员会负责将其公布在公共信息网络的专门网站上。有关政党综合财务报告检查结果的资料要通告相关政党并由俄罗斯联邦中央选举委员会在指定的网站以及全俄罗斯定期印刷出版物上公布。

4. 俄罗斯联邦公民按其在俄罗斯联邦境内居留地和居住地的注册审计机关、实施法人国家注册或者被授权实施非营利组织注册的执行权力机关，应在俄罗斯联邦中央选举委员会以及俄罗斯联邦主体选举委员会提交报告之日起三十天内免费检查公民和法人向政党或其地区分部进行（划拨）捐赠时的指定资料，并向选举委员会通报检查结果。俄罗斯联邦中央选举委员会规定上述资料呈送的形式。可以使用俄罗斯联邦国家自动化选举系统。

5. 如果呈送给选举委员会的自愿捐赠划款的信息违背本联邦法第三十条第3款的要求，应立刻通知相关的政党及其地区分部。

第八章　政党参加选举和全民公决

第三十六条　政党参加选举和全民公决

1. 政党是唯一有权推举议员和国家权力机关其他经选举产生的职位候选人（候选人名单）的社会联合组织形式。

2. 政党，以及在党章作出规定的情况下其地区分部和其他分支机构，有权参加选举，正式公布确定（举行）选举的决定应在政党向授权机关提交确认其地区分部在半数以上联邦主体内注册的文件之后。政党向授权机关提交确认其地区分部在半数以上联邦主体内注册的文件之后,并且在党章作出规定的情况下,其地区分部和其他分支机构有权按照俄罗斯联邦全民公决法规定的程序参加全民公决。

3.［失效］。

3-1. 政党无权推举作为其他政党成员的俄罗斯联邦公民作为议员候选人和国家权力机关以及地方自治机关中其他经选举产生的职位候选人,包括进入候选人名单。

4. 在推举议员候选人（候选人名单）和国家权力机关以及地方自治机关其他经选举产生的职位候选人（候选人名单）时,政党必须按照选举法规定的程序和期限公布自己的竞选纲领。

第三十七条 对政党参加选举的确认

1. 政党参加了在选举中进行投票的以下一种活动,被认为参加了选举：

（1）政党推举和登记俄罗斯联邦联邦会议国家杜马议员联邦候选人名单；

（2）［失效］；

（3）政党推举和登记俄罗斯联邦总统职位候选人；

（4）［失效］；

（5）政党在20%以上联邦主体内推举和登记俄罗斯联邦主体立法（代表）机关代表候选人（候选人名单）；

（6）政党在半数以上俄罗斯联邦主体内推举和登记参加地方自治机关选举的候选人（候选人名单）。

2. 根据本联邦法第四十一条,连续七年没有根据本条第1款参加选举的政党应予以取缔。

第九章 停止政党活动和取缔政党

第三十八条 对政党活动的监督

1. 由授权机关对政党及其地区分部和其他分支机构遵守俄罗斯联邦法律，及其活动符合党章规定的条款、目标和任务的情况进行监督。

授权机关有权：

（1）不超过每三年一次检查政党及其地区分部有关确认其地区分部存在以及政党及其每个地区分部党员数量的文件；

（2）派遣代表参加政党及其地区分部和其他分支机构举行的通过党章和党纲、修改和补充党章和党纲、选举党的领导和监察机关、推举议员候选人和国家权力机关及地方自治机关其他经选举产生的职位候选人、改组和取缔政党及其地方分部等公开活动（包括代表大会、代表会议和全体会议）；

（3）在政党及其地区分部或其他注册的分支机构进行违背党章规定的条款、目标和任务的活动时，对其提出书面警告（并指明提出警告的具体理由）。政党及其地区分部或其他注册的分支机构对上述警告可以向法院提出上诉。区域机关在对政党的地区分部和其他注册的分支机构提出警告时，有义务立即通知联邦授权机关和该政党的领导机关；

（4）根据本联邦法第三十九条第3款、第四十一条第3款和第四十二条第3款向法院提出申请停止政党及其地区分部或其他注册的分支机构的活动或取缔政党及其地区分部或其他注册的分支机构。

1-1. 俄罗斯联邦中央选举委员会以及相应的俄罗斯联邦主体选举委员会对政党及其地区分部和其他注册的分支机构所获得的入党费和党费以及公民和法人的捐赠财产的来源和数额进行监督。

2. 被授权履行税务检查和监督职能的联邦执行权力机关及其区域机关对政党及其地区分部或其他注册的分支机构的其他收入来源、接受货币资金的数额和纳税情况进行监督。

第三十九条 停止政党及其地区分部和其他分支机构的活动

1. 在政党违反俄罗斯联邦宪法、联邦宪法性法律、本联邦法和其他联邦法律的情况下，联邦授权机关对政党提出书面警告，指出其所违反的事项，限定其在两个月内加以纠正。如果政党在规定期限内没有纠正违反行为并且联邦授权机关的警告没有被上诉至法院，俄罗斯联邦最高法院可以根据联邦授权机关的申请作出停止该政党活动不超过六个月的决定。

2. 在政党的地区分部或其他分支机构违反了俄罗斯联邦宪法、联邦宪法性法律、本联邦法和其他联邦法律的情况下，相应区域机关对政党的地区分部和其他分支机构提出书面警告，指出其所违反的事项，限定其在一个月内加以纠正。如果政党的地区分部和其他分支机构在规定期限内没有纠正违反行为并且区域机关的警告没有被上诉至法院，共和国最高法院、边疆区法院、州法院、联邦直辖市法院、自治州和自治区法院可以根据相应区域机关的申请作出停止该政党的地区分部和其他分支机构活动不超过六个月的决定。

3. 授权机关根据本联邦法第三十八条第 1 款第（3）项提出两次书面警告后，如果这些警告未被按法律规定的程序向法院上诉，或者未被法院认定缺乏法律依据，授权机关有权向法院提出停止政党及其地区分部或其他分支机构的活动的申请。在法院审理它们对上述警告的上诉期间，联邦授权机关或其区域机关不得向法院提出停止政党及其地区分部和其他分支机构活动的申请。

4. 如果政党的地方分部或基层支部不是本联邦法规定的法人，地方分部和基层支部的上述违反行为的责任由相应的政党地区分部承担。

5. 在俄罗斯联邦联邦会议国家杜马议员选举投票日之后五年内，不得以本联邦法第四十一条第 3 款的第（4）项和第（5）项规定为理由停止俄罗斯联邦联邦会议国家杜马内政党的活动。

6. 从确定（举行）俄罗斯联邦联邦会议国家杜马议员选举和俄罗斯联邦总统选举的决定正式公布之日起，到正式公布相应选举结果之日止，除本联邦法第九条第 1、4 和 5 款规定的情况外，不得停止政党的活动。

7. 从确定（举行）相应俄罗斯联邦主体的立法（代表）机关代表选举的决定正式公布之日起，到正式公布上述选举结果之日止，除本联邦法第九条第1、4和5款规定的情况外，不得停止政党地区分部的活动。

第四十条　停止政党及其地区分部和其他分支机构活动的后果

1. 如果法院判决在规定期限内停止政党及其地区分部或其他分支机构活动，政党及其地区分部或其他分支机构建立大众传媒的权利也终止，并被禁止使用国家和地方的大众传媒，组织和举行会议、集会、示威、游行、派出代表和其他公开活动，参加选举和全民公决，以及使用银行存款，只有进行与政党及其地区分部或其他分支机构的经济活动、赔偿因其活动引起的亏损（损失）、交税和缴纳罚款以及清算劳动合同（协议）有关的结算除外。

2. 在法院判决停止政党及其地区分部或其他分支机构活动的规定期限内，如果成为停止活动理由的违反行为得到消除，在规定期限结束后，政党及其地区分部和其他分支机构恢复活动。

3. 如果政党及其地区分部或其他分支机构没有消除成为停止其活动理由的违反行为，向法院提出停止政党及其地区分部或其他分支机构活动申请的联邦授权机关或其区域机关向相应的法院提出取缔该政党及其地区分部或其他分支机构的申请。

第四十一条　政党的取缔

1. 政党可以根据政党的最高领导机关——代表大会的决议或者俄罗斯联邦最高法院的判决被取缔。

2. 政党代表大会关于取缔政党的决议根据本联邦法第二十五条第1款和党章规定的程序作出。

3. 在下列情况下，政党可以根据俄罗斯联邦最高法院的判决被取缔：

（1）不履行本联邦法第四、第五和第九条的要求；

（2）没有在法院判决的规定期限内消除作为停止政党活动理由的违反行为；

（3）政党没有根据本联邦法第三十七条参加选举；

（4）不符合本联邦法第三条第2款第（1）项有关地区分部数量的要求；

（5）本联邦法第三条第2款规定的必需的党员数量不足；

（6）政党不止一次未在指定期限内向联邦授权机关提交对全国统一法人名录进行更新所必需的新信息（除得到特许的信息外）。

4. 取缔政党的申请由联邦授权机关提交俄罗斯联邦最高法院。

5. 从俄罗斯联邦联邦会议国家杜马选举投票之日起五年内，不得以本条第3款的第（4）项和第（5）项规定为理由，取缔俄罗斯联邦联邦会议国家杜马内政党。

6. 从确定（举行）俄罗斯联邦联邦会议国家杜马议员选举和俄罗斯联邦总统选举的决定正式公布之日起，到正式公布相应选举结果之日止，除本联邦法第九条第1款规定的情况外，不得根据俄罗斯联邦最高法院的判决取缔政党。

7. 被取缔政党的国家注册按照联邦法律《法人和个体经营者国家注册法》规定的程序进行，同时考虑到本联邦法规定的这类注册的特点。

进行被取缔政党的国家注册所需的资料和文件应呈送联邦授权机关。

联邦授权机关在决定对被取缔政党进行国家注册之后，应向注册机关送交该机关履行国家统一法人名录记录职能所必需的资料和文件。

在联邦授权机关作出上述决定，并向注册机关送交必需的资料和文件后，注册机关应在收到必需信息和文件之日起五个工作日内将相应记录列入国家统一法人名录，在收入相应记录后一个工作日内向联邦授权机关通告。

联邦授权机关和注册机关对被取缔政党进行国家注册问题的协作程序由俄罗斯联邦政府确定。

被取缔政党的国家注册应在按规定程序所有办理文件送交之日起十个工作日内进行。

8. 政党也可以按照俄罗斯联邦法律《打击极端主义活动法》规定的程

序和理由被取缔。

第四十二条 撤销政党的地区分部和其他分支机构

1. 政党的地区分部和其他分支机构可以根据政党代表大会的决议以及在党章规定情况下的政党的常设集体领导机关的决定、法院的判决和在政党被取缔的情况下被撤销。

2. 根据政党的常设集体领导机关的决定撤销政党的地区分部和其他分支机构应以党章规定为基础和按党章规定的程序进行。

3. 在下列情况下，可以根据法院的判决撤销政党的地区分部和其他分支机构：

（1）不履行本联邦法第九条第1、4和5款的要求；

（2）没有在法院判决规定的期限内消除作为停止政党地区分部和其他分支机构活动理由的违反行为；

（3）[失效]；

（4）政党的地区分部不止一次未在指定期限内向相应区域机关送交对全国统一法人名录进行更新所必需的新信息（除得到特许的信息外）。

4. 撤销政党的地区分部和其他分支机构的申请由联邦授权机关或相应的区域机关提交共和国最高法院、边疆区法院和州法院、联邦直辖市法院、自治州和自治区法院。

5. 从确定（举行）相应俄罗斯联邦主体的立法（代表）机关代表选举正式公布之日起，到正式公布上述选举结果之日止，除本联邦法第九条第1款规定的情况外，不得根据法院的判决撤销政党的地区分部。

6. 被撤销的政党地区分部和其他分支机构的国家注册应按照联邦法《法人和个体经营者国家注册法》规定的程序进行，同时考虑到本联邦法规定的这类注册的特点。

被撤销的政党地区分部和其他分支机构的国家注册所必需的资料和文件应呈送联邦授权机关。

联邦授权机关在决定对被撤销的政党地区分部和其他分支机构进行国家注册后，应向注册机关送交该机关履行国家统一法人名录记录职能所必需的资料和文件。

在联邦授权机关作出上述决定，并向注册机关送交必需的资料和文件后，注册机关应在收到必需资料和文件之日起五个工作日内将相应记录列入国家统一法人名录，在收入相应记录后一个工作日内向联邦授权机关通告。

联邦授权机关和注册机关对被撤销的政党地区分部和其他分支机构进行国家注册问题的协作程序由俄罗斯联邦政府确定。

被撤销的政党地区分部和其他分支机构的国家注册应在按规定程序所有办理文件送交之日起十个工作日内进行。

第四十三条 对法院停止政党及其地区分部和其他分支机构的活动或取缔政党及其地区分部和其他分支机构的判决之上诉

1. 对法院停止政党及其地区分部和其他分支机构活动或将其取缔的判决，可以按照联邦法律规定的情况和程序提起上诉。

2. 法院停止政党及其地区分部和其他分支机构活动或将其取缔的判决被撤销后，国家应对非法停止政党及其地区分部和其他分支机构活动，或非法取缔政党及其地区分部和其他分支机构给政党造成的损失进行补偿。

第四十四条 政党及其地区分部和其他分支机构的改组

1. 改组政党应根据政党的代表大会按照本联邦法第二十五条第1款和党章规定的程序作出的决议进行。

2. 改组政党的地区分部和其他分支机构应根据党代表大会的决议或党章规定情况下政党的常设集体领导机关的决定进行。政党的地区分部无权独立作出其自行改组的决定。

3. 通过改组而建立的政党及其地区分部或其他分支机构进行国家注册按照联邦法律《法人和个体经营者国家注册法》规定的程序进行，同时考虑到本联邦法规定的这类注册的特点。

通过改组建立的政党及其地区分部或其他分支机构进行国家注册必需

的文件应呈送联邦授权机关或其相应的俄罗斯联邦主体内的区域机关。上述文件的清单和呈送程序由被授权的联邦执行权力机关确定。

联邦授权机关或其区域机关在决定为通过改组而建立的政党及其地区分部或其他分支机构进行国家注册之后，应向注册机关送交该机关履行国家统一法人名录记录职能所必需的资料和文件。

在联邦授权机关或其区域机关作出上述决定，并向注册机关送交必需的资料和文件后，注册机关应在收到必需的资料和文件之日起五个工作日内将相应记录列入国家统一法人名录，在收入相应记录后一个工作日内向作出上述决定的机关通告。

授权机关和注册机关就对通过改组建立的政党或其地区分部以及其他分支机构进行国家注册问题的协作程序由俄罗斯联邦政府确定。

为通过改组建立的政党或其地区分部以及其他分支机构进行的国家注册，如果没有根据本联邦法第二十条作出拒绝予以国家注册的决定，应在呈送按规定程序的所有办理文件之日起三十个工作日内进行。

第四十五条　取缔和改组政党的后果

1. 在政党被取缔的情况下，其财产在清算债务之后应用于：

（1）如果取缔政党是根据党代表大会的决议进行的，则用于党章和党纲规定的目的；

（2）如果取缔政党是根据法院的判决进行的，则上交俄罗斯联邦国库。

2. 在改组政党的情况下，政党财产的转交按照《俄罗斯联邦民法典》规定的改组法人的程序执行。

3. 在取缔或改组政党的情况下，应停止政党地区分部和其他分支机构的活动，并根据联邦授权机关妥善地将相应记录登录名录的决定从国家统一法人名录中清除政党及其地区分部和其他注册的分支机构的相关记录。

第十章 最后过渡条款

第四十六条 本联邦法的生效

1. 本联邦法自正式公布之日起生效，第三十三条和第三十六条第 1 款除外。本联邦法第三十三条不晚于 2004 年 1 月 1 日生效。第三十六条第 1 款从本法正式公布之日起两年后生效。

2. 依然有效的苏联《社会联合组织法》（《苏联人民代表大会和苏联最高苏维埃通报》1990 年第 42 期第 839 页）第六条、第九条（包括涉及政党的条款）在俄罗斯联邦境内无效。

第四十七条 全俄罗斯政治社会联合组织的改组和跨地区、地区和地方政治社会联合组织的地位

1. 本联邦法生效之前建立的全俄政治社会联合组织有权根据本联邦法在法律生效之日起两年内改组为政党。

2. 在本条第 1 款规定的期限期满前，全俄政治社会联合组织有权参加选举，包括根据选举法推举参加议员及国家权力机关和地方自治机关其他经选举产生的职位的候选人（候选人名单）。

3. 在本条第 1 款规定的期限期满前，由全俄政治社会联合组织或全俄政治社会运动改组而成的政党从政党国家注册之日起有权参加选举。

4. 在联邦法律中涉及政党参加联邦国家权力机关、俄罗斯联邦主体的国家权力机关和地方自治机关选举的程序修改之前，政党根据俄罗斯联邦关于全俄政治社会联合组织的法律规定的程序参加上述选举。

5. 在本条第 1 款规定的期限期满后，没有改组为政党的全俄政治社会联合组织失去政治社会联合组织的地位，而作为全俄罗斯社会联合组织或全俄罗斯社会运动，根据其章程中与本联邦法不抵触的部分进行活动。

6. 在本条第 1 款规定的期限期满后，跨地区、地区和地方政治社会联合组织失去作为政治社会联合组织的地位,相应地作为跨地区、地区或地方社会联合组织,根据其章程中与本联邦法不抵触的部分进行活动。

第四十八条　根据本联邦法整理成规范性法律文本

建议俄罗斯联邦总统责成俄罗斯联邦政府根据本联邦法整理成规范性法律文本。

俄罗斯联邦总统 弗拉基米尔·普京

莫斯科　克里姆林宫　2001年7月11日

第95号联邦法

（本译文根基于彭晓宇译、李兴耕校译、发表在中央编译出版社2006年版《当代俄罗斯政党》一书中的"俄罗斯联邦政党法",原译文内容基本保存,但重新作了校订,并对2003年12月8日以后《政党法》的历次修订作了补充。原文来源于俄罗斯联邦中央选举委员会官方网站http：//cikrf.ru）

（彭晓宇、徐向梅　译）

俄罗斯联邦联邦会议国家杜马代表选举法（摘译）

2005年4月22日国家杜马通过，2005年5月11日联邦委员会批准，本版本为2014年2月14日俄罗斯联邦联邦会议国家杜马通过、2月19日联邦委员会通过的修正案。

目 录

第一章　总则

第二章　选区、选举区段和选民名单

第三章　选举委员会

第四章　观察员、外国（国际）观察员和媒体代表

第五章　政党

第六章　联邦候选人名单和单席位选区候选人的推荐和登记

第七章　候选人的地位

第八章　向选民通报信息和选前动员

第九章　国家杜马代表选举拨款

第十章　投票

第十一章　投票结果确认和国家杜马代表选举结果的确认

第十二章　空缺杜马代表委任的变更

第十三章　违反公民选举权行为的申诉、违反俄罗斯联邦有关国家杜马代表选举法律的行为责任

第十四章　最后条款

俄罗斯联邦总统 弗拉基米尔·普京

第一部分　宪法、全国性涉党法律

莫斯科　克里姆林宫
2005 年 5 月 18 日
第 51 号联邦法律

第一章　总　则

第一条　举行俄罗斯联邦联邦会议国家杜马代表选举的基本原则

俄罗斯联邦联邦会议国家杜马代表（以下简称国家杜马代表）由俄罗斯联邦公民在普遍平等和直接选举的基础上以无记名投票方式选举产生。俄罗斯联邦公民参加选举是自由和自愿的。任何人无权强迫俄罗斯联邦公民参加或不参加选举，也无权阻挠其自由表达意志。

第二条　有关国家杜马代表选举的立法

1. 有关国家杜马代表选举的立法以俄罗斯联邦宪法为根据，由 2002 年 6 月 12 日第 67 号联邦法律《俄罗斯联邦公民选举权和参加全民公决权利的基本保障》（以下简称联邦法律《俄罗斯联邦公民选举权和参加全民公决权利的基本保障》）、本联邦法以及其他联邦法律组成。

第三条　俄罗斯联邦联邦会议国家杜马代表选举制度

1. 根据俄罗斯联邦宪法选举产生俄罗斯联邦联邦会议国家杜马（以下简称国家杜马）代表 450 名。

2. 国家杜马 225 名代表按依据本联邦法第十二条所建立的单席位选区的原则（一个选区一个代表）选举产生。

3. 国家杜马 225 名代表按联邦选区所提交的被列入国家杜马代表联邦候选人名单以外的选民投票数比例选举产生。

第四条　俄罗斯联邦公民在国家杜马选举中的选举权

1. 年满 18 岁的俄罗斯联邦公民有权按联邦选区选举国家杜马代表。

4. 年满 21 岁的俄罗斯联邦公民有权被选举为国家杜马代表。

第五条　下达国家杜马代表选举的命令

第六条　推荐候选人的权利

1. 有被选举权的俄罗斯联邦公民可能通过直接或者进入联邦候选人名单的方式被推荐为候选人。

2. 直接被推荐为候选人可以通过自荐的方式，也可以由根据 2001 年 7 月 11 日第 95 号联邦《政党法》（以下简称联邦《政党法》）有权参加选举、包括推荐候选人和候选人名单的政党（以下简称政党）进行推荐。

3. 推荐候选人组成联邦候选人名单由政党来实施。

4. 政党有权推荐本党成员，也有权推荐不是本党或其他任何政党成员的俄罗斯联邦公民作为候选人，包括进入联邦候选人名单。政党无权推荐其他政党成员作为候选人，包括进入联邦候选人名单。

第七条　选举委员会筹备和进行国家杜马代表选举

第八条　在筹备和进行国家杜马代表选举中实行公开原则

第九条　进行选前动员的权利

1. 俄罗斯联邦公民、政党和其他社会联合组织有权以法律允许的形式和合法的方式进行选前动员。

3. 国家保障俄罗斯联邦公民、政党和其他社会联合组织进行符合本联邦法律和其他联邦法律的选前动员。

4. 已经被登记的候选人和注册了联邦候选人名单的政党，将被赋予平等使用大众传媒进行选前动员的权利。

第十条　国家杜马代表选举拨款

1. 与筹备和进行国家杜马代表选举有关的活动由联邦预算资金拨款。

2. 推荐联邦候选人名单的政党和按单席位选区被推荐的候选人应该建立选举基金来支持自身的选举运动。在本联邦法规定的情况下，推荐联邦候选人名单的政党的地区分部有权根据党章授权的政党领导机关的决议建立选举基金以支持党的选举运动。

第十一条　外国公民、无国籍人士、外国组织、国际组织和国际社会运动参加国家杜马代表选举

第二章 选区，选举区段，选民名单

第三章 选举委员会

第四章 观察员、外国（国际）观察员和媒体代表

第五章 政 党

第三十六条 政党参加国家杜马代表选举

1. 政党根据本联邦法和联邦《政党法》参加国家杜马代表选举，包括推荐联邦候选人名单，按照单席位选区推荐候选人。政党有权推荐一份联邦候选人名单和按照单席位选区推荐候选人作为单个名单。

2. 被授权行使政党注册职能的联邦执行权力机关按照官方公布确认国家杜马代表选举的决议当日的情况编制根据联邦《政党法》和本联邦法有权参加国家杜马代表选举，包括推荐联邦候选人名单、推荐单席位选区候选人的政党名单，并于官方公布之日起三日内在全俄罗斯国家定期印刷出版物和官网上公布上述名单。同时，被授权行使政党注册职能的联邦执行权力机关将上述名单呈送俄罗斯联邦中央选举委员会。

第三十七条 政党名称和标志

1. 推荐联邦候选人名单和单席位选区候选人的政党向俄罗斯联邦中央选举委员会提交有关本党名称的信息。

2. 政党的名称应该是政党国家注册文件中规定的被授权行使社会联合组织注册职能的联邦执行权力机关下发的名称。

3. 为了保险起见，政党在提交联邦候选人名单的同时有权向俄罗斯联邦中央选举委员会提交在其党章中有说明的本党的标志。

4. 如果政党的全称由七个以内的单词构成，则选举文件中使用政党的全称。如果政党的全称超过七个单词，而其简称不超过七个单词，则选举文件中使用政党的简称。如果政党的全称和简称都超过七个单词，则政党

与俄罗斯联邦中央选举委员会协商，在选举文件中使用（不超过七个单词的）短称。政党的短称应该符合联邦《政党法》第六条规定的要求，并且只能由其党章中规定的构成政党名称的单词组成。政党在选举文件中使用的标志也应与俄罗斯联邦中央选举委员会协商。

5. 政党的名称和标志在提交俄罗斯联邦中央选举委员会之后不允许更改。

第三十八条 政党及其地区分部的全权代表

1. 推荐联邦候选人名单和单席位选区候选人的政党有权指派五百名以内的代表，根据本联邦法律授权其在与本党参加国家杜马代表选举有关的所有问题上代表本党（以下简称政党全权代表）。上述推荐联邦候选人名单的政党代表中需要指定财务问题方面的全权代表（以下简称政党财务问题全权代表）。

2. 推荐联邦候选人名单的政党按照本党地区分部的推荐指派财务问题全权代表，他们被赋予支配本地区分部选举基金的职权以及其他与此有关的职权（以下简称——政党地区分部财务问题全权代表）。

3. 本条第 1 和第 2 款所指全权代表由政党代表大会的决议或者政党代表大会上被授权的机关的决议确认。决议中应指明每个全权代表的姓、名和父称，出生日期，护照或替代公民护照的证件的类别、号码和发放日期，工作或就职机关的主要地点（如果没有工作或就职机关的主要地点则注明工作性质），居住地址，及其权限。对于政党财务问题全权代表或者政党地区分部财务问题全权代表，还应该指明他有权签署付款（结算）文件。

4. 本条第 1 和第 2 款所指全权代表名单应按规定的形式以纸质载体和机读版本提交俄罗斯联邦中央选举委员会。名单中应指明本条第 3 款规定的全权代表的信息，每个全权代表的电话号码，而对于政党财务问题全权代表和政党地区分部财务问题全权代表来说还应该包括他们是相应的财务问题全权代表的信息，以及他们的权限。名单中附上每个被编入本名单的人同意担任全权代表的书面声明。

5. 政党全权代表根据本条第3款规定的决议履行自己的职能，而政党财务问题全权代表和政党地区分部财务问题全权代表还根据按法律规定程序公证并生效的委托书履行自己的职能，委托书中指明其姓、名和父称，出生日期和地点、居住地，护照或替代公民护照的证件的类别、号码和发放日期，发证机关的名称或编码，所指人的权限，并必须留下政党和政党地区分部财务印章的印样。

6. 政党财务问题全权代表必须在俄罗斯联邦中央选举委员会登记。登记依据本条第3款和第5款规定的相应的决议和委托书，全权代表并出示护照或替代公民护照的证件。

7. 政党地区分部财务问题全权代表名单经俄罗斯联邦中央选举委员会确认，并在政党推荐的联邦候选人名单确认后呈送相应的俄罗斯联邦主体选举委员会，用于政党地区分部财务问题全权代表的登记。登记依据俄罗斯联邦中央选举委员会有关确认政党地区分部财务问题全权代表的决议和本条第5款规定的委托书，全权代表并出示护照或替代公民护照的证件。

8. 政党按照其被授权机关的决议有权在任何时候停止它所指派的全权代表的职权，书面通知他这个决定，并将相关决议的复印件呈送俄罗斯联邦中央选举委员会和相应的俄罗斯联邦主体选举委员会。有关停止政党财务问题全权代表、政党地区分部财务问题全权代表的决议的复印件也应呈送政党以及相应的政党地区分部在那里开立专门的用于建立自己的选举基金的选举账户的俄罗斯联邦储蓄银行的分支机构。

9. 本条第1款和第2款所指全权代表无权利用自己职务或岗位特权。

10. 政党全权代表职权期限从任命时起，至该党推荐进入联邦候选人名单的所有候选人丧失候选人地位时止，包括进入联邦候选人名单的和按照单席位选区推荐的候选人名单的候选人，但不能迟于官方公布国家杜马代表选举结果之日。政党财务问题全权代表和政党地区分部财务问题全权代表的职权期限在投票日之后九十天停止，而如果发生了有任命全权代表的政党参与的法院审理，则从法院决议生效之日的次日停止。

11. 登记联邦候选人名单的政党全权代表有权在俄罗斯联邦主体选举委员会获得标明边界、区域和区段选举委员会地址和电话以及投票点地址清单的选区清单。

第六章 联邦候选人名单和单席位选区候选人的推荐和登记

第七章 候选人的地位

第八章 向选民通报信息和选前动员

第九章 国家杜马代表选举拨款

第七十条 筹备和进行国家杜马代表选举的财政保障

1. 与筹备和进行国家杜马代表选举、保障选举委员会任期内活动、使用和开发自动化设备,以及提高选民的法律意识和选举组织人员培训有关的费用,从联邦预算专项经费列支。

第七十一条 选举基金

1. 推荐联邦候选人名单的政党应该建立自己的选举基金以支持本党的选举运动。如果在该政党推荐的联邦候选人名单中,包括在俄罗斯联邦主体或其辖区的候选人团队中,有该联邦主体的地区候选人团队,根据联邦法律在俄罗斯联邦主体注册的这类政党的地区分部有权按照政党章程授权的政党领导机关的决议建立自己的选举基金。按照单席位选区被推荐的候选人应该建立自己的选举基金。只是按照单席位选区推荐候选人的政党,联邦候选人名单中的候选人不建立自己的选举基金。

2. 政党的选举基金只能依靠下述途径建立:

(1) 政党的自有资金,其总额不能超过根据本联邦法规定的政党选举基金所有经费支出限额的50%;

(2) 公民和法人的自愿捐款,每个公民的捐款额不能超过根据本联邦法所规定的政党选举基金所有经费支出限额的0.07%,每个法人的捐款额不能超过根据本联邦法所规定的政党选举基金所有经费支出限额的3.5%。

3. 政党选举基金所有经费支出不能超过 7 亿卢布。政党地区分部选举基金的经费支出不包括在内。

4. 政党地区分部的选举基金只能依靠下述途径建立：

（1）政党及其地区分部的自有资金（扣除政党选举基金经费），其总额不能超过根据本联邦法规定的政党地区分部选举基金所有经费支出限额的 50%；

（2）公民和法人的自愿捐款，每个公民的捐款额不能超过根据本联邦法所规定的政党地区分部选举基金所有经费支出限额的 2%，每个法人的捐款额不能超过根据本联邦法所规定的政党地区分部选举基金所有经费支出限额的 20%。

10. 禁止下列捐款进入选举基金：

（1）外国；

（2）外国组织；

（3）外国公民；

（4）无国籍人士；

（5）至投票日不满 18 岁的俄罗斯公民；

（6）外资参与且外资股份超过法定资本 30% 的俄罗斯法人；

（7）国际组织和国际社会运动；

（8）国家权力机关，其他国家机关，地方自治机关；

（9）国家和地方自治机关，国家和地方自治所有的企业；

（10）俄罗斯联邦、联邦主体和（或）地方自治单位在其法定资本中占比超过 30% 的法人；

（11）国家机关和（或）地方自治机关（除外私有化过程中创立的股份公司）创立的组织；本款第（6）项和第（10）项规定的法人创立的组织；本款第（6）项和第（10）项规定的其股份占法定资本超过 30% 的法人创立的组织；

（12）部队、军事机关和组织，护法机关；

（13）慈善和宗教组织，也包括他们所创立的组织；

（14）匿名捐助人；

（15）距投票日注册不满一年的法人；

（16）向选举基金捐款前一年内从下列渠道获得货币资金的非商业组织：外国；外资参与持股超过30%的俄罗斯法人；等等。

12. 建立选举基金的政党有权支配政党选举基金。建立政党地区分部选举基金的政党地区分部有权经政党领导机关授权的人的同意支配该选举基金。

第十章 投 票

第十一章 投票结果确认和国家杜马代表选举结果的确认

第八十四条　区段选举委员会关于投票结果的记录

第八十五条　区段选举委员会计算选票和形成投票结果记录的程序

第八十六条　境内选举委员会投票结果确认

第八十七条　区选举委员会确定单席位选区选举结果，联邦选区投票结果确认

第八十八条　联邦选区选举结果确认

7. 单个联邦候选人名单获得参加联邦选区投票选民的选票达到或超过5%，且这样的名单不低于两个，他们获得的选票总数超过参加投票的选民的票数的50%，这样的联邦候选人名单被允许参加代表席位的分配。同时其他联邦候选人名单不允许参加代表席位的分配。

8. 如果单个联邦候选人名单获得了参加联邦选区投票选民的选票达到或超过5%，但这样的联邦候选人名单获得的选票总数不超过参加投票的选民的票数的50%，则除了这些名单可以参与代表席位的分配，获得参加联邦选区投票选民的选票低于5%的联邦候选人名单将依次获准参加代表席位分配，直到这样的联邦候选人名单获得的选票总数超过参加投票的选民的票数的50%。

9. 如果一个联邦候选人名单获得的选票总数超过参加联邦选区投票的选民的票数的50%，而其他联邦候选人名单获得的参加投票选民的选票低

于5%，则除该联邦候选人名单被允许参加代表席位的分配之外，获得的参加投票选民的选票低于5%的联邦候选人名单中获得参加投票选民最多票数的，也被允许参加代表席位的分配。

第八十九条　代表席位的比例制分配方式

第九十条　国家杜马代表选举总结果的确认

第九十一条　重新选举

第九十二条　国家杜马代表的登记

第九十三条　国家杜马代表投票和选举结果的发布（公布）

第十二章　空缺杜马代表委任的变更

第十三章　违反公民选举权行为的申诉、违反俄罗斯联邦有关国家杜马代表选举法律的行为责任

第十四章　最后条款

（原文来源于俄罗斯联邦中央选举委员会官方网站 http://cikrf.ru）

（徐向梅　译）

俄罗斯联邦总统选举法（摘译）

国家杜马 2002 年 12 月 24 日通过，联邦委员会 2002 年 12 月 27 日批准。本版本为 2012 年 5 月 2 日第 41 号联邦法律修正案。

目 录

第一章　总则

第二章　选举委员会

第三章　选区、选民名单

第四章　政党

第五章　候选人推荐和登记

第六章　候选人地位

第七章　向选民通报和选前动员

第八章　选举的财政拨款

第九章　投票和确定俄罗斯联邦总统选举结果

第十章　俄罗斯联邦总统就职

第十一章　违反公民选举权申诉、违反有关俄罗斯联邦总统选举法律的行为责任

第十二章　最后过渡条款

附　件

俄罗斯联邦总统　弗拉基米尔·普京

莫斯科　克里姆林宫

2003 年 1 月 10 日

第 19 号联邦法律

第一章 总 则

第六条 推举俄罗斯联邦总统职位候选人的权利

俄罗斯联邦总统职位候选人（以下为——候选人）可以由根据2001年7月11日第95号联邦法律《政党法》（以下为——联邦《政党法》）有权参加选举、包括推举候选人的政党（以下为——政党）推举，也可以按自荐程序推举。俄罗斯联邦公民可以在选民团体支持他自荐的条件下自我推举作为候选人。

第八条 竞选宣传的权利

1. 俄罗斯联邦公民、政党和其他社会联合组织有权在任何法律允许的范围内以合法的方式进行竞选宣传。

3. 国家保证俄罗斯联邦公民、政党和其他社会联合组织根据本联邦法和其他联邦法律进行竞选宣传。

第二章 选举委员会

第十二条 俄罗斯联邦总统选举选举委员会的体系和地位

11. 国家机关、地方自治机关、政党和其他社会联合组织，各种所有制形式的组织，包括广播电视、定期印刷出版单位，以及上述机关和组织的官员，必须向选举委员会提交必要的信息和材料，在五天内回应选举委员会的请求，对投票日前五天内提出的请求，应该不晚于投票日前一天给出回应，而对投票日或投票日翌日提出的请求，则应该立即回应。上述信息和材料免费提供给选举委员会。

第四章 政 党

第二十九条 政党参加俄罗斯联邦总统选举

1. 政党参加俄罗斯联邦总统选举，包括按照本联邦法和联邦《政党法》推举候选人。

2. 被授权履行政党注册职能的联邦执行权力机关编制根据联邦《政党法》和本联邦法有权参加俄罗斯联邦总统选举并推举候选人的政党名单。联邦执行权力机关按照有关确定俄罗斯联邦选举的决议正式公布当日的状况，并在该决议公布三天内在全俄罗斯国家定期印刷出版物和互联网上公布上述名单，与此同时将上述名单呈送俄罗斯联邦中央选举委员会。

第三十一条　政党的名称

1. 推举候选人的政党向俄罗斯联邦中央选举委员会提交有关本党名称的信息。

2. 政党的名称应该是其党章中规定的名称。

3. ［失效］。

4. 如果政党的全称由七个以内的单词构成，则选举文件中使用政党的全称。如果政党的全称超过七个单词，而其简称不超过七个单词，则选举文件中使用政党的简称。如果政党的全称和简称都超过七个单词，则政党与俄罗斯联邦中央选举委员会协商，在选举文件中使用（不超过七个单词的）短称。政党的短称应该符合联邦《政党法》第六条规定的要求，并且只能由其党章中规定的构成政党名称的单词组成。

5. 政党名称在向俄罗斯联邦中央选举委员会提交相关信息后不允许改变。

第三十二条　政党全权代表

1. 推举了候选人的政党任命根据本联邦法律授权在与其参加俄罗斯联邦总统选举有关的所有问题上代表政党的代表。

2. 政党全权代表由政党代表大会的决议或者政党代表大会授权的机关的决议任命。

3. 政党全权代表按照本条第 2 款规定的决议的原则履行自己的职能，该决议指明了其权限，姓、名和父称，出生日期，护照或者替代公民护照的证件的类别、编号和发放日期，居住地址，工作或就职机关的主要地点

（如果没有工作或就职机关的主要地点则注明工作性质）。

4. 被任命的政党全权代表的名单按俄罗斯联邦中央选举委员会规定的形式以印刷版和机读版提交俄罗斯联邦中央选举委员会。政党全权代表名单中指明每个政党全权代表的姓、名和父称，出生日期，护照或者替代公民护照的证件的类别、编号和发放日期，居住地址，工作或就职机关的主要地点（如果没有工作或就职机关的主要地点则注明工作性质），电话号码。该名单还需附上每位被编入名单的人书面同意执行指定活动的意见。

5. 政党全权代表应该由俄罗斯联邦中央选举委员会登记。

6. 政党全权代表无权利用自己的职务特权。

7. 政党全权代表的职权期限从其被任命之日起至该政党推举的候选人地位丧失止，但不迟于俄罗斯联邦总统选举的总结果正式公布之日。

8. 根据相关政党被授权机关的决议，政党有权在任何时间终止其政党全权代表的职权，书面通知他这个决定，并将相关决议的复印件呈送俄罗斯联邦中央选举委员会。

第三十三条　政党有参加总统选举的平等的权力

政党根据本联邦法规定的程序平等地参加俄罗斯联邦总统选举。

第五章　候选人推荐和登记

第三十四条　候选人自荐

9. 政党推举的候选人不能以候选人资格进入自荐程序。

（原文来源于俄罗斯联邦中央选举委员会官方网站 http：//cikrf.ru）

（徐向梅　译）

保证议会党平等使用国家公共电视和广播频道阐释本党活动法

2009 年 4 月 24 日国家杜马通过

2009 年 4 月 29 日联邦委员会批准

第一条 本联邦法中使用的基本概念

下列基本概念用于本联邦法：

（1）议会党——是指其联邦候选人名单被允许分配俄罗斯联邦联邦会议国家杜马议席的政党，以及按照 2005 年 5 月 18 日第 51 号联邦法律《俄罗斯联邦联邦会议国家杜马代表选举法》第 82 条第 1 款，根据在使用相应的国家公共电视和广播频道阐释其活动之日前最近的俄罗斯联邦联邦会议国家杜马代表选举官方公布的结果，议席交给其联邦候选人名单的政党；

（2）国家公共电视和广播频道，是指由全俄广播电视机构创办和经营、联邦国家单一制企业形式的大众传媒（电视节目、广播节目）；

（3）全俄电视节目（电视转播）、广播节目（转播），是指作为国家公共电视或广播频道组成部分（根据播报网），并在半数或半数以上俄罗斯联邦主体传播的电视节目（电视转播）、广播节目（转播）；

（4）地区电视节目（电视转播）、广播节目（转播），是指作为国家公共电视或广播频道组成部分（根据播报网），并在半数以下俄罗斯联邦主体传播的电视节目（电视转播）、广播节目（转播）。

第二条 本联邦法的适用范围

1. 本联邦法适用于与议会党使用国家公共电视和广播频道阐释活动有关的立场。

2. 本联邦法不适用于与下述事项有关的立场：

（1）保障公民在相应的选举运动、全民公决运动开始后至官方公布选举和全民公决结果之日期间获取和传播有关政党的信息；

（2）国家权力机关、地方自治机关、其他国家和地方机关阐释活动，在本联邦法第四条第2款第(3)—(6)项指明的发布有关代表和党团活动信息的情况下除外；

（3）建立和推广专门的国家公共电视和广播频道（儿童频道、文化频道、音乐频道、体育频道和其他频道）。

第三条 议会党使用国家公共电视和广播频道阐释活动的一般原则

议会党使用国家公共电视和广播频道进行阐释活动依据下述一般原则：

（1）每个议会党等额传播活动信息；

（2）国家公开对议会党阐释活动进行监督；

（3）在议会党进行阐释活动时国家公共电视或广播频道的编辑部门拥有创作的独立性和职业自主性，包括自主决定这种阐释的素材、形式和方式；

（4）对电视观众和广播听众就有关议会党活动进行全面和客观的报道。

第四条从2009年9月1日生效（本文件第七条）。

第四条 在议会党阐释活动时对全俄和地区电视节目（电视转播）和广播节目（转播）提出的要求

1. 议会党使用国家公共电视和广播频道阐释活动时要考虑本联邦法的要求。

2. 规定议会党在全俄电视节目（电视转播）和广播节目（转播）中阐释活动应发布下列活动的信息：

（1）议会党、其领导机关和其他机关，议会党的地区分部和其他分支机构的活动；

（2）议会党领导机关成员、议会党地区分部领导机关成员的活动；

（3）俄罗斯联邦联邦会议国家杜马代表的活动；

（4）作为议会党党团成员的俄罗斯联邦主体国家政权立法（代表）机关代表以及议会党成员机关的代表的活动；

（5）作为议会党议员联合组织（党团）成员的地方自治代表机关的代表以及议会党成员机关的代表的活动；

（6）俄罗斯联邦联邦会议国家杜马中的议会党党团、俄罗斯联邦主体国家政权立法（代表机关）中议会党党团、地方自治代表机关中的议会党议员联合组织（党团）的活动。

3. 与议会党活动无关的有关本条第2款第(2)—(5)项所指人员、且没有指明这些人属于相应的议会党，他们的活动信息的传播不属于相应的议会党的活动阐释，花费在传播这类信息上的播出时间量不受本联邦法第五条监督和核查。

4. 本条第2款第(2)—(5)项所指人员的声明和发言（声明和发言的片段），在全俄电视节目（电视转播）中应该带有字幕，在全俄广播节目（转播）中包含说明性公告，指出这类人属于相应的议会党。

5. 议会党在地区电视节目（电视转播）和广播节目（转播）中阐释活动应该符合本条要求。

第五条 对保证议会党平等使用国家公共电视和广播频道阐释本党活动保障的监督

第五条第1款从2009年9月1日起生效（本文件第七条）。

1. 对保证议会党平等使用国家公共电视和广播频道阐释本党活动保障的监督由俄罗斯联邦中央选举委员会根据本联邦法和2001年6月12日第67号联邦法律《关于俄罗斯联邦公民选举权和参加全民公决权利的基本保障》，在议会党、俄罗斯联邦社会院、被授权履行大众传媒监督和检查职能的联邦执行权力机关、作为国家公共电视和广播频道创立者和经营者的全俄广播电视机构（以下简称全俄广播电视机构）的参与下来执行。

2. 议会党根据本联邦法进行活动阐释的国家公共电视和广播频道清单由被授权履行大众传媒登记职能的联邦执行权力机关编制和认定，认定之后立即呈送俄罗斯联邦中央选举委员会。该清单由上述联邦执行权力机关在《俄罗斯报》上公布，也发布在其互联网官方网站上。俄罗斯联邦中央选举委员会及时通告该名单的变更情况。这些变更要在从其确认之日起十天内由上述联邦执行权力机关在《俄罗斯报》上公布，也发布在其互联网官方网站上。

在把新的国家公共电视（广播）频道列入该清单时要核算议会党利用这个电视（广播）频道进行活动阐释所花费的播出时间，从公布相应的变更之日起下一个日历月份的第一天起执行。

3. 核算每一个议会党在一个日历月份期间在全俄电视节目（电视转播）和广播节目（转播）以及地区电视节目（电视转播）和广播节目（转播）中进行活动阐释上所花费的播出时间量的程序和方法，由俄罗斯联邦中央选举委员会根据与被授权履行大众传媒监督和检查职能的联邦执行权力机关之间的协商所作出的决议予以确定。核算播出时间量的方法中应该规定这类指标，如：含有本联邦法第四条第2款中所指信息的报道的数量，这类报道的持续时间，本联邦法第四条第2款第(2)—(5)项所指人员的声明和发言（声明和发言片段）的总时长。

在确定每个议会党花费在阐释活动上的播出时间量时，花费在全俄电视节目（电视转播）和广播节目（转播）以及地区电视节目（电视转播）和广播节目（转播）中的播出时间量应该分别计算。

对每个议会党花费在活动阐释上的播出时间量进行核算的程序和方法的其他要求可以由俄罗斯联邦中央选举委员会根据与被授权履行大众传媒监督和检查职能的联邦执行权力机关之间的协商所作出的决议认定。

4. 为了确定议会党在一个日历月份期间进行活动阐释所花费的播出时间量，俄罗斯联邦中央选举委员会建立专门的工作组。工作组由两名俄罗斯联邦中央选举委员会成员，每个议会党、俄罗斯联邦社会院、被授权履行大众传媒监督和检查职能的联邦执行权力机关以及全俄广播电视机构各派两名代表组成。俄罗斯联邦中央选举委员会成员领导工作组的活动。工作组的活动程序由俄罗斯联邦中央选举委员会确定。

5. 俄罗斯联邦中央选举委员会在俄罗斯联邦法律规定程序内可以发布命令进行议会党在确定时期内花费在活动阐释上的播出时间量的核算工作。

第五条第6—9款从2009年9月1日生效（本文件第七条）。

6. 俄罗斯联邦中央选举委员会在查明存在违反在一个日历月份期间议会党阐释活动等额要求的事实的情况下，它将决定是否有必要补偿相应的议会党的不足播出时间量，并将上述决定派发给相应的全俄广播电视机构。

如果补偿不足播出时间量可能只是在从相应的选举运动和全民公决运动开始之日至官方公布选举和全民公决结果之日期间，那么这个决定应该在官方公布选举和全民公决结果之后作出。

7. 本条第6款所指获知俄罗斯联邦中央选举委员会决定的全俄广播电视机构，在获知决定之日起三十天内在相应电视或广播频道补偿有关议会党的不足播出时间量，本条第8款规定的情况除外。

8. 如果不同意本条第6款所指的俄罗斯联邦中央选举委员会的决定，全俄广播电视机构有权在获知该决定之日起十天内书面通知俄罗斯联邦中央选举委员会，并附上说明不同意原因的根据。

俄罗斯联邦中央选举委员会在收到通知之日起十天内再次审议议会党在相应日历月份期间花费在活动阐释上的播出时间量的核算结果问题。如果俄罗斯联邦中央选举委员会作出决定再次确认违反议会党等额阐释活动的事实，相应的全俄广播电视机构则在该决定作出之日起二十天内给有关议会党在相应电视或广播频道上补偿不足的播出时间量。

9. 俄罗斯联邦中央选举委员会从被授权履行大众传媒监督和检查职能的联邦执行权力机关以及全俄广播电视机构征求和获取必要的信息，以作出本联邦法所列属于俄罗斯联邦中央选举委员会职权范围的问题的决定。

第五条第10款规定的信息，2010年公布2009年第四季度期间的信息（本文件第七条）。

10. 有关前一个日历年内保证议会党平等使用国家公共电视和广播频

道阐释本党活动的保障的信息每年不晚于当年1月31日由俄罗斯联邦中央选举委员会在《议会报》上公布。

第六条 承认《有关国家权力机关在国家大众传媒上阐释活动》的联邦法律的个别条文失效。

承认1995年1月13日第7号联邦法律《有关国家权力机关在国家大众传媒上阐释活动》第七、九和十条失效。

第七条 本联邦法生效

1. 本联邦法自其官方公布之日十天后生效，本联邦法第四条、第五条第1、6—9款除外。

2. 本联邦法第四条、第五条第1、6—9款从2009年9月1日起生效。

3. 本联邦法第五条第10款规定的信息，2010年公布2009年第四季度期间的信息（本文件第七条）。

俄罗斯联邦总统　德米特里·梅德韦杰夫
莫斯科，克里姆林宫
2009年5月12日
第95号联邦法律

（原文来源于俄罗斯联邦中央选举委员会官方网站http：//cikrf.ru）

（徐向梅 译）

第二部分
主要政党内部规章制度

统一俄罗斯党章程

全俄政党"统一俄罗斯"第一次代表大会通过,经第二、第三、第四、第五、第六、第八次代表大会的两个阶段、第九、第十、第十一、第十三次代表大会修改和补充。

全俄政党"统一俄罗斯党"章程

2012

1. 总纲

1.1 全俄政党"统一俄罗斯"(以下简称党)是全俄社会联合组织,其宗旨是在符合俄罗斯联邦宪法、俄罗斯联邦法律和本章程以及现行的自愿、平等、自治、合法和公开的原则的基础上,通过形成和表达俄罗斯联邦公民的政治意愿促使他们参与社会政治生活,参与社会和政治行动,参与选举和全民公决,在国家权力机关和地方自治机关中代表公民的利益。

1.2 党是通过改组全俄社会组织"团结和祖国"联盟而建立起来的。

1.3 党在俄罗斯联邦全境开展自己的活动。

1.4 党自完成国家注册时起即为法人,拥有自己独立财产的所有权,可以以党的名义获得和行使财产权和非个人财产的权利,担负义务,缔结条约、合同、协议、交易,作为法庭原告或被告。

1.5 党的财产包括党的地区分部及其他分支机构的财产的完全所有者是党。党员无权占有党的财产。具有法人资格的党的地区和地方分部有权实际管理其名下的财产。

1.6 党以其名下的、根据俄罗斯联邦法律追索的全部财产担保履行自己的义务。身为法人的党的分支机构以其所支配的财产担保履行自己的义务。如果没有所指财产，党对所指分支机构负有补偿责任。党不负有国家义务，国家也不负有党的义务。党对其成员不负有义务，其成员也不负有党的义务。

1.7 党的全称是：全俄政党"统一俄罗斯"，简称是：统一俄罗斯党，英文名称是：All-Russian political party《UNITED RUSSIA》。

1.8 党拥有印有其名称的印刷品、图章、公文用纸。

1.9 党拥有党徽、党旗，其规章由党的总委员会主席团批准；党还拥有党歌，其规章由党的总委员会主席团批准。

1.9.1 党徽是一幅画，上方飘扬着白蓝红三色等宽的象征着俄罗斯联邦国旗的旗帜，中间是蓝白色构成、面向右侧的熊的剪影，最下方是两行等长的蓝色文字：统一俄罗斯。党徽在深色背景下时，文字——统一俄罗斯——使用白色。如图：

1.9.2 党旗是长宽比例为3：2的蓝色长方形。旗面中间缀有党徽。党徽的宽度不超过党旗长度的三分之一，党徽的高度距离党旗的上下边不小于党旗高度的十分之一。如图：

1.9.3 根据俄罗斯联邦法律，党有权使用自己的名称和自己的标志。

1.9.4 根据党章规定的目的，党的地区、地方分部和基层支部有权使用党的名称和标志，除经营活动和转交给第三方利用的权利外。

1.10 党的现行领导机关——总委员会的常驻办公地点在俄罗斯联邦莫斯科市。

2. 党的目标和任务

2.1 党的基本目标是：

2.1.1 保证国家政策，俄罗斯联邦及其各主体的国家权力机关和地方自治机关所通过的决议符合俄罗斯联邦大多数居民的利益；

2.1.2 形成俄罗斯联邦的社会舆论并使之符合党纲的基本原则，对公民进行政治教育和培养，表达公民对社会生活任何问题的意见并将这些意见传达给社会大众、国家权力机关和地方自治机关，影响公民在各项选举和全民公决中投票时政治意志的形成；

2.1.3 推荐党的候选人（候选人名单）参加俄罗斯联邦总统选举、俄罗斯联邦联邦会议国家杜马议员选举，向俄罗斯联邦主体国家立法（代表）权力机关、地方自治机关推荐经选举产生的公职人员，向地方代表机关推荐党的候选人（候选人名单）并参加规定的选举以及选举机关的工作。

2.2 为了达到自己的目标，党确定了下列任务：

2.2.1 研究、分析和汇总俄罗斯联邦公民的利益、需要和情绪，发现并提出实现大多数居民利益的形式，如对新法律草案、国家权力机关和地方自治机关的决议提出建议；

2.2.2 开展对居民的大众化的宣传工作，让居民了解党的目标和任务、党纲、党的当前活动，为参加选举的党的候选人开展竞选宣传，按俄罗斯联邦法律所确定的程序就俄罗斯联邦及其各主体进行全民公决的问题宣传自己的观点；

2.2.3 推荐党的候选人（候选人名单）参加联邦国家权力机关、俄罗斯联邦各主体的国家权力机关和地方自治机关的选举，开展竞选运动，实施俄罗斯联邦选举法、全民公决法以及本章程规定的其他活动；

2.2.4 按俄罗斯联邦法律所确定的程序，建议实施俄罗斯联邦主体的公决和地方公决，参加俄罗斯联邦的全民公决、俄罗斯联邦各主体的公决和地方公决；

2.2.5 通过党挑选出来的人参与制订决议、参加国家权力机关和地方自治机关的工作、提出立法倡议等方式，按俄罗斯联邦法律所确定的程序，实现党纲的基本原则；

2.2.6 培养和储备党的后备干部，以备推荐担任党的领导机关，党的地区、地方分部和基层支部领导机关的领导职务以及其他经选举产生的职务，参加国家权力机关和地方自治机关的选举，培训党的干部、积极分子和党员；

2.2.7 协助党员竞选国家立法（代表）权力机关和地方代表机关议员以及国家权力机关和地方自治机关其他经选举产生的职位；

2.2.8 开展青年工作，吸引青年人参加实施党的青年政策，促进赞同党的意识形态的政治上积极的公民形成青年干部轮替。

3. 党的权利和义务

3.1 党享有下列权利：

3.1.1 自由传播党的活动的信息，宣传党的观点、目标和任务；

3.1.2 在俄罗斯联邦法律规定的程序和范围内，参与制订国家权力机关和地方自治机关的决议草案；

3.1.3 在俄罗斯联邦法律规定的程序和范围内，对社会生活的各种问题提出建议，包括向国家权力机关和地方自治机关提出相应建议；

3.1.4 参加选举和全民公决；

3.1.5 建立党的地区分部及其他分支机构，作出改组和取消这些分支的决定；

3.1.6 将用于实施党章规定的目的和任务的财产转交党的各分支机构使用；

3.1.7 组织和召集会议、集会、示威、游行、巡查、代表会议、会见、争论和其他公开活动；

3.1.8 成立出版社、通讯社、印刷企业、大众媒体、成人继续教育机构；

3.1.9 在与其他政党平等的条件下利用国家和地方的大众媒体；

3.1.10 与其他政党和其他社会联合组织建立不形成法人的联合体和联盟；

3.1.11 拥有拥护者，其地位由党的总委员会主席团批准的本章程和规定决定；

3.1.12 同其他国家的政党和社会联合组织建立和保持联系，加入国际联盟和联合会等组织；

3.1.13 提出并捍卫自己的权利，在国家权力机关、地方自治机关和其他社会组织中捍卫党员和党的拥护者的合法利益；

3.1.14 开展符合俄罗斯联邦法律和本章程的经营活动；

3.1.15 同自然人和法人进行不违背法律和本章程的任何交易和其他法律活动；

3.1.16 有权获得、没收、利用或租赁房屋、建筑物、设施、住房基金、交通工具、设备、用具、文化教育和保健器材、货币资金和有价证券以及其他财产并拥有其所有权，以保障实施符合党章的党的活动；

遵照党章规定的目的并依靠党的资金建设和获得的机构、出版社、大众媒体也归党所有；

3.1.17 吸纳有关劳动合同和公民法律合同方面的专家提供必要的服务、完成工作任务、进行科研活动；

3.1.18 为实施符合党的章程、目标和任务的方案、倡议和行动纲领的法人和公民提供资金支持和其他帮助；

3.1.19 进行独立的社会学研究和对居民的问卷调查；

3.1.20 参加建立青年组织和儿童组织；

3.1.21 在与其他政党同等的条件下获得国家支持，包括以创造同等条件的形式，即与提供给国家和地方机构类似的条件下提供归国家和（或）地方所有的场所和通讯设备；

3.1.22 进行符合俄罗斯联邦法律的慈善活动；

3.1.23 履行俄罗斯联邦法律、党的纲领性文件和本章程所规定的其他全权。

3.2 党及党的地区分部及其他分支机构有义务按俄罗斯联邦法律规定给政党的程序、期限和范围履行其义务。

3.2.1—3.2.8 ［失效］。

4. 入党条件

4.1 入党条件

4.1.1 年满18岁的俄罗斯联邦公民，赞同党的目标和任务，遵守党的章程，参加党的活动的，可以成为党员；

外国公民，无国籍者，法院认定无行为能力的俄罗斯联邦公民，根据俄罗斯联邦法律不能成为政党成员的公民无权成为党员；

4.1.2 入党是自愿的、个人的行为；

4.1.2.1 缴纳党费是自愿的。党费的收缴及其支出核算由党的总委员会主席团决定；

4.1.3 党员不能成为其他政党的成员；

4.1.4 党员登记由中央执行委员会在本章程和关于党员登记以及党的总委员会主席团批准的入党、退党、开除出党、暂时中止党员资格的条例的基础上实施；

4.1.4.1 党员的集中登记在党员统一登记（以下简称党的统一登记）的基础上由党的中央执行委员会实施；

4.1.4.2 党员地区登记在党的统一登记的基础上由党的地区执行委员会实施；

4.1.4.3 党员按常住地或主要居住地仅可以在党的一个地区分部进行登记；

在俄罗斯联邦无常住地或主要居住地的党员要依照关于党员登记以及入党、退党、开除出党、暂时中止党员资格的条例规定的程序进行登记；

如果变更常住地或主要居住地，党员应该履行手续撤销在党的基层（地方或地区）分部的登记，在新居住地所在的党的分部进行登记。党员撤销登记和按新居住地重新登记的程序和期限根据相应的条例调整；

4.1.5 为了给党员和党的拥护者以精神激励，可以对他们给予表彰。表彰党员和党的拥护者的程序、形式和理由由党的总委员会主席团批准的表彰党员和党的拥护者的条例决定。

4.2 入党

4.2.1 不低于六个月的党的拥护者，个人提出书面入党申请并将申请递交给常住地或主要居住地的相应的党的基层（地方或地区）分部，个别情况下递交给党的总委员会或其主席团，可由党的基层支部（全体大会或委员会）、党的地方分部（地方政治委员会）、党的地区分部（地区政治委员会，地区政治委员会主席团），个别情况下由党的总委员会或其主席团接收入党。作出接收入党的决定，要考虑到同申请入党者事前谈话的结果，要根据他参加党内生活的情况和党的拥护者委员会的推荐。

4.2.1.1 接收入党的决定需经党员会议（全体会议）与会人数的多数公开投票才能作出；

4.2.1.2 申请入党者，自基层支部全体会议（委员会）、地方或地区政治委员会、地区政治委员会主席团，个别情况下是党的总委员会或其主席团审查他的申请并通过相应的决定时起，即被接收为党员；

4.2.1.3 入党申请应在自递交申请之日的不超过三个月的时间内由党的相应机关审查；

4.2.1.4 如果上述入党申请在规定的期限内未被审查，公民有权将接收他入党的问题诉诸党的另一个机关，即本章程4.2.1.2提到的机关。该申请应在一个月的期限内由党的相应机关审查；

4.2.1.5 办理党员接收和登记文件的手续根据党的总委员会主席团批准的相应条例实施。

4.2.2 在按本章程4.2.1.2被接收入党的情况下，以党的地区分部和党的总委员会或其主席团提供的信息为基础，由中央执行委员会实施党员集中登记和制作党证。

4.2.3 党证由中央执行委员会送达申请入党者的常住地或主要居住地所在的党的地区分部，以委托地区分部接收党员并进行党员的地区登记。

4.3 终止党员资格

4.3.1 党员可以自愿退党。终止党员资格以公民个人提出退党书面申请并将申请递交给党员的常住地或主要居住地的党的基层（地方，地区）分部为准。终止党员资格，自书面申请在相应的基层（地方，地区）分部登记之日算起；

4.3.2 党员因其不遵守党章、党的纲领性文件、党的中央机关的决议和他所在的分支机构的领导机关的决议，因其破坏党的威信的行为或其他损害党的政治利益的行为（不作为），以及因其加入了另一个政党，可根据党的全权机关，党的基层、地方或地区分部的领导机关的决定被开除出党；

4.3.3 基层和地方分部开除出党的决定必须经地区政治委员会或其主席团批准。如果开除出党的决定是由地区政治委员会主席团、地区政治委员会、党的总委员会主席团、党的总委员会作出的，那么该决定无须批准；

4.3.4 公民有权在两个月的期限内对将他开除出党的决定向党的上级机关直至党的代表大会提出申诉。恢复党员资格的申请自提出申请的两个月内由党的相应机关审查；

4.3.5 被开除出党的党员在将他开除的决定生效的三年内不得重新入党；

4.3.6 终止党员资格自以下法律事实确认之日起开始生效：公民死亡，党员失去俄罗斯联邦国籍，党员被法院认定无行为能力；

终止或暂时中止俄罗斯联邦公民的党员资格，相应地也将终止他成为选举产生的党的领导机关和中央机关及其他分支机构成员的全权；

4.3.7 终止党员资格自全权机关通过将其开除出党的决定之日起，如果需要批准该决定，即在批准之日起开始生效。将党员开除出党的决定需提交中央执行委员会以供作相应的党的统一登记。

4.4 暂时中止党员资格

4.4.1 党员在被任命担任国家公职和其他职务时暂时中止党员资格，联邦宪法性法律和联邦法律规定，担任公职的人无权成为某个政党的党员。暂时中止党员资格自党员被任命担任上述职务之日时算起；

4.4.2 暂时中止党员资格，需个人提出书面申请，完成相应的党的统一登记，在暂时中止党员资格的期限内收回（封存）党证统一登记号，通报党的地方（地区，基层）分部；

4.4.3 暂时中止自己资格的党员被登记为党的拥护者；

4.4.4 自不再担任公职时起，可恢复暂时中止的党员资格，但需要其个人提出此项申请并将申请通过其常住地或主要居住地的党的基层（地方，地区）支部递交给党的中央执行委员会；

4.4.5 恢复暂时中止的党员资格的生效日，自作出相应的党的统一登记之日时算起，同时撤销收回的（封存的）党证统一登记号，并通报给党的相应的地方分支。

4.5 党证

4.5.1 党证的样式、制作、发放、保存、使用、更换由党总委员会主席团批准的相应条例决定。

4.6 党的拥护者

4.6.1 党的拥护者不是党员；

4.6.2 党的拥护者包括：支持党的纲领性目标和实际行动、给予党一切帮助、不违背现行法律和本章程的俄罗斯联邦公民；还包括：根据本章程4.4.1叙述的暂时中止党员资格的公民；

4.6.3 由党推举担任国家权力机关和地方自治机关选举产生的职位的党的拥护者有权支持党进行的选举运动；

4.6.4 党的拥护者的其他特殊地位，这种地位的获得和失去，党的拥护者和党员、党的拥护者和党的领导机关的相互关系由党总委员会主席团批准的条例决定；

4.6.5 同党的拥护者进行的工作由党的拥护者委员会实施，其活动由党总委员会主席团批准的条例协调。

5. **党员的权利与义务**

5.1 党员享有下列权利：

5.1.1 在党的所有选举机关中拥有选举权和被选举权；

5.1.2 就党内生活的一切问题投票；

5.1.3 在党的任何活动当中自由阐述自己的观点；

5.1.4 获得党及其机关活动、党的分支机构及其机关活动的信息；

5.1.5 向党的任何机关、党的分部的机关提出问题、建议和声明，并得到有实质意义的答复；

5.1.6 参加党的活动及党实施的活动计划；

5.1.7 受党的中央机关的委托并以党的名义发表讲话；

5.1.8 对党的领导机关的决定和行动向上一级领导机关直至代表大会申诉；

5.1.9 获得咨询、法律等援助，利用党的影响捍卫自己的权利和合法利益。

5.2 党员有下列义务：

5.2.1 遵守党章；

5.2.2 全力以赴协助实施党纲；

5.2.3 在选举党的分支机构领导人时，有义务同党的下一级分支机构的领导人定期会面；

5.2.4 参加党的基层、地方或地区分部的活动；

5.2.5 个人履行和积极协助贯彻党的中央机关的决定；

5.2.6 根据党的全权中央机关或党的分支机构领导机关确定的程序参与党的常规培训；

5.2.7 参加组织和实施党或党的地区、地方分部和基层支部领导的竞选运动；

5.2.8 在当选俄罗斯联邦联邦会议国家杜马、俄罗斯联邦各主体国家立法（代表）权力机关和地方代表机关的议员后，加入党的议员团（议会党团），并根据党的中央机关、相应的分支机构领导机关的决定进行活动；

5.2.9 及时将常住地或主要居住地变更情况通报给党的相应分部。

5.3 由于不履行党章的要求，对于普通党员施以下列党内处罚——训诫、警告，对于担任党的中央机关职务、选举产生的党的分支机构领导机关和监察机关职务、上述机关的领导职务的党员，对于地区（地方）执行委员会的领导人施以解除相应职务的处罚。实施党内处罚的程序和理由由党的总委员会主席团批准的条例确定。

6. 党的结构

6.1 党的结构包括党的地方、地区分部和基层支部，它们是党的分支机构，按本章程的规定履行职责。

6.2 基层支部通常在住所离得较近、相邻一条或几条街道的党员常住地或主要居住地建立，在俄罗斯联邦一个主体内开展活动，活动范围由同一个地方分部活动区域内的地方政治委员会的决定确定。一个基层支部的活动区域不能包括其他基层支部活动的全部或部分区域。

基层支部进入地方分部，地方分部实施活动的区域包括基层支部的活动区域。

6.3 地方分部通常在俄罗斯联邦一个主体内的市镇区、城区或者联邦直辖市所属各区内建立。

在其他情况下，地方分部可以根据本章程14.1.1在俄罗斯联邦一个主体内的地级的部分或混合的区域内建立。

6.4 在俄罗斯联邦各主体内建立的地方分部进入相应的地区分部。在俄罗斯联邦一个主体内只可以建立一个地区分部。

6.5 在包括一个（多个）自治区的俄罗斯联邦主体内只可建立一个地区分部。

6.6 基层、地方和地区分部参加党的上一级机关的工作，在党的地方和地区分部相应的代表会议（全体会议）以及党代表大会上选举代表，提出建议、方案和其他材料。

6.7 党的基层、地方和地区分部的名称由建立包括变更上述分部的决定来确定。党的基层、地方和地区分部的全称包括党的全称加上所属区域的名称。党的基层、地方和地区分部的简称包括党的简称加上所属区域的名称。

7. 党主席和党的最高委员会主席

7.1 根据党的最高委员会主席、最高委员会的建议，党代表大会有权选举产生最高职务——党主席。

7.1.1 党主席是由选举产生的党的最高人物，在确定该职务的情况下，需在党代表大会上经代表大会法定登记的三分之二代表公开投票选举产生，任期五年。

7.1.2 不是本党党员的俄罗斯联邦公民可当选党主席。

7.1.3 党主席代表党发展同俄罗斯的、国际的、国外的国家和非国家机关和组织、社会联合组织、自然人和法人、大众媒体的相互联系。

7.1.4 党主席有权：

7.1.4.1 召开代表大会，主持代表大会的各次会议、党的最高委员会、最高委员会局、总委员会及总委员会主席团；

7.1.4.2 召集党的代表大会、最高委员会、总委员会、总委员会主席团的非例行会议；

7.1.4.3 向党的机关和负责人、党的分支机构就党的活动的各种问题提出建议、号召和声明；

7.1.4.4 向党的相应机关提出候选人以选举（任命）党的领导机关和中央机关、党的分支机构领导机关的职务，包括上指机关的领导职务；

7.1.4.5 党的中央机关、党的分支机构领导机关的成员，包括上指机关的领导人，如果不遵守党章、党的纲领性文件、党的上级领导机关和党的分支机构的决定，如果上述各人作了破坏党的威信的行为或其他损害党的政治利益的行为，如果违背了本章程的规定，将暂时中止其全权，直到举行党（及分支机构）的相应的上一级领导机关或中央机关例行的（非例行的）会议并就该问题通过决定；

7.1.4.6 党的领导机关和中央机关、党的分支机构的领导机关的决定（除党代表大会的决定外），如果这些决定违背俄罗斯联邦的法律、本章程的条款和（或）党的纲领性文件或者党代表大会、党主席的决定，将暂时中止实施，直至举行党（及分支机构）的相应的上一级领导机关或中央机关例行的（非例行的）会议并就该问题通过决定。

7.1.5 党主席向党及其分支机构的指定机关及其负责人提出的建议、号召和声明应优先审议。

7.1.6 党主席，在自愿放弃自己的全权以及代表大会通过提前停止党主席全权的决定的情况下，将停止其全权。

7.1.7 提前停止党主席全权的决定，需经代表大会法定登记的三分之二代表公开投票通过。

7.1.8 根据党代表大会不低于三分之一代表的倡议，党代表大会可以审议解除选举产生的党的最高职务——党主席的问题。关于解除党主席职务的决定，需经代表大会法定登记的三分之二多数代表公开投票通过。如果解除党主席的职务，那么7.1—7.1.9条款应从党章中删除。

7.1.9 在履行自己全权的期限内，党主席无权代行党最高委员会主席的职位。

7.2 党最高委员会主席是选举产生的党的最高负责人，需在党代表大会上经代表大会法定登记的多数代表公开投票选举产生，任期五年。

7.2.1 党的最高委员会主席，如果终止或暂时中止党员资格并自愿放弃自己的全权，如果代表大会通过提前停止其全权的决定，如果他的活动违背本章程并损害了党，将停止其全权。

7.2.2 党最高委员会主席：

7.2.2.1 对党的活动实行总的政治领导，无须委托可以党的名义行事；

7.2.2.2 领导党的最高委员会和最高委员会局，划分这两个机构成员之间的职权；

7.2.2.3 安排和协调党的总委员会、总委员会主席团和中央执行委员会的活动；

7.2.2.4 在俄罗斯国内外的国家的和非国家的机关和组织中代表党；

7.2.2.5 召开代表大会，主持党的最高委员会和最高委员会局会议；

7.2.2.6 协调党在俄罗斯联邦法律和本章程范围内的党的全体及其分支机构和机关的有组织的活动；

7.2.2.7 召集党总委员会、总委员会主席团、中央监察委员会非例行会议；

7.2.2.8 证明党推荐俄罗斯联邦总统候选人的代表大会的决定无误；

7.2.2.9 实施促进党有效完成面临的目标和任务的其他活动。

7.3 党的最高委员会是决定党的发展战略、促进履行党纲和党章、巩固党的权威、提高党在俄罗斯社会中的影响的机关。

7.3.1 党的最高委员会需经党代表大会法定登记代表的多数投票选举产生，任期五年。最高委员会的人数和人员组成由党代表大会决定。

7.3.2 党的最高委员会的组成应是俄罗斯联邦最杰出的社会和政治活动家，在俄罗斯社会和国际舞台上享有极高声望，包括不是本党党员的人。

7.3.3 党的最高委员会主席领导党的最高委员会的活动。

7.3.4 党的最高委员会成员有权参加党代表大会、总委员会、总委员会主席团、分支机构领导机关的各次会议。

7.3.5 党的最高委员会：

7.3.5.1 代表党发展同社会，包括国际的、国内的和国外的媒体的相互联系；

7.3.5.2 就国家社会政治生活的最重要问题发表声明，促进巩固党的权威和提高党在俄罗斯社会中的影响；

7.3.5.3 就党纲和党的竞选纲领以及党的政治战略的基本方向提出建议；

7.3.5.4 在自己的权限内，同国家权力机关、地方自治机关、政党和社会联合组织合作；

7.3.5.5 为了保证党主席或者党最高委员会主席及时审议和协商党的最高委员会权限内的问题，根据同党主席的协商形成党的最高委员会局；

7.3.5.6 党最高委员会主席、党总委员会书记、党在俄罗斯联邦联邦会议国家杜马的议会党团的领导人等进入党的最高委员会局。

7.4 党的最高委员会局

7.4.1 向党的总委员会及其主席团就召开党代表大会的问题提出建议；

7.4.2 向党代表大会就党总委员会和中央监察委员会的人员组成提出建议；

7.4.3 向党总委员会主席团为党代表大会提出下述候选人的推荐人选提出建议：

7.4.3.1 俄罗斯联邦总统的候选人；

7.4.3.2 俄罗斯联邦联邦会议国家杜马议员的联邦候选人名单；

7.4.4 向党总委员会主席团为下述职位的候选人人选提出建议：

7.4.4.1 俄罗斯联邦中央选举委员会有表决权的成员；

7.4.4.2 担任党的相应议员团（议员）职务的俄罗斯联邦联邦会议联邦委员会成员——俄罗斯联邦主体国家立法（代表）权力机关的议员；

7.4.5 在提前停止俄罗斯联邦联邦会议国家杜马议员全权的情况下，向党总委员会建议另一位俄罗斯联邦联邦会议国家杜马议员登记候选人人选，以递补议员委任资格的空缺；

7.4.6 建立解决必要任务的工作组或其他小组。

8. 党的领导机关和中央机关

8.1 党是民主的社会联合组织。党的全体成员是党的政治意志的体现者。党的自由选举是党的政治意志的直接体现。

进行党内预选是必要的程序，它为之后推举议员及国家权力机关和地方自治机关其他经选举产生的职位确定候选人人选。

党内预选参加者的结果必须在党或其分支机构的相应机关进行登记，同时党或其分支机构的相应机关应按党章和俄罗斯联邦选举法所规定的程序就推荐议员及国家权力机关和地方自治机关其他经选举产生的职位的候选人（候选人名单）问题通过决定。

进行党内预选的程序、特点和实施情况以及参加者的名单由党总委员会主席团批准的条例决定。

参加竞选辩论（争论）是党在国家权力机关和地方自治机关选举中进行宣传的必要形式。

8.2 党的领导机关是党代表大会，总委员会。

8.2.1 党的中央机关是党代表大会，最高委员会，总委员会，总委员会主席团，中央执行委员会，中央监察委员会。

8.2.2 党的中央机关组织党员、党的拥护者就国家发展的迫切问题、发展和完善党的问题，包括形成和发展党内平台的途径开展党内争论。

党内平台的形成和开展活动的程序，利用这个平台组织和开展党内争论，由党总委员会主席团批准的相应条例确定。

8.2.3 选举党的领导机关和监察机关，党的地区、地方分部和基层支部的领导机关和监察机关，任命党的中央执行委员会主席，以党章规定的程序实施并遵守下列原则：

8.2.3.1 同一个人不能兼任党的集体领导机关、监察机关选举产生的领导职务，同样，也不能兼任党的地区、地方分部和基层支部的相应职务，连续任职不得超过两届；

8.2.3.2 同一个人如果连续两届行使党的现行常设领导机关的全权则不得再担任党的中央执行委员会的领导职务。

8.3 党的最高领导机关是代表大会

8.3.1 代表大会由党总委员会或其主席团召集，通常一年一次。非例行代表大会根据党主席、党总委员会或其主席团的决定，根据中央执行委员会的决定或者根据三分之一以上的党的地区分部的书面建议召集。

8.3.2 召集代表大会（例行或非例行）的决定通常在代表大会召开前一个月作出。召集党代表大会的决定应该确定：开会的时间和地点，代表产生的名额分配，代表大会的议程。

8.3.3 代表大会代表由党的地区分部代表会议根据召开代表大会的决定所确定的代表名额分配选举产生。除所确定的代表名额分配外，代表大会的当然代表有：党最高委员会主席，最高委员会成员（党员），总委员会成员，中央监察委员会成员，中央执行委员会主席和副主席。

8.3.4 如果党的地区分部所选派的、俄罗斯联邦半数以上主体所产生的代表登记并参加代表大会的工作，代表大会应视为合法有效。

8.3.4.1 代表大会的决定需由代表大会法定登记代表的多数通过（除本章程或俄罗斯联邦法律规定的情况外）。投票的形式和程序由代表大会根据本章程或俄罗斯联邦法律的要求确定。

党的领导机关和监察机关的选举，作出推荐俄罗斯联邦总统候选人以及俄罗斯联邦国家权力机关、俄罗斯联邦各主体国家权力机关、地方自治机关其他经选举产生的职位的候选人的决定，需根据俄罗斯联邦法律经无记名投票后实施。

作出推荐俄罗斯联邦联邦会议国家杜马议员的联邦候选人名单的决定，需根据代表大会所确定的程序经无记名投票后实施。

8.3.4.2 党代表大会有合法权力解决党内生活的所有问题，包括建立、改组或取消党的地区分部和其他分支机构，改变党的分支机构和机关的结构和职能，提前举行选举，取消所通过的决定，对所通过的决定进行修改和补充，解决党根据俄罗斯联邦法律参加选举包括经无记名投票推荐和召回议员及俄罗斯联邦主体国家权力机关和地方自治机关其他经选举产生的职位的候选人（候选人名单）有关的问题。

8.3.5 代表大会的特别权限有：

8.3.5.1 批准党章并提交修改和补充；

8.3.5.2 通过党纲、党的竞选纲领、党的其他纲领性文件并提交修改和补充；

8.3.5.3 确定党的活动的基本方向；

8.3.5.4 按本章程的规定，公开投票选举任期五年的党主席；

8.3.5.4.1 公开投票选举任期五年的党最高委员会主席；

8.3.5.5 公开投票选举（预选）党最高委员会成员；

8.3.5.6 无记名投票选举（预选）党总委员会成员；

8.3.5.7 ［失效］；

8.3.5.8 无记名投票选举（预选）党中央监察委员会成员；

8.3.5.9 审议和批准党总委员会和中央监察委员会的报告；

8.3.5.10 根据俄罗斯联邦法律，无记名投票推荐俄罗斯联邦总统候选人；

8.3.5.11 根据俄罗斯联邦法律，无记名投票推荐俄罗斯联邦联邦会议国家杜马议员的联邦候选人名单；

将不是本党党员或者其他政党党员的俄罗斯联邦公民纳入党推荐的俄罗斯联邦联邦会议国家杜马议员的联邦候选人名单的程序由党总委员会批准的相应条例确定；

8.3.5.12 召回俄罗斯联邦总统、俄罗斯联邦联邦会议国家杜马议员的联邦候选人名单；

8.3.5.13 在党参加联邦选举的情况下，任命党的全权代表，包括党有关财政问题的全权代表和党地区分部有关财政问题的全权代表，以及停止他们的全权；

8.3.5.14 在党参加联邦选举的情况下，授权党总委员会主席团任命和停止党的全权代表，包括党有关财政问题的全权代表和党地区分部有关财政问题的全权代表的全权；

8.3.5.15 通过改组和取消党的决定；

8.3.5.16 提前停止党主席全权的决定需经代表大会法定登记的三分之二代表公开投票通过，提前停止党最高委员会主席，党最高委员会、总委员会和中央监察委员会成员全权的决定需经代表大会法定登记代表的多数公开投票通过；

8.3.5.17 进行本章程8.3.5.5，8.3.5.8提到的党的中央机关和领导机关成员的选举（预选），由党代表大会在党的相应机关行使全权的期限内实施；

8.3.5.18 通过撤销选举产生的党的最高职务——党主席的决定。

9. 党的总委员会

9.1 党总委员会是党在代表大会休会期间党的常设集体领导机关，由党代表大会登记代表的多数无记名投票选举产生，任期五年。总委员会的人数由党代表大会确定，不得超过170人。

9.1.1 党总委员会成员在党代表大会上从党员中，包括党的地区分部书记、地方分部和基层支部的代表中选举产生。其中，不少于本章程9.1确定的总委员会总人数20%的成员，应从党的地方分部和基层支部的代表中选举产生。

总委员会应每年一次更新（轮替）本章程9.1确定的总人数中的10%。

9.2 总委员会的全权保存至党代表大会选出新一届总委员会止。

在被选入总委员会的党员不再担任党地区分部书记、地方分部或基层支部书记的情况下，其作为党总委员会成员的全权可由党总委员会暂时中止，直至举行党的例行（非例行）代表大会并通过相应决定。

9.3 党总委员会成员有权参加党代表大会、总委员会主席团、中央监察委员会、地区分部或党的其他分支机构代表会议（全体会议）、地区和地方政治委员会、基层支部委员会的各次会议。

9.4 领导党总委员会活动的是党总委员会书记，当书记缺席时，由他书面委托给其中一位副书记负责。

9.5 总委员会会议在必要时举行，但一年不得少于三次。总委员会会议由党总委员会召集。总委员会非例行会议可根据党主席、党最高委员会主席的建议，总委员会主席团的决定，总委员会三分之一以上成员的书面建议召集。

9.6 党的总委员会会议，如果半数以上的总委员会成员登记并参加其工作，就应视为合法有效。党的中央执行委员会主席及其副主席、党的中央监察委员会主席及其副主席可以出席总委员会的各次会议。

9.7 总委员会的决定由总委员会会议法定登记成员的多数通过（除

俄罗斯联邦法律规定的情况外)。投票的形式和程序,包括无记名投票的程序由总委员会确定。总委员会会议的速记记录由总委员会会议主席签署。

9.8 总委员会

9.8.1 保证履行党纲和党的竞选纲领以及党的组织决定;

9.8.2 领导党的政治活动,制订党的竞选纲领草案和党的其他基础性纲领、党的组织文件和意识形态文件;

9.8.3 就党的政治战略以及实现党的纲领性原则的基本方向提出建议;

9.8.4 就国家社会政治生活的最重要问题发表声明,巩固党的权威和提高党在俄罗斯社会中的影响;

9.8.5 在自己的权限内,同国家权力机关、地方自治机关、政党、社会联合组织和其他组织合作;

9.8.6 同国外政党和其他社会联合组织建立和保持国际联系,决定加入国际联盟和联合会等组织;

9.8.7 代表党发展同社会,包括国际的、国内的和国外的媒体的相互联系;

9.8.8 与其他政党和其他社会联合组织建立不形成法人的联合体和联盟;

9.8.9 监督履行党的活动的基本方向的长期方案;

9.8.10 以党的名义实现法人的权利并根据党章履行其义务;

9.8.11 通过建立、改组和取消党的地区、地方分部的决定;

9.8.12 向代表大会报告自己的工作;

9.8.13 从总委员会成员中经无记名投票差额(至少两位候选人)选出规定其任期的总委员会书记。总委员会成员可列为候选人并可按自我推荐程序成为候选人;

9.8.14 党总委员会书记,在自愿放弃全权、终止或暂时中止党员资格的情况下,根据党主席的提议或者根据同党主席的协议,可通过决定提前停止其全权；

党主席或者党最高委员会可以任命总委员会代理全权书记；

9.8.15 党的地区和地方分部书记，在自愿放弃自己的全权、终止或暂时中止党员资格的情况下，可通过决定暂时中止其全权，直至举行相应的选举；

在暂时中止党的地区（地方）分部书记全权的时期，党总委员会通过决定将书记的相应全权委托给其中一位副书记或地区政治委员会（地方政治委员会）的一名成员；

9.8.16 根据党最高委员会局的建议，在提前停止俄罗斯联邦联邦会议国家杜马议员全权的情况下，向俄罗斯联邦中央选举委员会建议另一位俄罗斯联邦联邦会议国家杜马议员登记候选人人选，以递补议员委任资格的空缺；

9.8.17 通过由党的地区分部建立选举基金的决定；选举基金按俄罗斯联邦法律所规定的情况和程序向党的选举委员会拨款用于俄罗斯联邦联邦会议国家杜马议员的选举；

9.8.18 在规定的程序内证明候选人的党的属性及其在党内的地位；

9.8.19 在复选和补选中，经无记名投票推荐和召回国家立法（代表）权力机关议员候选人（候选人名单）；

9.8.20 在个别情况下，按本章程规定的程序接收和开除党员。

9.9 党委员会就党的活动的其他问题通过决定，除本章程所纳入的属于代表大会特别权限的问题外。

9.10 根据总委员会的决定，其全权，除俄罗斯联邦法律所纳入的属于政党常设领导机关权限的全权外，可授予总委员会主席团。

9.11 党总委员会书记

9.11.1 在党总委员会履行全权的时期，由总委员会从其成员中经总委员会法定登记成员的多数无记名投票差额（至少两位候选人）选举产生。党总委员会成员可列为候选人并可按自我推荐程序成为候选人；

9.11.2 领导总委员会主席团和党总委员会，对其活动实施领导，进入总委员会主席团；

9.11.3 无须委托，代表党同国家权力机关、地方自治机关、政党、社会联合组织和其他组织建立相互联系；

9.11.4 无须委托，可以党的名义行事，包括在同自然人和法人的公民法律关系中代表党；

9.11.5 有权成为党的财务文件的第一签字人，发放委托书；

9.11.6 签署属于党总委员会主席团和党总委员会权限内的文件；

9.11.7 向俄罗斯联邦中央选举委员会提出俄罗斯联邦联邦会议国家杜马议员的联邦候选人名单；

9.11.8 履行属于党的其他机关特别权限外的其他全权。

9.11.9 党总委员会书记的全权根据本章程9.8.14可提前停止。

10. 党总委员会主席团

10.1 党总委员会主席团是党的选举产生的中央集体领导机关，向党总委员会报告工作。党总委员会主席团的人数由党总委员会确定，不得超过27人。

10.2 党总委员会主席团，在党总委员会行使全权期间，经无记名投票由总委员会从其成员中选举产生。党总委员会成员可列为候选人并可按自我推荐程序成为候选人。

10.3 领导党总委员会主席团活动的是总委员会书记，当书记缺席时，由他书面委托给其中一位副书记负责。

10.4 总委员会副书记在自己的权限内履行职责，对总委员会书记委托的工作负责。总委员会副书记的人数，根据总委员会书记的建议，由总委员会主席团决定。总委员会副书记由总委员会主席团从其成员中经无记名投票选举产生。

10.5 总委员会主席团的全权保存至总委员会选出新一届总委员会主席团止。

10.6 在被选入总委员会主席团的党员不再是党总委员会成员的情况下，其作为党总委员会主席团成员的全权即被停止。在本章程规定的情况下，暂时中止党总委员会成员全权的同时即暂时中止其作为党总委员会主席团成员的全权。

10.7 总委员会主席团会议通常每月至少召集一次。总委员会主席团会议，如果半数以上的总委员会成员出席会议，就应视为合法有效。

10.8 总委员会主席团会议由总委员会书记召集，当书记缺席时，由他书面委托给其中一位副书记负责。

10.8.1 总委员会主席团非例行会议根据党主席、党最高委员会主席、总委员会书记的建议，或根据总委员会主席团法定三分之一以上成员的决定召集。

10.9 总委员会主席团的决定由总委员会主席团会议法定登记成员的多数公开投票通过（除俄罗斯联邦法律和本章程规定的情况外）。

10.10 中央执行委员会主席及其副主席、中央监察委员会主席及其副主席可以参加总委员会主席团会议。

10.11 总委员会主席团

10.11.1 在总委员会休会期间，对党的活动，包括党的政治活动实施领导，制订党的竞选纲领草案和其他基础性纲领、党的组织文件和意识形态文件；

10.11.2 就党的政治战略以及实现党的纲领性原则的基本方向提出建议；

10.11.3 就国家社会政治生活或个别地区的最重要问题发表声明；

10.11.4 通过召集党代表大会的决定；

10.11.5 代表党发展同社会，包括国际的、国内的和国外的媒体的相互联系；

10.11.6 在自己的权限内，同国家权力机关、地方自治机关、政党、社会联合组织和其他组织合作；

10.11.7 与其他政党和其他社会联合组织建立不形成法人的联合体和联盟；

10.11.8 同国外政党和其他社会联合组织建立和保持国际联系，决定加入国际联盟和联合会等组织；

10.11.9 确定组织党的活动的原则和方案，根据本章程的规定建立党的分支机构并组织其活动；

10.11.10 建立审查被开除出党的公民申诉委员会，以及解决党面临的个别任务的其他委员会和工作组，确立有关原则；

10.11.11 通过建立跨地区协调委员会的决定，以协调党的相应地区分部的活动；

10.11.12 任命和解除跨地区协调委员会主席及其副主席的职务；

10.11.13 任命和解除中央执行委员会主席及其副主席的职务；

10.11.14 经党中央执行委员会的许可，任命和解除党的地区执行委员会主席的职务；

10.11.15 安排和协调党的地区分部的活动；

10.11.16 在个别情况下，按本章程规定的程序接收和开除党员；

10.11.17 确定缴纳党费和核算党费的制度；

10.11.18 组织党的经营活动，在财政和经济上保证党的活动，向党作财政和财务报告；

10.11.19 在党确定的财务计划范围内，使用党的财产和货币资金；

10.11.20 保证履行俄罗斯联邦政党法规定的党的义务；

10.11.21 成立出版社、通讯社、印刷企业、大众媒体、成人继续教育机构；

10.11.22 批准党的财务计划；

10.11.23 批准党的中央执行委员会预算及其机关编制表，包括中央执行委员会机构、人员编制和工资基金；

10.11.24 可以委托党的中央执行委员会保证履行本章程规定的某些全权。

10.12 总委员会主席团

10.12.1 根据党最高委员会局的报告，向党代表大会就推荐下述候选人提出建议：

10.12.1.1 俄罗斯联邦总统候选人；

10.12.1.2 俄罗斯联邦联邦会议国家杜马议员候选人名单；

10.12.2 根据党最高委员会局提供的报告，向党的议员团提出下述建议：

10.12.2.1 在俄罗斯联邦联邦会议国家杜马中，指定俄罗斯联邦中央选举委员会有表决权的成员的候选人人选；

10.12.2.2 在俄罗斯联邦各主体国家立法（代表）权力机关中，考虑到地区政治委员会的建议，指定俄罗斯联邦联邦委员会成员——俄罗斯联邦主体国家立法（代表）权力机关代表的候选人人选；

10.12.3 签署速记记录：

10.12.3.1 党的地区分部代表会议的速记记录，在此次会议上，根据俄罗斯联邦法律规定的程序，推荐俄罗斯联邦各主体最高公职人员职位（俄罗斯联邦各主体国家权力机关最高执行机关领导人）的候选人；

10.12.3.2 党的地区分部代表会议，地方分部代表会议（全体会议），或者地方政治委员会的速记记录，在这些会议上，根据俄罗斯联邦法律规定的程序，推荐俄罗斯联邦各主体地方行政中心首脑职位的候选人；

10.12.4 根据俄罗斯联邦法律规定的情况和程序，有权通过决定向法院提请声明确认下列事实，即根据俄罗斯联邦法律召回俄罗斯联邦主体最高公职人员职位（俄罗斯联邦主体国家最高执行权力机关主席）的理由，或者委托地区政治委员会通过上述决定；

10.12.5 根据本章程10.12.6规定的理由，将候选人开除出由党提出的并由俄罗斯联邦中央选举委员会确认（登记）的联邦候选人名单；

10.12.6 召回、开除登记为议员和其他经选举产生的候选人的理由是：

10.12.6.1 候选人违背选举法、党章的要求，不履行党的领导机关及其分支机构的决定；

10.12.6.2　候选人作了破坏党的威信、违背党的利益、对党造成政治损失的行为；

10.12.6.3　候选人同意推荐他和（或）将他纳入另一个政党的名单；

10.12.6.4　候选人不能在规定的期限内提供推荐、保证、登记为候选人的必要文件和资料或者提供的必要文件和资料不可靠；

10.12.6.5　候选人的个人书面声明；

10.12.6.6　候选人生了重病或健康状况极差；

10.12.6.7　候选人失去被选举权；

10.12.6.8　候选人被法院作出的认为有罪的判决生效；

10.12.7　任命党的代理人和停止他的全权；

10.12.8　任命俄罗斯联邦中央选举委员会有发言权的成员和俄罗斯联邦中央选举委员会观察员和停止这些人的全权；

10.12.9　在规定的程序内建议任命俄罗斯联邦各主体选举委员会有表决权的成员的候选人人选；

10.12.10　任命俄罗斯联邦各主体选举委员会有发言权的成员和停止其全权；

10.12.11　在党提出俄罗斯联邦国家权力机关候选人和联邦候选人名单的情况下，在党代表大会作出相应决定的条件下，任命和停止党的全权代表，包括党的财政问题的全权代表和党的地区分部的财政问题的全权代表的全权；

10.12.12　有权通过决定参加党的相应级别的地区或地方分部的选举；党的相应地区和地方分部必须履行上述决定；

在党总委员会主席团决定相应的地区或地方分部参加俄罗斯联邦主体国家权力机关、地方自治机关选举的情况下，相应的地区政治委员会或地方政治委员会应在总委员会主席团决定确定的期限内召集代表会议（全体会议）来推荐候选人（候选人名单）或者地方政治委员会有义务独立推荐候选人（候选人名单）；

10.12.13　协商地区政治委员会推荐的以下候选人人选：

10.12.13.1 由党地区分部代表会议推荐议员和俄罗斯联邦主体国家权力机关其他经选举产生的职位的候选人，除本章程 13.7.7.7.4 规定的情况外；

10.12.13.2 在提前停止议员全权的情况下，向俄罗斯联邦主体选举委员会建议俄罗斯联邦主体国家立法（代表）权力机关议员候选人人选，以递补议员委任资格的空缺；

10.12.14 签署地区（地方）政治委员会有关向党的议员团提名俄罗斯联邦各主体地方行政中心首脑候选人人选的会议的速记记录，该候选人人选通过从地方相应的代表机关的议员中挑选的方式来递补；

10.12.15 在地区分部代表会议推荐俄罗斯联邦主体最高公职人员职位（俄罗斯联邦主体国家最高执行权力机关领导人）候选人的情况下，协商党的地区分部竞选俄罗斯联邦主体地方行政中心首脑职位、俄罗斯联邦主体国家立法（代表）权力机关选举的议员候选人（候选人名单）的竞选纲领；

10.12.16 协商决定召回党的地区分部代表会议在统一选区推荐的候选人（候选人名单）以及党的地方分部代表会议（全体会议）和地方政治委员会推荐的拥有党的一个地方分部的俄罗斯联邦主体的地方行政中心首脑候选人；

10.12.17 可通过决定在国家立法（代表）权力机关和地方代表机关中根据俄罗斯联邦法律规定的程序建立党的议员团（议会党团）；

10.12.18 在违背本章程或党纲或者不履行党的领导机关及其相应的分支机构的决定的情况下，可通过决定暂时中止或终止党在俄罗斯联邦各主体国家立法（代表）权力机关中或地方代表机关中议员团的活动；

10.12.19 根据党章 13.8.11.2 提出的理由，地区和地方政治委员会协商决定暂时中止或终止党在俄罗斯联邦各主体国家立法（代表）权力机关中和地方代表机关中议员团的活动。

10.13 总委员会主席团

10.13.1 党的地区和地方分部书记，在自愿放弃全权、暂时中止或终止党员资格的情况下，通过决定暂时中止其全权，直至举行相应的选举；

在暂时中止党的地区（地方）分部书记全权的时期，总委员会主席团通过决定将书记的相应全权委托给地区政治委员会（地方政治委员会）副主席或成员；

10.13.2 党的地区和地方分部领导机关成员，如果违背本章程、党的纲领性文件、党的和（或）党的地区分部领导机关的决定，不履行党的和（或）党的地区（地方）分部领导机关的决定，如果作了其他损害党的政治利益的行为，将通过决定暂时中止其全权，直至举行相应的选举；

10.13.3 有权取消地区分部、地区政治委员会代表会议，地方分部、地方政治委员会代表会议（全体会议）与本章程和（或）党的纲领性文件或者党的上级机关的决定相违背的决定，有权召开地区政治委员会非例行会议。

10.14 党总委员会主席团履行包括与选举有关的其他全权，除党章或者党代表大会所纳入的属于党的其他机关、分支机构的特别权限外。

11. 中央执行委员会

11.1 中央执行委员会是党的常设执行机关，向党总委员会主席团报告工作。

11.2 中央执行委员会保证履行党的代表大会、总委员会和总委员会主席团的决定。

11.3 中央执行委员会的组成和结构由党总委员会主席团决定。

11.4 中央执行委员会主席及副主席由党总委员会主席团任命，任期不超过党总委员会全权的期限。

11.5 中央执行委员会主席领导党的中央执行委员会，对其活动实施领导。受托在同自然人和法人的公民法律关系中代表党，签署属于中央执行委员会权限的文件。

11.6 中央执行委员会副主席在自己的权限内履行职责，对党中央执行委员会主席委托的工作负责。

11.7 中央执行委员会受党总委员会主席团的委托在符合俄罗斯联邦

法律和党章的条件下保证实施并履行其独立全权。

11.8 中央执行委员会

11.8.1 实施由党的代表大会、总委员会和总委员会主席团确定的党的当前政策；

11.8.2 实施党的计划、纲领和活动；

11.8.3 保证履行挑选候选人的工作，即推荐国家权力机关和地方自治机关经选举产生的职位的候选人的工作；

11.8.4 保证开展党参加的选举运动；

11.8.5 组织党员的集中统计和党的统一登记；

11.8.6 核算党费的支出；

11.8.7 受党总委员会书记的委托制订本章程规定的原则草案；

11.8.8 从组织上保证党最高委员会、总委员会、总委员会主席团和党的跨地区协调委员会的活动；

11.8.9 保证筹备党代表大会，党最高委员会、总委员会和总委员会主席团会议；

11.8.10 根据俄罗斯联邦劳动法，制订中央执行委员会预算草案及其机关编制表，在党总委员会主席团规定的中央执行委员会机关的人员编制和工资基金的范围内修订中央执行委员会机关的编制；

11.8.11 根据同党总委员会主席团和地区政治委员会或地区政治委员会主席团的协议，任命和解除党地区执行委员会领导人的职务；

11.8.12 从法律上保证党的中央机关和领导机关的活动；

11.8.13 以一切可能装备（设备、文件资料、宣传材料）帮助党的地区、地方分部和基层支部完成日常活动和选举运动；

11.8.14 处理党的中央机关的公文，协助地区和地方分部处理公文，组织获得和加工党的地区和地方分部的信息，保证保存秘密信息和在党的活动过程中得到的信息以及属于国家机密的情报；

11.8.15 组织党员、基层支部书记、地方和地区执行委员会主席及其机关工作人员的培训；

11.8.16 组织培训和筹备党的候选人竞选国家权力机关和地方自治机关的职位；

11.8.17 受总委员会主席团的委托，制订党的财务计划方案并提交总委员会主席团批准；

11.8.18 履行其他职能，除属于党的其他机关的特别权限外；

11.8.19 向党的总委员会主席团报告工作。

11.9 为了履行党的中央机关的决定和保证开展党的中央机关的活动，在批准党的财务计划和中央执行委员会预算的范围内，建立党的中央执行委员会机关。

11.9.1 中央执行委员会机关的全体工作人员职务的任命（解除）应符合俄罗斯联邦法律并仅同他们缔结（解除）劳动合同，使用期不超过党总委员会全权的期限。

俄罗斯劳动法和社会保险法适用于上述全部工作人员。

12. 中央监察委员会

12.1 中央监察委员会是党的中央机关，对遵守党章、履行党的中央机关的决定、党及其分支机构的金融活动和经营活动实行监督。

12.2 中央监察委员会，由35人组成，任期五年，由党代表大会从党员中经代表大会法定登记代表的多数无记名投票选举产生。中央监察委员会的全权保存至党代表大会选出新一届中央监察委员会止。

12.3 中央监察委员会向党代表大会报告工作。

12.4 中央监察委员会同党总委员会、总委员会主席团、中央执行委员会跨地区协调委员会、地区分部和其他分支机构合作。

12.5 中央监察委员会通过的其权限内的决定，党的所有分支机构及其监察机关必须执行。

12.6 中央监察委员会主席从中央监察委员会的成员中经无记名投票差额（至少两位候选人）选举产生。中央监察委员会成员可列入候选人并可按自我推荐程序成为候选人。

中央监察委员会主席的选举程序由中央监察委员会针对该职务选举所

批准的无记名投票程序来确定。

中央监察委员会主席，在自愿放弃全权、暂时中止或终止党员资格的情况下，可由党主席或者中央监察委员会根据同党主席的协议，提前解除其职务。

在提前停止中央监察委员会主席全权的情况下，党主席可以任命中央监察委员会代理全权主席。

12.7 中央监察委员会从其副主席中经中央监察委员会成员的多数无记名投票选举产生。中央监察委员会副主席的人数和人员组成，根据中央监察委员会主席的建议在中央监察委员会会议上确定。

12.8 中央监察委员会副主席在自己的权限内履行职责，对中央监察委员会主席委托的工作负责。

12.9 中央监察委员会形成自己的主席团并确定其原则。中央监察委员会主席团的人数和人员组成，根据中央监察委员会主席的建议在中央监察委员会会议上确定。中央监察委员会主席和副主席进入中央监察委员会主席团。

12.10 领导中央监察委员会和中央监察委员会主席团活动的是中央监察委员会主席，当主席缺席时，由他书面委托给其中一位副主席负责。

12.11 中央监察委员会会议每年至少召集一次。中央监察委员会会议由中央监察委员会主席召集，当主席缺席时，由他书面委托给其中一位副主席负责。

12.12 中央监察委员会非例行会议，可根据中央监察委员会主席团的决定由党最高委员会主席召集，也可根据党的领导机关或中央监察委员会半数以上成员的书面建议或者个人提议由中央监察委员会主席召集。

12.13 中央监察委员会会议，如果半数以上的中央监察委员会成员登记并参加其工作，就应视为合法有效。中央监察委员会的决定由中央监察委员会会议法定登记成员的多数公开投票通过（除本章程12.6，12.7指定的决定外）。中央监察委员会决定需形成速记记录，速记记录由中央监察委员会会议主席签署。

12.14 中央监察委员会成员有权出席党的分支机构的代表会议（全体会议）、集体领导机关的会议。

12.15 中央监察委员会成员不能成为党的基层、地方和地区分部领导机关的成员，也不能成为最高委员会、总委员会、总委员会主席团的成员，不能进入跨地区协调委员会，不能成为中央执行委员会、党的地区分部或其他分支机构机关的工作人员。

12.16 中央监察委员会的活动由党的中央执行委员会相应的分支机关保证。

12.17 中央监察委员会

12.17.1 在自己的权限内，以中央监察委员会的名义发表讲话和作出决定；

12.17.2 实施中央监察委员会活动的长期规划；

12.17.3 批准中央监察委员会规则；

12.17.4 根据同党总委员会主席团协商确定的计划表，对党的地区和地方分部进行综合检查，每年度不少于一次；

根据党最高委员会局或总委员会主席团的提议，根据中央监察委员会主席团同党总委员会书记达成的决定，对党的地区和地方分部进行其他检查；

12.17.5 对党的金融和经营活动进行年度检查；

12.17.6 可吸纳独立专家参加工作；

12.17.7 协调地区监察委员会、地方监察委员会和基层支部监察人员的活动；

12.17.8 根据党总委员会主席团批准的有关党的分支机构活动评价标准的条例而实施的综合检查的结果，在党的地区（地方）分部的活动出现严重违规的情况下，向党总委员会主席团提出下述建议：

——暂时中止党的相应的地区（地方）分部领导机关成员的全权；

——根据俄罗斯联邦法律和党章规定的程序，追究党的相应的地区（地方）分部地区（地方）执行委员会领导人的责任。

12.18 中央监察委员会主席团

12.18.1 中央监察委员会主席团是中央监察委员会会议休会期间中央监察委员会常设集体领导机关；

12.18.2 中央监察委员会主席团会议每三个月至少召集一次。中央监察委员会主席团会议由中央监察委员会主席召集，当主席缺席时，由他书面委托给其中一位副主席负责；

12.18.3 中央监察委员会主席团会议，如果半数以上的中央监察委员会主席团成员出席会议，就应视为合法有效。中央监察委员会主席团的决定由中央监察委员会主席团会议法定登记成员的多数公开投票通过；

12.18.4 中央监察委员会主席团根据中央监察委员会主席团条例开展自己的活动。

12.19 中央监察委员会主席

12.19.1 领导中央监察委员会和中央监察委员会主席团，对它们的活动进行领导，划分中央监察委员会副主席及其成员之间的全权和责任；

12.19.2 召集和主持中央监察委员会和中央监察委员会主席团会议；

12.19.3 有权签署属于中央监察委员会权限内的有关问题的文件；

12.19.4 向党总委员会主席团就保证其活动的结构和人员编制提出建议。

13. 党的地区分部

13.1 地区分部是党的分支机构，在俄罗斯联邦主体境内以本章程为基础开展活动。党的地区分部最低人数的要求由党总委员会主席团确定。

13.2 地区分部根据党代表大会或党总委员会的决定建立。地区分部的改组由党总委员会决定实施。改组地区分部的决定需经党总委员会成员会议登记人数的多数公开投票作出。地区分部无权独立通过改组和取消组织的决定。地区分部可根据党代表大会或总委员会的决定，也可根据法院在法律规定的情况下作出的决定以及党被取消的情况下取消，并根据俄罗斯联邦民法规定的程序来实施。

13.3 在俄罗斯联邦一个主体内只可建立一个党的地区分部并开展活动。

13.4 党的地区分部自按照俄罗斯联邦法律规定的程序完成国家注册时起即获得法人资格。

13.5 党对地区分部的领导由地区分部领导机关——地区分部代表会议和地区政治委员会实施。

13.6 党的地区分部及其机关在自己的活动中必须遵守本章程和党中央机关的决定以及俄罗斯联邦法律，包括在程序、期限和范围内履行俄罗斯联邦法律规定给政党地区分部的义务。

13.7 党的地区分部的最高领导机关是代表会议。

13.7.1 党的地区分部代表会议由地区政治委员会召集，一年至少一次。

13.7.2 非例行代表会议，根据党总委员会主席团、地区政治委员会、地区监察委员会的决定，或三分之一以上的党的地方分部或者在党的地区分部登记的三分之一以上的党员的书面建议召集。

13.7.3 召集代表会议的决定通常在会议召开前两周作出。召集代表会议的决定应该确定：开会的时间和地点，代表产生的名额分配，会议议程。

13.7.4 代表会议代表由党的地方分部代表会议（全体会议）根据召开代表会议的决定所确定的代表名额分配选举产生。除所确定的代表名额分配外，代表会议的当然代表有：地区政治委员会成员，地区执行委员会主席，地区监察委员会成员。

13.7.5 党总委员会、总委员会主席团、中央监察委员会成员以及党中央执行委员会主席、副主席和代表有权参加地区分部代表会议的工作。

13.7.6 代表会议代表由进入地区分部的半数以上的地方分部选派，如果没有地方分部由半数以上的地区分部成员选派，所选派的代表如果有半数以上登记和参加代表会议的工作，代表会议应视为合法有效。代表会议的决定需由代表会议法定登记代表的多数投票通过（除本章程和俄罗斯联邦法律规定的情况外)。投票的形式和程序由代表会议根据本章程或俄罗斯联邦法律的要求确定。

地区分部代表会议的决定,如果违背本章程或党的纲领性文件或者党的上级机关的决定,可由党总委员会主席团取消。

13.7.7 代表会议的权限有:

13.7.7.1 根据党章、党纲和党的领导机关的决定确定地区分部活动的任务和主要方向;

13.7.7.2 根据本章程13.8.12.1规定的程序选举党的地区分部书记,无记名投票选举地区政治委员会成员;

13.7.7.3 无记名投票选举(预选)地区监察委员会成员;

13.7.7.4 审议和批准地区政治委员会和地区监察委员会报告;

13.7.7.5 选举党代表大会代表;

13.7.7.6 根据同党总委员会主席团的协议,以无记名投票方式推荐:

13.7.7.6.1 统一选区的俄罗斯联邦主体国家立法(代表)权力机关议员候选人名单;

地区分部在解决与参加俄罗斯联邦主体国家立法(代表)权力机关、地方代表机关议员选举有关的问题时,其议员委任资格要在竞选联盟提出的候选人名单中间进行特别分配,非本党党员或者某个政党党员的候选人,在建议将他们纳入相应的候选人名单时应有不少于十位党员的支持,并与其他建议纳入相应候选人名单的候选人一样必须经地区分部代表会议审查;

13.7.7.6.2 单席位(多席位)选区的俄罗斯联邦主体国家立法(代表)权力机关议员候选人;

13.7.7.6.3 [失效];

13.7.7.7 以无记名投票方式推荐:

13.7.7.7.1 统一选区的、存在党的数个地方分部的俄罗斯联邦相应主体地方行政中心代表机关议员候选人名单;

13.7.7.7.2 单席位(多席位)选区的、存在党的数个地方分部的俄罗斯联邦相应主体地方行政中心代表机关议员候选人；

13.7.7.7.3 地方自治机关的议员和其他经选举产生的职位的候选人（候选人名单），如果党的相应的地方分部代表会议（全体会议）或地方政治委员会不能推荐出人选的话；

13.7.7.7.4 俄罗斯联邦主体最高公职人员职位（俄罗斯联邦主体国家执行权力机关最高领导人）候选人，该候选人从党内预选产生的候选人中差额（至少两位候选人）推荐产生，其程序由党总委员会主席团批准的相应条例确定；

13.7.7.7.5 俄罗斯联邦相应主体地方行政中心首脑候选人，在这个行政中心存在党的数个地方分部的情况下，该候选人从党内预选产生的候选人中差额（至少两位候选人）推荐产生，其程序由党地区政治委员会批准的相应条例确定；

代表会议根据本章程 13.7.7.7.4, 13.7.7.7.5 推荐的候选人的速记记录由党总委员会主席团签署；

13.7.7.8 根据同党总委员会主席团的协议，在地区分部代表会议推荐俄罗斯联邦主体最高公职人员职位（俄罗斯联邦主体国家执行权力机关最高领导人）候选人、俄罗斯联邦相应主体地方行政中心首脑候选人、俄罗斯联邦主体国家立法（代表）权力机关选举的议员候选人（候选人名单）的情况下，通过党的地区分部的竞选纲领和在法律规定的程序内公布该竞选纲领的决定；

13.7.7.9 在地区分部代表会议推荐议员候选人（候选人名单）或地方自治机关其他经选举产生的职位的候选人的情况下，通过党的地区分部的竞选纲领和在法律规定的程序内公布该竞选纲领的决定；

13.7.7.10 根据同总委员会主席团的协议，决定召回党的地区分部代表会议在统一选区推荐的候选人（候选人名单）；

13.7.7.11 在进行俄罗斯联邦各主体国家权力机关和地方自治机关的选举过程中，任命党的地区分部全权代表，包括财政问题的全权代表和停止他们的全权，根据法律授权党的地区分部地区政治委员会主席团任命和停止党的地区分部全权代表，包括财政问题的全权代表的全权。

13.7.8 代表会议在自己的权限内有合法权利审议和解决地区分部活动的任何问题。

13.7.9 在党的地区分部解决与党参加俄罗斯联邦联邦会议国家杜马议员选举有关的问题时，拥有被选举权的非本党党员或者某一政党的党员的俄罗斯联邦公民，如果在法律规定的期限内向所在的党的地区分部提出将他纳入联邦候选人名单的建议并得到党的地区分部不少于十位党员的支持，党的地区分部代表会议应审查该公民的书面声明。党的地区分部代表会议支持的候选人人选同建议纳入联邦候选人名单的其他候选人人选一样应接受党代表大会的审查。

13.8 地区政治委员会

13.8.1 地区政治委员会在代表会议休会期间是党的地区分部常设集体领导机关，由代表会议无记名投票选举产生，任期五年。地区政治委员会的人数根据同党总委员会主席团的协议确定。

13.8.1.1 地区政治委员会以党的地区分部的名义实现法人的权利并根据党章履行其义务。

13.8.2 地区政治委员会由党地区分部代表会议从党员中，包括地方分部书记和基层支部代表中经代表会议法定登记代表的多数无记名投票选举产生，任期五年。根据党章13.8.1确定的地区政治委员会成员的总数，从基层支部代表中选出不少于地区政治委员会30%的成员，地区政治委员会的人员应每年一次更新（轮替）其中的10%。

13.8.3 ［失效］。

13.8.4 地区政治委员会的全权保存至地区分部代表会议选举出新一届地区政治委员会止。

13.8.4.1 在选入地区政治委员会的成员不再担任地方分部或基层支部书记的情况下，他作为地区政治委员会成员的全权可由地区政治委员会停止，直到举行例行（非例行）地区分部代表会议并通过相应决定。

13.8.5 领导地区政治委员会活动的是党地区分部书记，当书记缺席时，由他书面委托给其中一位副书记负责或根据党总委员会主席团的决定委托给其中一位副书记或者地区政治委员会的一名成员负责。

13.8.6 地区政治委员会成员，如果违背本章程、党的纲领性文件、党的领导机关和（或）党的地区分部的决定，不履行党的领导机关和（或）党的地区分部的决定，并（或）作了其他损害党的政治利益的行为，将根据党总委员会主席团或党主席的决定，以本章程7.1.4.5的规定为基础，暂时中止其全权，直至举行相应的选举。

地区政治委员会成员，如果自愿放弃自己的全权、暂时中止或终止党员资格，如果违背本章程、党的纲领性文件、党的领导机关和（或）党的地区分部的决定，不履行党的领导机关和（或）党的地区分部的决定，并（或）作了其他损害党的政治利益的行为，可由地区政治委员会暂时中止其全权，直至举行相应的选举。

13.8.7 地区政治委员会会议每季度至少召集一次。地区政治委员会会议由地区分部书记召集，当书记缺席时，由他书面委托给其中一位副书记负责。

13.8.7.1 地区政治委员会非例行会议可根据地区政治委员会不少于三分之一成员的建议或根据地区政治委员会主席团的决定或党总委员会主席团的决定召集；

13.8.7.2 地区政治委员会会议，如果半数以上的地区政治委员会成员出席会议，就应视为合法有效；

13.8.7.3 地区政治委员会的决定需由地区政治委员会会议法定登记成员的多数投票通过（除本章程或俄罗斯联邦法律规定的情况外）。投票的形式和程序由地区政治委员会根据本章程或俄罗斯联邦法律的要求确定；

13.8.7.4 地区政治委员会的决定，如果违背本章程或党的纲领性文件或者党的上级领导机关的决定，可由党总委员会主席团取消；

13.8.7.5 地区执行委员会主席及其副主席，地区分部监察委员会成员有权出席地区政治委员会会议。

13.8.8 地区政治委员会

13.8.8.1 就该地区社会政治生活的最重要问题发表声明；

13.8.8.2 同国家权力机关、地方自治机关、政党、社会联合组织和其他组织以及任何法律组织形式的企业合作；

13.8.8.3 根据同党的中央执行委员会的协议，批准党的地区分部预算，包括地区执行委员会机关的机构、人员编制和工资基金，如果地方分部未获得法人资格则批准党的各地方分部的预算；

13.8.8.4 从地区政治委员会成员中经无记名投票选举地方政治委员会主席团；

13.8.8.5 协调党的地方政治委员会的活动；

13.8.8.6 向代表会议报告工作；

13.8.8.7 ［失效］；

13.8.8.8 就任命和解除地区执行委员会主席职务的候选人资格同党总委员会主席团和中央执行委员会，以及就任命党的地方执行委员会主席同党的中央执行委员会和地方政治委员会达成协议；

13.8.8.9 接收和开除党员，并向地区执行委员会和相应的地方（基层）分部通报所通过的决定；

13.8.8.10 地方分部和基层支部书记，在自愿放弃自己的全权、暂时中止或终止党员资格的情况下，通过决定暂时中止其全权，直至举行相应的选举；

在暂时中止地方分部书记全权的时期，地区政治委员会通过决定将书记的全权委托给其中一位副书记或地区政治委员会的一名成员，在暂时中止基层支部书记全权的时期，地区政治委员会通过决定将书记的全权委托给其中一位副书记或基层支部委员会的一名成员，在基层支部未成立委员会和（或）无副职的情况下委托给其中一位党员；

13.8.8.11 地方政治委员会成员、基层支部委员会成员，如果违背本章程、党的纲领性文件、党的领导机关和（或）党的地区分部的决定，不履行党的领导机关和（或）党的地区（地方）分部的决定，并（或）作了其他损害党的政治利益的行为，通过决定暂时中止其全权，直至举行相应的选举；

13.8.8.12 有权取消违背本章程和（或）党的纲领性文件或者党的上级机关的决定的相应的地方分部、地方政治委员会代表会议（全体会议）、基层支部全体会议和委员会的决定；

13.8.8.13 为了实施党的地区分部领导机关的决定并保证地区分部领导机关的活动，在批准地区分部预算的范围内，建立地区分部地区执行委员会机关；

13.8.8.14 根据同党的中央执行委员会的协议，批准党的地区分部地区执行委员会的预算，地区执行委员会机关的人员编制，如果地方分部未获得法人资格则批准党的各地方分部的预算；

13.8.8.15 通过建立、改组和取消相应的地方分部的决定；

13.8.8.16 建立地区的大众媒体；

13.8.8.17 就地区分部活动的其他问题通过属于自己权限内的决定。

13.8.9 地区政治委员会

13.8.9.1 将候选人开除出由党的地区分部在统一选区推荐的、由相应级别的选举委员会确认（登记）的候选人名单，召回党的地区分部在单席位（多席位）选区根据本章程10.12.6的理由推荐的候选人和登记为议员和其他经选举产生的职位的候选人，根据同党总委员会主席团的协议召回地区政治委员会在统一选区推荐的候选人名单；

13.8.9.2 根据同党总委员会主席团的协议，在复选和补选中经无记名投票推荐俄罗斯联邦相应主体国家立法（代表）权力机关议员候选人；

在俄罗斯联邦相应主体地方行政中心存在党的数个地方分部的情况下，在复选和补选中经无记名投票推荐该行政中心代表机关议员候选人；

在复选和补选中提出的俄罗斯联邦相应主体国家立法（代表）权力机关议员候选人，如果这些候选人人选在总委员会主席团得到相应文件的十日之内未被退回，则被视为通过；

13.8.9.3 向党的议员团差额（至少两位候选人）推荐俄罗斯联邦各主体地方行政中心首脑候选人人选，该候选人人选在俄罗斯联邦主体行政中心存在数个地方分部的情况下，通过从地方相应的代表机关的议员中挑选的方式来递补；

在这里，该决定由地区政治委员会以无记名投票方式作出。地区政治委员会会议有关上述决定的速记记录由党总委员会主席团签署；

13.8.9.4—13.8.9.5 ［失效］；

13.8.9.6 地区政治委员会负责协调：

13.8.9.6.1 地方政治委员会为地方分部代表会议（全体会议）或者地方政治委员会推荐下一届地方代表机关议员候选人而提出的候选人人选；

13.8.9.6.2 地方分部在地方分部代表会议（全体会议）或者地方政治委员会推荐出议员候选人（候选人名单）或地方自治机关其他经选举产生的职位的候选人的情况下提出的竞选纲领；

13.8.9.6.3 召回地方分部代表会议（全体会议）或者地方政治委员会在统一选区推荐的候选人（候选人名单）；

13.8.9.6.4 地方政治委员会在俄罗斯联邦法律规定的情况下向地方选举委员会提出的地方代表机关议员候选人人选的建议，以递补议员委任资格的空缺；

13.8.9.7 向总委员会主席团提出审查党的议员团（议员）推荐的俄罗斯联邦联邦会议联邦委员会成员职位——俄罗斯联邦主体国家立法（代表）权力机关议员候选人人选；

13.8.9.7.1—13.8.9.7.5 ［失效］；

13.8.9.8 在规定的程序内证明候选人的党的属性及其在党内的地位。

13.8.10 地区政治委员会有权通过地方分部参加地方自治机关选举的决定。党的相应地方分部必须履行上述决定。

13.8.10.1 在地区政治委员会通过相应的地方分部参加地方自治机关选举的决定的情况下，相应的地方政治委员会在地区政治委员会决定确定的期限内必须召集代表会议（全体会议），以推荐候选人或者必须独立地提出候选人（候选人名单）。

13.8.11 地区政治委员会

13.8.11.1 在法律规定的程序内，通过建立党在俄罗斯联邦相应主体国家立法（代表）权力机关和地方代表机关中的议员团（议会党团）的决定；

13.8.11.2 根据同党总委员会主席团的协议，可通过决定暂时中止或者终止违背党章或党纲或者不履行党的领导机关或其相应的分支机构的决定的党在俄罗斯联邦主体相应国家立法（代表）权力机关中的议员团的活动；

13.8.11.3 可通过决定暂时中止或者终止党在相应的地方代表机关中的议员团的活动；

13.8.11.4 根据党章 14.7.15.2 的理由，同意相应的地方政治委员会通过决定暂时中止或者终止党在地方代表机关中的议员团的活动；

13.8.11.5 受党总委员会主席团的委托，可根据俄罗斯联邦法律规定的情况和程序通过决定向法院提请声明确认下列事实，即是根据俄罗斯联邦法律召回俄罗斯联邦主体最高职位人员（俄罗斯联邦主体国家最高执行权力机关领导人）；

13.8.11.6 在俄罗斯联邦法律规定的情况下，根据同党总委员会主席团达成的协议，向俄罗斯联邦主体选举委员会建议俄罗斯联邦主体国家立法（代表）权力机关代表候选人人选，以递补议员委任资格的空缺。

13.8.12 党的地区分部书记

13.8.12.1 是党的地区分部最高负责人，由党的地区分部代表会议从会议代表中经无记名投票差额（至少两位候选人）选举产生。党的地区分部代表会议代表可列为候选人并可按自我推荐程序成为候选人；

无记名投票选举党的地区分部书记的程序由地区分部代表会议批准；

党的地区分部书记因职务进入地区政治委员会及其主席团；

13.8.12.2 在本章程 9.1.1 规定的程序下被选入党总委员会；

13.8.12.3 对党的地区政治委员会及其主席团的活动实施领导,划分地区政治委员会副主席及其成员之间的责任和全权;

13.8.12.4 主持地区政治委员会及其主席团会议;

13.8.12.5 保证将党代表大会、总委员会及其主席团的决定传达给每个党员;

13.8.12.6 保证履行党代表大会、党中央机关、地区分部代表会议和地区政治委员会的决定;

13.8.12.7 无须委托,在同法人和自然人的相互关系中代表地区分部利益;

13.8.12.8 在自己的权限内发放委托书,签署党的地区分部文件;

13.8.12.9 履行领导地区分部的其他全权,除属于地区分部其他机关权限的全权外;

13.8.12.10 向党的地区分部代表会议和地区政治委员会报告工作。

13.8.13 党的地区分部书记,在自愿放弃自己的全权、暂时中止或终止党员资格的情况下,可由党主席、党总委员会及其主席团暂时中止其全权,直至举行相应的选举。

在暂时中止党的地区分部书记全权的时期,党总委员会或其主席团通过决定将书记的全权委托其中的一位副书记或地区政治委员会的一名成员。

13.8.14 党的地区分部副书记在自己的权限内履行职责,对书记委托的工作负责并向他报告工作。

党的地区分部副书记的人数由地区政治委员会主席团根据党的地区分部书记的建议确定。党的地区分部副书记由地区政治委员会主席团从其成员中经无记名投票选举产生。

13.8.15 当书记缺席时,由其书面委托或根据党总委员会主席团的决定,其职责由地区分部一位副书记或地区分部地区政治委员会一名成员执行。

13.9 地区政治委员会主席团

13.9.1 地区政治委员会主席团是地区政治委员会会议休会期间党的地区分部选举产生的集体领导机关。

地区政治委员会主席团建立的宗旨是，除属于法人权利的全权外，就组织地区政治委员会的活动问题及时通过决定。

13.9.2 地区政治委员会主席团在地区政治委员会会议休会期间对地区分部的活动给予组织上的保证并在自己的权限内作出决定。

13.9.3 地区政治委员会主席团的人数和人员组成由党地区政治委员会确定。

13.9.4 地区政治委员会主席团成员由地区政治委员会从其成员中经无记名投票选举产生，任职期限不得超过地区政治委员会全权的期限。地区政治委员会成员可列为候选人并可按自我推荐程序为候选人。

13.9.5 地区政治委员会主席团的全权保存至地区政治委员会选举出新一届地区政治委员会主席团止。

被选入地区政治委员会主席团的党员在失去地区政治委员会成员地位的情况下，其作为地区政治委员会主席团成员的全权即被停止。在本章程规定的情况下，暂时中止地区政治委员会成员全权的同时即暂时中止其作为地区政治委员会主席团成员的全权。

13.9.6 领导地区政治委员会主席团活动及其召集会议由根据党章13.8.12.1选举出来的地区分部书记实施。

13.9.7 领导地区政治委员会主席团的活动，当书记缺席时，由他书面委托给其中一位副书记负责或根据党总委员会主席团的决定委托给其中一位副书记或者地区政治委员会主席团的一名成员负责。

13.9.7.1 地区政治委员会主席团成员，如果违背本章程、党的纲领性文件、党的和（或）党的地区分部领导机关的决定，不履行党的和（或）党的地区分部领导机关的决定，并（或）作了其他损害党的政治利益的行为，将根据党总委员会主席团或党主席的决定，以本章程7.1.4.5的规定为基础，暂时中止其全权，直至举行相应的选举。

地区政治委员会主席团成员，如果自愿放弃自己的全权，暂时中止或终止党员资格，如果违背本章程、党的纲领性文件、党的和（或）党的地区分部领导机关的决定，不履行党的和（或）党的地区分部领导机关的决定，并（或）作了其他损害党的政治利益的行为，可由地区政治委员会暂时中止其全权，直至举行相应的选举。

13.9.8 地区政治委员会主席团会议每月至少召集一次。地区政治委员会主席团会议，如果半数以上的地区政治委员会主席团成员登记并参加其工作，就应视为合法有效。如果本章程未作其他规定，会议决定由地区政治委员会主席团会议法定登记成员的多数公开投票通过。

地区执行委员会主席及其副主席，地区分部监察委员会成员有权出席地区政治委员会主席团会议。

13.9.9 地区政治委员会主席团向党的地区政治委员会和地区分部代表会议报告工作。

13.9.10 地区政治委员会主席团

13.9.10.1 起草反映党在地区社会政治生活最重要问题上的立场的声明；

13.9.10.2 决定召集地区政治委员会非例行会议；

13.9.10.3 同国家权力机关、地方自治机关、政党、社会联合组织和其他组织以及任何法律组织形式的企业合作；

13.9.10.4 负责：

——就任命地区执行委员会主席职务的候选人人选同党总委员会主席团和中央执行委员会，以及就任命地方执行委员会主席职务的候选人人选同党的中央执行委员会和地方政治委员会达成协议；

——就解除地区执行委员会主席的职务同党总委员会主席团和中央执行委员会，以及就解除党的地方执行委员会主席的职务同党的中央执行委员会和地方政治委员会达成协议；

13.9.10.5 协调党的各地方政治委员会的活动；

13.9.10.6 接收和开除党员，并向地区执行委员会和相应的地方（基层）分部通报所通过的决定；

13.9.10.7 经党的地区分部在单席位（多席位）选区推荐的候选人同意，在法律规定的期限和程序内有权变更选区，有关变更事宜首先由该候选人提出；

13.9.10.8 经党的地区分部在统一候选人名单中推荐的候选人同意，在法律规定的期限和程序内有权在任何单席位（多席位）选区推荐他；

13.9.10.9 任命党的地区分部的代理人，俄罗斯联邦相应主体选举委员会的观察员，以及停止上述人员的全权；

13.9.10.10 为任命地方选举委员会、选区和区域选举委员会有表决权的成员提名候选人；

13.9.10.11 任命地方选举委员会、选区和区域选举委员会有表决权的成员，俄罗斯联邦主体选举委员会的观察员，以及停止上述人员的全权；

13.9.10.12 在党的地方分部推举出俄罗斯联邦主体国家权力机关和地方自治机关候选人（候选人名单）的条件下，根据本章程13.7.7.6的规定，在存在地区分部代表会议相应决定的情况下，有权任命党的地区分部全权代表，包括财政问题的全权代表，以及停止其全权；

13.9.10.13 地方分部和基层支部书记，在自愿放弃自己的全权、暂时中止或终止党员资格的情况下，通过决定暂时中止其全权，直至举行相应的选举；

在暂时中止党的地方分部书记全权的时期，地区政治委员会主席团决定将书记的全权委托给其中一位副书记或地方政治委员会中的一名成员，在暂时中止党的基层支部书记全权的时期，地区政治委员会主席团决定将书记的全权委托给其中一位副书记或基层政治委员会中的一名成员，在基层支部未成立委员会和（或）无副职的情况下委托给其中一位党员；

党的地方政治委员会成员、基层支部委员会成员，如果违背本章程、党的纲领性文件、党的和（或）党的地区（地方）分部领导机关的决定，不履行党的和（或）党的地区（地方）分部领导机关的决定，并（或）

作了其他损害党的政治利益的行为，通过决定暂时中止其全权，直至举行相应的选举；

13.9.10.14 根据地区政治委员会的委托，就地方政治委员会提出的候选人人选达成协议，以便由地方分部代表会议（全体会议）或者地方政治委员会推荐议员和地方自治机关其他经选举产生的职位的候选人；

13.9.10.15—13.9.10.16 ［失效］；

13.9.10.17 根据地区政治委员会的委托，在地方分部代表会议（全体会议）或者地方政治委员会推荐议员候选人（候选人名单）或地方自治机关其他经选举产生的职位的候选人的情况下，协商地方分部的竞选纲领。

13.10 地区执行委员会

13.10.1 地区执行委员会是党的地区分部常设执行机关。

13.10.2 领导地区执行委员会活动的是党的地区分部地区执行委员会主席。

地区执行委员会主席，根据党总委员会主席团批准的地区执行委员会条例，形成地区执行委员会机关。

13.10.3 地区执行委员会主席，根据同党总委员会主席团和地区政治委员会或者地区政治委员会主席团达成的协议，被任命和解除其职务。

同地区执行委员会主席的劳动关系，在中央执行委员会关于任命地区执行委员会主席职务的指令的基础上，通过以党的地区分部的名义缔结劳动合同来确认。同地区执行委员会主席缔结的劳动合同，根据俄罗斯联邦法律其任职期限不得超过地区政治委员会行使全权的期限。在解除地区执行委员会主席职务的情况下，党中央执行委员会根据同党总委员会主席团和地区政治委员会或者其主席团的协议有权任命地区执行委员会代理全权主席。

13.10.4 党的地区分部地区执行委员会机关全体工作人员职务的任命和解除，应符合俄罗斯联邦法律并仅同他们缔结（解除）劳动合同，使用期不得超过地区政治委员会行使全权的期限。

13.10.5 俄罗斯联邦劳动和社会保障法适用于党的地区分部地区执行委员会主席及其机关工作人员。

13.10.6 地区执行委员会

13.10.6.1 在自己的权限内组织党的地区分部的活动；

13.10.6.2 在地区分部管辖区域内开展党代表大会、总委员会及其主席团、党地区分部代表会议、地区政治委员会确定的党的活动；

13.10.6.3 根据地区政治委员会的委托，制订党的地区分部和未获得法人资格的地方分部的预算案，并将其提交给地区政治委员会批准；

13.10.6.4 保证实施党及其党的地区分部的计划、纲领和行动计划；

13.10.6.5 在党的统一登记的基础上组织和进行党员的地区登记；

13.10.6.6 在地区范围内挑选候选人竞选国家权力机关和地方自治机关经选举产生的职位；

13.10.6.7 在党所在的俄罗斯联邦相应主体内保证开展选举运动；

13.10.6.8 保证筹备党的地区分部代表会议，地区政治委员会及其主席团会议；

13.10.6.9 根据同党的中央执行委员会、地区政治委员会或其主席团以及党的地方政治委员会的协议，任命（订立定期劳动合同）和解除（免除）无法人资格的党的地方分部地方执行委员会主席的职务；

13.10.6.10 处理党的地区分部的公文，协助基层和地方分部处理公文；

13.10.6.11 实施其他职能，除属于党的地区分部其他机关特别职能的全权外。

13.11 地区监察委员会

13.11.1 地区监察委员会对党的地区分部遵守党章、履行党的和党的地区分部领导机关决定及党的地区分部金融经营活动的情况进行监督。

根据同党总委员会主席团协商确定的计划表，对地方分部和基层支部进行综合检查，每年度不少于一次。

由党的地区分部地区政治委员会或其主席团提议，根据地区监察委员会同地区分部书记达成的决定，对党的地方分部和基层支部进行其他检查。

13.11.2　地区监察委员会经地区分部代表会议法定登记代表的多数无记名投票选举产生（预先选出），任期五年。地区监察委员会的人员组成由党地区分部代表会议决定。

地区监察委员会的全权保存至地区分部代表会议选出新一届地区监察委员会止。

地区监察委员会主席从地区监察委员会成员中经无记名投票差额（至少两个候选人）选举产生。地区监察委员会成员可列为候选人并可按自我推荐程序成为候选人。

地区监察委员会主席选举程序在举行选举的情况下经地区监察委员会批准的无记名投票程序确定。

地区监察委员会主席，在自愿放弃全权、暂时中止或终止党员资格的情况下，可由党主席或者中央监察委员会根据同党主席的协议，提前解除其职务。

在提前停止地区监察委员会主席全权的情况下，党主席、中央监察委员会可任命地区监察委员会代理全权主席。

13.11.3　地区监察委员会向党地区分部代表会议报告工作。

13.11.4　地区监察委员会在自己的活动中遵循同中央监察委员会达成协议的和党地区分部代表会议批准的地区监察委员会条例。

13.11.5　地区监察委员会成员不可成为党及其分支领导机关的成员，不可进入跨地区协调委员会，也不可成为党的中央执行委员会、地区分部及其他分支机构地区执行委员会机关的工作人员。

13.12　党的跨地区协调委员会

13.12.1　党的跨地区协调委员会在党总委员会主席团批准的条例的基础上在俄罗斯数个主体的范围内行事。

13.12.2　党的跨地区协调委员会主席及其副主席和党地区分部书记进入党的跨地区协调委员会。

13.12.3 党的跨地区协调委员会主席及其副主席由党总委员会主席团任命和解职。

13.12.4 党的跨地区协调委员会主席及其副主席不能同时兼任党的地区分部书记职务。

13.12.5 党的跨地区协调委员会会议每季度至少召集一次。党的跨地区协调委员会会议，如果半数以上的成员参加，就应视为合法有效。

13.12.6 党的跨地区协调委员会主席

13.12.6.1 组织党的跨地区协调委员会的活动；

13.12.6.2 召集和举行党的跨地区协调委员会会议；

13.12.6.3 在同国家权力机关和地方自治机关、各种组织、社会联合组织、俄罗斯联邦各主体经济促进协会以及媒体的相互联系中代表党的跨地区协调委员会；

13.12.6.4 根据党中央机关的建议参加其会议；

13.12.6.5 当主席缺席时，由他委托给其中的一位副主席代行他的全权。

13.12.7 党的跨地区协调委员会

13.12.7.1 在自己的权限内协调党的地区分部的活动；

13.12.7.2 协助解决党的地区分部的党建问题；

13.12.7.3 同俄罗斯联邦各主体国家权力机关和地方自治机关建立联系；

13.12.7.4 对党的干部和国家权力机关和地方自治机关的干部进行评估，向党的中央机关就干部问题提出建议；

13.12.7.5 培训和提高相应地区党的干部后备力量的能力。

14. 党的地方分部

14.1 地方分部是党的分支机构，通常在俄罗斯联邦一个主体管辖的相应的地级区域的范围内，包括市镇区、城区或者联邦直辖市所属各区内开展自己的活动。

14.1.1 地方分部在个别情况可根据党总委员会的决定建立，在俄罗斯联邦一个主体管辖的地级的部分或混合的区域内，考虑到所属区域的特殊性开展自己的活动。

14.1.2 建立地方分部的决定应该包括地方分部活动范围的信息。地方分部活动的范围不应越过其他地方分部的活动范围。地方分部活动的区域不应包括其他地方分部的全部或部分的活动区域，除本章程14.1.1规定的情况外。

14.1.3 地方分部在联邦级城市（莫斯科和圣彼得堡）和其他大城市建立和开展活动的特殊性遵照党总委员会主席团批准的条例执行。

14.2 地区分部通常根据党的地区政治委员会的决定建立，在其他情况下根据符合本章程14.1.1规定的党总委员会主席团的决定建立。

14.2.1 党的地方分部自按照俄罗斯联邦法律规定的程序同党总委员会主席团达成协议时起即获得法人资格。

14.2.2 改组党的地方分部的决定需经党的地区政治委员会会议法定登记人数的多数公开投票作出。地方分部无权独立通过改组和取消组织的决定。

14.2.3 党的地方分部可根据总委员会、地区政治委员会的决定，也可根据法院在法律规定的情况下作出的决定以及党被取消的情况下取消。

14.3 党对地方分部的领导由地方分部领导机关——地方分部代表会议（全体会议）和地方政治委员会实施。

14.4 党的地方分部及其机关在自己的活动中必须遵守本章程和党中央机关的决定以及俄罗斯联邦法律，包括在程序、期限和范围内履行俄罗斯联邦法律规定给政党的相应的分支机构的义务。

14.5 党的地方分部最高领导机关是代表会议（全体会议）

14.5.1 党的地方分部代表会议（全体会议）由地方政治委员会召集，一年至少一次。

14.5.2 非例行代表会议（全体会议），根据党总委员会主席团、地区政治委员会、地方政治委员会、地方监察委员会的决定，或三分之一以上的党的基层支部或者在党地方分部登记的三分之一以上的党员的书面建议召集。

党总委员会、总委员会主席团、中央监察委员会成员,党中央执行委员会主席、副主席、代表,地区政治委员会、地区监察委员会成员,地区执行委员会主席、代表有权参加地方分部代表会议(全体会议)的工作。

14.5.3 召集代表会议(全体会议)的决定通常在会议召开前一周作出。召集代表会议(全体会议)的决定应该确定:开会的时间和地点,代表产生的名额分配,会议议程。

14.5.4 代表会议代表由党的基层支部全体会议根据召开代表会议的决定所确定的代表名额分配选举产生。除所确定的代表名额分配外,代表会议的当然代表有:地方政治委员会成员,地方执行委员会主席,地方监察委员会和党的上级机关和监察机关成员。

14.5.5 代表会议(全体会议)代表由半数以上的基层支部选派,如果没有基层支部由半数以上的地方分部成员选派,所选派的代表如果有半数以上登记和参加代表会议(全体会议)的工作,代表会议(全体会议)应视为合法有效。

14.5.5.1 代表会议(全体会议)的决定需由代表会议(全体会议)法定登记代表的多数投票通过(除俄罗斯联邦法律规定的情况外)。投票的形式和程序由代表会议(全体会议)根据本章程或俄罗斯联邦法律的要求确定;

14.5.5.2 地方分部代表会议(全体会议)的决定,如果违背本章程或党的纲领性文件或者党的上级机关的决定,可由党地区分部地区政治委员会以及党总委员会主席团取消。

14.6 代表会议(全体会议)的权限有:

14.6.1 根据本章程14.9.1规定的程序选举党的地方分部书记,选举(预选)地方政治委员会成员;

14.6.2 选举(预选)地方监察委员会成员并规定行使全权的期限;

14.6.3 审议和批准地方政治委员会和地方监察委员会报告;

14.6.4 选举党的地区分部代表会议代表;

14.6.5 以无记名投票方式：

14.6.5.1 根据同地区政治委员会或者其主席团的协议，在本章程13.9.10.14 规定的情况下，推荐议员或地方自治机关其他经选举产生的职位的候选人（候选人名单）（如果本章程未规定其他程序的话），除存在数个地方分部的俄罗斯联邦相应各主体地方行政中心代表机关议员的候选人（候选人名单）外；

在这里，地级乡镇和城市居民区议员和地方自治机关其他经选举产生的职位的候选人（候选人名单），如果这些候选人人选在地区政治委员会或其主席团得到相应文件的十日之内未被退回，则被视为通过；

地方分部在解决与参加地方代表机关议员选举有关的问题时，其议员委任资格要在竞选联盟提出的候选人名单中间进行特别分配，非本党党员或者某个政党的党员，在建议将他们纳入相应的候选人名单时应有不少于十位党员的支持，并与其他建议纳入相应的候选人名单的候选人一样必须经地区分部代表会议审查；

14.6.5.2 在俄罗斯联邦相应主体地方行政中心存在一个地方分部的情况下，从党内预选产生的候选人中差额（至少两位候选人）推荐该行政中心首脑职位的候选人，其程序由地区政治委员会批准的相应条例确定。代表会议（全体会议）关于推举上述候选人的速记记录由党总委员会主席团签署；

14.6.6 在地方分部代表会议推荐议员或地方自治机关其他经选举产生的职位的候选人（候选人名单）的情况下，根据同地区政治委员会的协议，通过地方分部竞选纲领并决定按法律规定的程序公布这一纲领；

14.6.7 根据同地区政治委员会的协议，决定召回地方分部代表会议（全体会议）在统一选区推荐的候选人（候选人名单）；

召回俄罗斯联邦主体地方行政中心首脑候选人的决定，根据同总委员会主席团和地区政治委员会的协议作出；

14.6.8 任命和停止党的地方分部全权代表，包括财政问题的全权代表的全权；

14.6.9 授权地方政治委员会任命和停止党的地方分部全权代表，包括财政问题的全权代表的全权；

14.6.10 地方分部代表会议（全体会议）有权审议和决定地方分部活动的任何问题，除本章程所纳入的属于党的领导机关和地区分部权限的问题外。

14.7 地方政治委员会

14.7.1 地方政治委员会是党的地方分部常设集体领导机关。

14.7.2 地方政治委员会从党员中，包括从基层支部代表中经代表会议（全体会议）法定登记代表的多数无记名投票选举产生，任期五年。根据党章14.7.2.1确定的地方政治委员会成员的总数，从基层支部代表中选举出不少于地方政治委员会30%的成员，地方政治委员会的人员应每年一次更新（轮替）其中的10%。

在选入地方政治委员会的成员不再担任基层支部书记的情况下，他作为地方政治委员会成员的全权可由地方政治委员会暂时停止，直到举行例行（非例行）地方分部代表会议（全体会议）并通过相应决定。

14.7.2.1 地方政治委员会成员的人员组成根据同地区政治委员会的协议确定；

14.7.2.2 地方政治委员会的全权保存至地方分部代表会议（全体会议）选出新一届地方政治委员会止。

14.7.3 地方政治委员会从自己的成员当中经地方政治委员会会议法定登记成员的多数无记名投票选举产生地方分部的副书记。

14.7.3.1 党的地方分部书记由地方分部代表会议（全体会议）从代表会议代表（全体会议的参加者）中经法定多数的地方政治委员会代表会议代表（全体会议的参加者）经无记名投票差额（至少两位候选人）选举产生。相应代表会议代表（全体会议的参加者）可列为候选人并可按自我推荐程序成为候选人；

14.7.3.2 地方分部副书记由地方政治委员会选举，人数由地方政治委员会根据党的地方分部书记的建议确定；

14.7.3.3 地方政治委员会成员，如果违背本章程、党的纲领性文件、党领导机关和（或）党地区分部的决定，不履行党领导机关和（或）党地区分部的决定，并（或）作了其他损害党的政治利益的行为，将根据党总委员会主席团、地区政治委员会及其主席团或党主席的决定，以本章程7.1.4.5 的规定为基础，暂时中止其全权，直至举行相应的选举；

地方政治委员会成员，如果自愿放弃自己的全权、暂时中止或终止党员资格，如果违背本章程、党的纲领性文件、党领导机关和（或）党地区分部的决定，不履行党领导机关和（或）党地区分部的决定，并（或）作了其他损害党的政治利益的行为，可由地方政治委员会暂时中止其全权，直至举行相应的选举。

14.7.4 地方政治委员会会议在必要时举行，但每季度不得少于一次。地方政治委员会会议由地方分部书记召集，当书记缺席时，由他书面委托给其中一位副书记负责。地方政治委员会会议，如果半数以上的地方政治委员会成员出席会议，就应视为合法有效。地方执行委员会主席及其副主席、地方监察委员会成员可以出席地方政治委员会的各次会议。

14.7.4.1 地方政治委员会的决定需由地方政治委员会会议法定登记成员的多数投票通过（除本章程规定的情况外）。投票的形式由地方政治委员会确定；

14.7.4.2 地方政治委员会的决定，如果违背本章程或党的纲领性文件或者党的上级机关的决定，可由地区政治委员会会议或党总委员会主席团取消。

14.7.5 在地方分部获得法人资格的情况下，地方政治委员会以党的地方分部的名义实现法人的权利并根据党章和俄罗斯联邦法律履行其义务。

14.7.6 地方政治委员会

14.7.6.1 同国家权力机关、地方自治机关、政党、社会联合组织和其他组织以及任何法律组织形式的企业合作；

14.7.6.2 协调党的基层支部的活动；

14.7.6.3 向代表会议（全体会议）报告自己的工作；

14.7.6.4 接收和开除党员，并向地区执行委员会和相应的基层支部通报所通过的决定。

14.7.7 通过建立、改组和取消在地方分部活动区域内的基层支部的决定；

14.7.8 基层支部书记，在自愿放弃自己的全权、暂时中止或终止党员资格的情况下，通过决定暂时中止其全权，直至举行相应的选举。

在暂时中止基层支部书记全权的时期，地方政治委员会决定将书记的全权委托给其中一位副书记或基层支部委员会的一名成员，在基层支部未成立委员会和（或）无副职的情况下委托给其中一位党员。

14.7.9 基层支部委员会成员，如果违背本章程、党的纲领性文件、党领导机关和（或）党地区（地方、基层）分部的决定，不履行党领导机关、党地区（地方、基层）分部的决定，并（或）作了其他损害党的政治利益的行为，通过决定暂时中止其全权，直至举行相应的选举。

14.7.10 由于违背本章程和（或）党的纲领性文件，或者党的上级领导机关的决定，有权取消相应地方分部全体会议、委员会（书记）的决定。

14.7.11 地方政治委员会在地方分部获得法人资格的情况下：

14.7.11.1 批准党的地方分部预算以及基层支部预算；

14.7.11.2 为了保证党的地方分部领导机关的活动，履行党的中央机关和地区分部领导机关的决定，在批准预算的范围内，建立党的地方分部地方执行委员会机关；

同党的中央执行委员会、地区政治委员会或其主席团就任命党的地方执行委员会主席的候选人和解除该职务达成协议。

14.7.12 就地方分部活动的其他问题作出决定，除本章程所纳入的属于党和地区分部的领导机关、地方分部代表会议（全体会议）的权限的问题外。

14.7.13 在自己管辖的区域内筹备和开展党及其地区分部参加的选举

运动。

14.7.14 地方政治委员会在符合俄罗斯联邦法律的条件下：

14.7.14.1 根据同地区政治委员会或者其主席团的协议，在本章程13.9.10.14 规定的情况下，经无记名投票推荐议员和地方自治机关其他经选举产生的职位的候选人（候选人名单）（如果本章程未规定其他程序的话）；

地级乡镇和城市居民区议员或地方自治机关其他经选举产生的职位的候选人（候选人名单），如果这些候选人人选在地区政治委员会或其主席团得到相应文件的十日之内未被退回，则被视为通过；

14.7.14.2 向党的议员团差额（至少两位候选人）推举出俄罗斯联邦各主体地方行政中心首脑候选人人选，该候选人人选在该行政中心存在一个地方分部的情况下，通过从地方相应的代表机关的议员中挑选的方式来递补；

地方政治委员会以无记名投票方式作出这一决定。地方政治委员会会议包含上述决定的速记记录由党总委员会主席团签署；

14.7.14.3 根据同地区政治委员会的协议，在地方政治委员会推荐议员和地方自治机关其他经选举产生的职位的候选人（候选人名单）的情况下，通过地方分部竞选纲领并决定按法律规定的程序公布这一纲领；

14.7.14.4 召回地方政治委员会在统一选区推荐的候选人（候选人名单）；

召回俄罗斯联邦主体地方行政中心首脑候选人的决定，根据同总委员会主席团和地区政治委员会的协议作出；

14.7.14.5 在俄罗斯联邦法律规定的情况下，根据同相应的地区政治委员会达成的协议，向地方选举委员会建议地方代表机关议员的候选人人选，以递补议员委任资格的空缺；

14.7.14.6 俄罗斯联邦相应主体地方行政中心首脑候选人，在该行政中心存在一个地方分部的情况下，从党内预选产生的候选人中经无记名投票差额（至少两位候选人）推举产生，其程序由地区政治委员会批准的相应条例确定。地方政治委员会会议关于推举上述候选人的速记记录由党总委员会主席团签署。

14.7.15 地方政治委员会

14.7.15.1 通过同地区政治委员会协商的决定，以法律规定的程序在存在一个党的地方分部的地方相应的代表机关中建立党的议员团（议会党团）；

14.7.15.2 根据同党地区政治委员会的协议，可通过决定暂时中止或者终止违背党章或党纲或者不履行党的领导机关或其相应的分支机构决定的党在地方代表机关中的议员团的活动。

14.8 地方政治委员会

14.8.1 在由地方政治委员会推荐议员和地方自治机关其他经选举产生的职位的候选人（候选人名单）或者存在地方分部代表会议相应决定的情况下，任命党的地方分部全权代表，包括财政问题的全权代表和停止他们的全权；

14.8.2 根据同地区政治委员会的协议，在复选和补选中经无记名投票推荐议员和地方自治机关其他经选举产生的职位的候选人；

14.8.3 将党的地方分部推荐的、由相应级别的选举委员会确认的（登记的）候选人开除出候选人名单，根据本章程 10.12.6 的理由召回地方分部在单席位（多席位）选区推荐的、登记为议员和其他经选举产生的职位的候选人；

14.8.4 经党的地方分部在单席位（多席位）选区推荐的候选人同意，在法律规定的期限和程序内有权变更选区，有关变更事宜首先由该候选人提出；

14.8.5 经党的地方分部在统一候选人名单中推荐的候选人同意，在法律规定的期限和程序内有权在任何单席位（多席位）选区推荐他；

14.8.6 任命党的地方分部的代理人和停止他们的全权；

14.8.7 为任命投票站选举委员会有表决权的成员提名候选人；

14.8.8 任命投票站选举委员会有发言权的成员并停止他们的全权；

14.8.9 在进行联邦、地区和地方选举时，任命地方选举委员会，相应级别的选区、区域和投票站选举委员会的观察员，以及停止上述人员的全权；

14.8.10 在规定的程序内证明候选人的党的属性及其在党内的地位。

14.9 党的地方分部书记

14.9.1 是党的地方分部最高负责人，由党的地方分部代表会议（全体会议）从会议代表（全体会议的参加者）中经无记名投票差额（至少两位候选人）选举产生。党的地区分部代表会议代表（全体会议的参加者）可列为候选人并可按自我推荐程序成为候选人。无记名投票选举党的地方分部书记的程序由党的地方分部代表会议（全体会议）批准；

党地方分部书记因职务进入地方政治委员会；

14.9.2 对党地方政治委员会的活动实施领导；

14.9.3 主持地方政治委员会会议；

14.9.4 向党地方分部代表会议和地方政治委员会报告工作。

14.9.5 起草地方政治委员会决定；

14.9.6 无须委托，在同法人和自然人的相互关系中代表地方分部的利益；

14.9.7 在自己的权限内签署党的地方分部文件；

14.9.8 在地方分部获得法人资格的情况下，受托完成具有法律效力的行动；

14.9.9 划分地方分部副书记和地方政治委员会成员之间的责任；

14.9.10 保证将党代表大会、总委员会及其主席团、地区和地方分部代表会议、地区和地方政治委员会的决定传达给每个党员并履行这些决定；

14.9.11 履行领导地方分部的其他全权，除属于地方分部其他机关权限的全权外。

14.10 党的地方分部副书记在自己的权限内履行职责，对书记委托的工作负责并向他报告工作。

当书记缺席时，由其书面委托或根据党地区政治委员会或党总委员会主席团的决定，其职责由党地方分部一位副书记或地方分部地区政治委员会一名成员执行。

14.11 党地方分部书记，在自愿放弃自己的全权、暂时中止或终止党员资格的情况下，可由党主席、党总委员会及其主席团、地区政治委员会或其主席团暂时中止其全权，直至举行相应的选举。

在暂时中止党地方分部书记的全权的时期，党总委员会或其主席团、党地区政治委员会或其主席团可决定将书记的全权委托给其中一位副书记或地方政治委员会的一名成员。

14.12 地方执行委员会

14.12.1 地方执行委员会是党的地方分部常设执行机关；

14.12.2 地方执行委员会主席，根据同党中央执行委员会、地区政治委员会或其主席团和地方政治委员会达成的协议，被地区执行委员会任命和解除其职务；

14.12.3 地方执行委员会，根据党总委员会主席团批准的地区和地方执行委员会条例，由地方执行委员会主席组建；

14.12.4 党的地方执行委员会主席及全体工作人员职务的任命（解除），应符合俄罗斯联邦法律并仅以党的地区分部的名义同他们缔结（解除）劳动合同，任职期限不得超过地方政治委员会行使全权的期限；

在地方分部获得法人资格的情况下，党的地方执行委员会主席及全体工作人员职务的任命（解除），应符合俄罗斯联邦法律并仅以党的地方分部的名义同他们缔结（解除）劳动合同，任职期限不得超过地方政治委员会行使全权的期限；

14.12.5 俄罗斯联邦劳动和社会保障法适用于党的地方执行委员会机关全体工作人员。

14.13 地方执行委员会

14.13.1 组织党的地方分部的活动；

14.13.2 实施党的地方分部的具体计划、纲领和行动计划；

14.13.3 在地级范围内挑选候选人竞选地方自治机关经选举产生的职位；

14.13.4 参加组织所辖地区党参加的选举运动，推荐参加选举委员会成员的候选人；

14.13.5 为筹备党的地方分部代表会议（全体会议）、地方政治委员会会议提供保证；

14.13.6 根据地方政治委员会的委托，制订党的地方分部以及基层支部的预算草案，并在地方分部获得法人资格的情况下提交地方政治委员会批准；

14.13.7 实施其他职能，除属于党的地方分部其他机关的特别权限外；

14.13.8 组织和进行地方分部的党员登记。

14.14 地方监察委员会

14.14.1 地方监察委员会对党的地方分部遵守党章、履行党的和党的相应的地区和地方分部领导机关决定的情况进行监督；

根据同党的地方分部地方政治委员会协商确定的计划表，对基层支部进行综合检查，每年度至少一次；

由党地方分部地方政治委员会提议，根据地方监察委员会同党地方分部书记达成的决定，对党的基层支部进行其他检查。

14.14.2 地方监察委员会经地方分部代表会议（全体会议）法定登记代表的多数无记名投票选举产生，任期五年。地方监察委员会的人员组成由党的地方分部代表会议（全体会议）决定；

地方监察委员会的全权保存至党的地方分部代表会议（全体会议）选出新一届地方监察委员会止；

地方监察委员会主席从地方监察委员会成员中经无记名投票差额（至少两个候选人）选举产生。地方监察委员会成员可列为候选人并可按自我推荐程序成为候选人；

地方监察委员会主席选举程序在举行选举的情况下经地方监察委员会

批准的无记名投票程序确定；

地方监察委员会主席，在自愿放弃全权、暂时中止或终止党员资格的情况下，可由党主席或者中央监察委员会或者地区监察委员会根据同党主席的协议提前解除其职务；

在提前停止地方监察委员会主席全权的情况下，党主席、中央监察委员会主席或地区监察委员会主席可任命地方监察委员会代理全权主席；

14.14.3 地方监察委员会向党的地方分部代表会议（全体会议）报告工作；

14.14.4 地方监察委员会在自己的活动中遵循同地区监察委员会达成协议的和党地方分部代表会议（全体会议）批准的地区监察委员会条例；

14.14.5 地方监察委员会成员不可成为党及其分支领导机关的成员，不可进入跨地区协调委员会，也不可成为党的中央执行委员会、地区分部及其他分支机构执行委员会机关的工作人员。

15. 党的基层支部

15.1 基层支部是党的分支机构——党员自愿联合的形式。基层支部根据党章无须成为法人即可开展自己的活动。

15.2 党的基层支部根据地方政治委员会的决定建立和改组。取消党的基层支部的决定由地方或地区政治委员会作出，或者在党取消的情况下由法院根据法律规定的情况作出。

15.3 领导党的基层支部机关的是全体会议和党的基层支部委员会（书记）。

15.4 党的基层支部最高领导机关是基层支部全体会议。

15.5 基层支部全体会议由基层支部委员会（书记）召集，通常每季度至少一次。不超过五十名党员的基层支部全体会议由基层支部书记召集。

基层支部非例行全体会议根据地区政治委员会主席团或地方政治委员会的决定，或者在基层支部登记的三分之一以上的党员的书面建议召集。

15.6 如果半数以上的在基层支部登记的党员登记和参加基层支部全

体会议的工作，基层支部全体会议应视为合法有效。会议决定由全体会议法定登记党员的多数通过（除本章程和联邦法律规定的情况外）。投票的程序和形式由基层支部全体会议根据本章程或俄罗斯联邦法律的要求确定。

党的基层支部委员会经全体会议法定登记党员的多数无记名投票选举产生，任期五年。

15.7 基层支部全体会议的决定如果违背本章程或党纲或者党的上层机关的决定，可由地方分部地方政治委员会或地区分部地区政治委员会取消。

15.8 基层支部全体会议

15.8.1 根据本章程15.10.7.1，15.13.3规定的程序，选举任期为五年的党的基层支部书记，在基层支部人数超过五十人的情况下选举基层支部常设领导机关基层支部委员会；

15.8.2 选举参加党的基层支部代表会议代表；

15.8.3 根据党的基层支部上级领导机关的决定确定其主要任务和优先方向；

15.8.4 确定党的基层支部委员会的人员组成；

15.8.5 ［失效］；

15.8.6 批准党的基层支部委员会（书记）和监察委员会的报告；

15.8.7 将推荐议员及国家权力机关和地方自治机关其他经选举产生的职位的候选人人选的建议提交地方政治委员会审议；

15.8.8 ［失效］；

15.8.9 全体会议有权审议和决定基层支部活动的任何问题，除本章程所纳入的属于党的、地区和地方分部领导机关权限的问题外。

15.9 党的基层支部委员会是党的基层支部常设集体领导机关。

党的基层支部委员会经全体会议法定登记党员的多数无记名投票选举产生，任期五年。

党的基层支部委员会的全权保存至基层支部全体会议选出新一届委员

会止。

15.9.1 党的基层支部委员会向党的基层支部委员会全体会议报告自己的活动。

15.9.2 党的基层支部委员会会议在必要时通常每月举行一次，但每季度不得少于一次。党的基层支部委员会会议，如果半数以上的委员会成员出席，就应视为合法有效，会议决定由会议法定登记代表的多数通过。投票的形式由基层支部委员会确定。

15.9.3 基层支部委员会（书记）的决定，如果违背本章程或党纲或者党的上级机关的决定，可由地方分部地方政治委员会或地区分部地区政治委员会取消。

15.10 党的基层支部委员会

15.10.1 组织履行党的基层支部全体会议和党的领导机关的决定；

15.10.2 组织制订有关党的基层支部活动主要方向的计划和建议并保证其实施；

15.10.3 通过召集党的基层支部全体会议的决定并保证其筹备和实施；

15.10.4 代表基层支部全体会议报告自己的年度工作；

15.10.5 委托基层支部党员必须完成自己分部的任务，监督执行情况，组织和实施党的基层支部的党员登记；

15.10.6 就基层支部活动的其他问题通过决定，除本章程所纳入的属于党的、地区和地方分部领导机关以及基层支部全体会议权限的问题外；

15.10.7 党的基层支部书记

15.10.7.1 是党的基层支部最高负责人，由党的基层支部全体会议从与会代表中经无记名投票差额（至少两位候选人）选举产生。党的基层支部全体会议代表可列为候选人并可按自我推荐程序成为候选人；

无记名投票选举党的基层支部书记的程序由基层支部全体会议批准；

党的基层支部书记因职务进入基层支部委员会；

党的基层支部书记，在自愿放弃自己的全权、暂时中止或终止党员资格的情况下，可由地区政治委员会及其主席团、地方政治委员会暂时中止其全权，直至举行相应的选举；

在暂时中止党的基层支部书记全权的时期，党的地区政治委员会或其主席团、地方政治委员会可决定将书记的全权委托给其中一位副书记或其委员会的一名成员；

15.10.7.2 在基层支部全体会议（委员会会议）休会期间对党的基层支部的活动实施领导；

15.10.7.3 主持基层支部委员会会议；

15.10.7.4 向基层支部全体会议和委员会报告工作；

15.10.7.5 起草委员会决定草案；

15.10.7.6 无须委托，在同法人和自然人的相互关系中代表基层支部利益；

15.10.7.7 在自己的权限内签署党的基层支部文件；

15.10.7.8 划分党的基层支部副书记和委员会成员之间的责任；

15.10.7.9 保证将党代表大会和其他领导机关、地区和地方分部代表会议、地区和地方政治委员会、基层支部全体会议（委员会）的决定传达给每个党员；

15.10.7.10 向地方和地区分部的上级领导机关通报召集基层支部全体会议的情况及其结果；

15.10.7.11 核算进入基层支部的党员的支出和党费情况；

15.10.7.12 履行领导基层支部的其他全权，除属于基层支部其他机关权限的全权外。

15.11 党的基层支部副书记的人数经委员会法定登记成员的多数无记名投票确定。

党的基层支部副书记在自己的权限内履行职责，对书记委托的工作负责并向他报告工作。

当书记缺席时，由其书面委托或根据地方政治委员会或地区政治委员会的决定，其职责由党的基层支部一位副书记或基层支部委员会一名成员执行。

15.12 基层支部委员会成员，如果违背本章程、党的纲领性文件、党的和（或）党的地区（地方、基层）分部领导机关的决定，不履行党的和（或）党的地区（地方、基层）分部领导机关的决定，并（或）作了其他损害党的政治利益的行为，可根据党的地区政治委员会及其主席团或地方政治委员会的决定暂时中止其全权，直至举行相应的选举。

基层支部委员会成员，如果自愿放弃自己的全权、暂时中止或终止党员资格，如果违背本章程、党的纲领性文件、党的和（或）党的地区（地方、基层）分部领导机关的决定，不履行党的和（或）党的地区（地方、基层）分部领导机关的决定，并（或）作了其他损害党的政治利益的行为，可由基层支部委员会暂时中止其全权，直至举行相应的选举。

15.13 人数不超过五十人的党的基层支部

15.13.1 人数不超过五十人的党的基层支部的领导机关是党员全体会议；

15.13.2 在基层支部委员会休会期间党的基层支部书记领导其活动；

15.13.3 党的基层支部书记是党的基层支部最高负责人，由党的基层支部全体会议从会议代表中（通常）经无记名投票差额（至少两位候选人）选举产生；

参加基层支部全体会议的党员可列为候选人并可按自我推荐程序成为候选人；

无记名投票选举党的基层支部书记的程序由基层支部全体会议批准；

党的基层支部书记，如果自愿放弃自己的全权、暂时中止或终止党员资格，可由党的地区政治委员会或其主席团、地方政治委员会暂时中止其全权，直至举行相应的选举；

在暂时中止党的基层支部书记全权的时期，党地区政治委员会或其党主席团、地方政治委员会可决定将书记的全权委托给其中一位副书记或委员会的一名成员；

15.13.4 人数不超过五十人的党的基层支部书记：

15.13.4.1 向基层支部全体会议报告工作；

15.13.4.2 起草全体会议决定草案；

15.13.4.3 无须委托，在同法人和自然人的相互关系中代表基层支部利益；

15.13.4.4 在自己的权限内签署党的基层支部文件，并作必要的文件登记和保管；

15.13.4.5 分配党员间的义务，组织和实施基层支部党员登记；

15.13.4.6 保证将党代表大会和其他领导机关、地区和地方分部代表会议、地区和地方政治委员会、基层支部全体会议的决定传达给每个党员并履行上述决定；

15.13.4.7 向党的地方和地区分部领导机关通报召集基层支部全体会议的情况及其结果；

15.13.4.8 核算进入基层支部党员的支出和党费；

15.13.5 履行领导基层支部的其他全权，除属于基层支部权限的全权外；

15.13.6 在书记缺席时，由其书面委托或根据党的地方政治委员会或者地区政治委员会的决定，其职责由基层支部全体会议通常经无记名投票选举产生的一位副书记或由基层支部的一名成员执行；

党的基层支部副书记在自己的权限内履行职责，对书记委托的工作负责并向他报告工作；

15.13.7 ［失效］。

15.14 基层支部监察人员

15.14.1 基层支部监察人员（以下简称——监察人员）对党的基层支部遵守党章、履行党的和党的分支机构领导机关决定的情况进行监督；

15.14.2 监察人员一般需经基层支部全体会议法定登记代表的多数无记名投票选举产生，任期五年；

15.14.3 监察人员向基层支部全体会议报告工作；

15.14.4 监察人员的监察活动程序由符合地方监察委员会规定的和由

基层支部全体会议批准的党的基层支部监察人员条例确定；

15.14.5 监察人员不可成为根据党的基层支部全体会议决定选出的基层支部委员会成员，不可成为党的、地区和地方分部其他领导机关的成员，不得进入跨地区协调委员会，不得成为中央执行委员会机关、地区分部及其他分支机构机关的工作人员。

16. 党在国家立法（代表）权力机关和地方代表机关的议员和议员团

16.1 根据党总委员会主席团以及地区和地方政治委员会的决定，本党党员的议员（以下简称议员）以及根据联邦（统一）候选人名单、根据单席位和多席位选区推荐的党的候选人名单选出的非本党党员的议员，按照法律规定的程序可在国家立法（代表）权力机关和地方代表机关中建立党的议员团（议会党团）。

16.2 按照法律规定，非本党党员的议员可以进入党在俄罗斯联邦联邦会议国家杜马的议员团或党在国家立法（代表）权力机关和地方代表机关中的议员团（以下简称党的议员团）。

16.3 议员参加俄罗斯联邦相应主体的国家立法（代表）权力机关和地方代表机关的其他议员团由党总委员会主席团批准的党的议员团条例决定。

16.4 俄罗斯联邦联邦会议国家杜马主席的候选人由党在俄罗斯联邦联邦会议国家杜马党团根据党代表大会的建议推荐。

党团推荐上述职位的候选人人选由党代表大会（为向党团提出建议）从俄罗斯联邦联邦会议国家杜马议员中差额（至少两位候选人）推举产生。党代表大会可将大会代表列为候选人。党代表大会代表——俄罗斯联邦联邦会议国家杜马议员可按自我推荐程序成为候选人。党代表大会关于推举俄罗斯联邦联邦会议国家杜马主席候选人问题的决定经无记名投票作出。

俄罗斯联邦联邦会议国家杜马中经选举产生的领导职位的候选人由党团经无记名投票差额（至少两位候选人）推举产生。

16.5 俄罗斯联邦主体国家立法（代表）权力机关主席的候选人由党

在俄罗斯联邦主体国家立法（代表）权力机关的党团根据党的地区分部代表会议的建议推举产生。

相应党团推举上述职位的候选人由党的地区分部代表会议（为向党团提出建议）从俄罗斯联邦主体国家立法（代表）权力机关的议员中差额（至少两位候选人）推举产生。党的地区分部代表会议代表可列为候选人。代表会议代表——俄罗斯联邦主体国家立法（代表）权力机关的议员可按自我推荐程序成为候选人。代表会议关于推举俄罗斯联邦主体国家立法（代表）权力机关主席候选人问题的决定经无记名投票作出。

俄罗斯联邦主体国家立法（代表）权力机关中经选举产生的领导职位的候选人由党团经无记名投票差额（至少两位候选人）推举产生。

地方代表机关建立的党团，根据党的地方分部代表会议（全体会议）的建议，经无记名投票差额（至少两位候选人）推举地方代表机关主席的候选人。

16.6 党在俄罗斯联邦联邦会议国家杜马、俄罗斯联邦主体国家立法（代表）权力机关、地方代表机关的党团主席，由党在相应的俄罗斯联邦联邦会议国家杜马、俄罗斯联邦主体国家立法（代表）权力机关、地方代表机关的党团议员经无记名投票差额（至少两位候选人）选举产生。

党在俄罗斯联邦联邦会议国家杜马、俄罗斯联邦主体国家立法（代表）权力机关、地方代表机关关于选举其领导人的决定由相应的党总委员会主席团、党的地区分部地区政治委员会、党的地方分部地方政治委员会批准。

16.7 党及其分支机构必须协助党的议员和议员团开展工作。

16.8 关于将议员开除出党的议员团或议员个人要求退出党的议员团的信息要传达给党和选民。

16.9 党总委员会主席团、地区政治委员会根据同党总委员会主席团的协议，地方政治委员会根据同相应的地区政治委员会和党总委员会主席团的协议，可以通过暂时中止或者终止违背党章或党纲或者不履行党的领导机关和（或）其相应的分支机构的决定的党的相应议员团活动的决定。

16.10 党总委员会主席团、地区政治委员会或其主席团可向地方代表机关中的党的相应议员团（议员）提出下述建议：

——根据俄罗斯联邦法律规定的程序和理由，提请地方首脑辞职；

——地方自治机关所属地方首脑根据地方首脑、地方行政机关和其他机关领导向地方代表机关所作的年度报告的结果，对他们的活动作出评价。

地区政治委员会或其主席团建议俄罗斯联邦主体地方行政中心首脑辞职，根据同党总委员会主席团的协议对其活动作出评价。

党在地方代表机关中相应的议员团（议员）建议地方首脑辞职的要求，根据俄罗斯联邦法律规定的程序和理由，经同地区政治委员会或其主席团的协商以地方政治委员会的意见为基础来决定，而建议俄罗斯联邦主体地方行政中心首脑辞职的要求，经同党总委员会主席团的协商以地区政治委员会及其主席团的意见为基础来决定。

17. 党的活动类型

17.1 党在解决保证其活动的经济问题，包括支付劳动报酬、经营活动、获得和使用资金和其他财产等问题时是独立的。

17.2 为实现党章和党纲规定的党的目标和任务而创造经济上和物质上的条件，党及其地区分部有权进行下述经营活动：

17.2.1 为了宣传自己观点、目标和任务和显示自己活动的结果，进行信息传播、广告宣传、出版和印刷活动；

17.2.2 制作和出售带有党的标志和（或）名称的纪念品和印刷品；

17.2.3 出售和租赁党所有的动产和不动产。

17.3 党及其地区分部无权进行本章程17.2—17.2.3未规定的经营活动。

17.4 党及其地区分部经营活动的收入不得在党员中间进行分配，只应用于本章程规定的目的。

17.5 党及其地区分部经营活动的结果应该反映在党及其地区分部的财务报告中。

17.6 党及其地区分部有权进行慈善活动。

18. **党的资金和财产及其管理**

18.1 保证党开展符合俄罗斯联邦法律和本章程的活动的任何必要财产可以为党所有。

18.2 党的财产包括具有法人资格的党的地区分部及其他分支机构的财产的完全所有者是党。

具有法人资格的党的地区分部和其他分支机构有权实际管理其名下的财产，具有独立的收支平衡表或预算表。

18.3 党的财产只得用于党章和党纲规定的目标和任务。

18.4 身为法人的党的地区分部和其他分支机构用其所支配的财产担保履行自己的义务。在缺乏所指财产的情况下，党有义务给予补偿。

18.5 党的货币资金的来源：

18.5.1 党费；

18.5.2 根据俄罗斯联邦法律得到的联邦预算资金；

18.5.3 捐款；

18.5.4 党及其地区分部举办活动的收入和经营活动的收入；

18.5.5 公民合法交易的收入；

18.5.6 其他法律没有禁止的收入。

18.6 向党及其地区分部的货币捐款按法律规定的程序以非现金转账形式完成。

18.6.1 允许自然人向党及其地区分部捐助现金。

18.7 党及其地区分部得到的以及党或其地区分部从一个法人或自然人那里得到的每年的捐款总额，不应超过俄罗斯联邦法律所规定的数额。

18.7.1 党及其地区分部无权从外国、外国法人和自然人、失去公民权的人那里，以及不在俄罗斯联邦法律规定范围内的其他来源那里得到捐款。

18.8 党费用于党章规定的目的。

18.9 党的资金分置在俄罗斯联邦境内注册的各信贷组织中进行核

算。党及其具有法人资格的地区和地方分部有权进行单独核算。

19. 党的核算和会计制度

19.1 党及其具有法人资格的地区和地方分部按俄罗斯联邦法律为法人规定的程序和期限实施税务核算和提交会计报表。

19.2 党及其具有法人资格的地区和地方分部应按俄罗斯联邦法律规定的程序和期限对资金的收支提交财务报表。

19.3 负责实施党及其具有法人资格的地区和地方分部财务活动的人有：党及其地区分部和上述所指的地方分部的领导机关任命的全权代表，党的中央执行委员会机关的总会计师，上述列举的党的分支机构的总会计师，其权限由俄罗斯联邦法律规定。

20. 修订和补充党章和党纲的程序

20.1 如果代表大会登记代表的多数投票赞成，党代表大会将作出修订和补充党章和党纲的决定。

20.2 根据本章程7.1.8规定的程序，决定将党章7.1—7.1.9删除。

20.3 修改和补充党章应作国家注册，修改和补充党纲应按俄罗斯联邦法律规定的程序和期限通报联邦授权机关。

21. 改组和停止党的活动的程序

21.1 如果党代表大会三分之二以上的代表投票赞成，可根据党代表大会的决定实施党的改组（合并、联合、分化、分派、改造）。党的改组根据俄罗斯联邦法律规定的程序实施。

21.2 如果党代表大会三分之二以上的代表投票赞成，可根据党代表大会的决定停止党的活动。

21.3 根据俄罗斯联邦最高法院的决定，按照俄罗斯联邦法律规定的程序，可停止党的活动。

21.4 在党被取消的情况下，党的财产在完成债务清算后转变用途：如果根据党代表大会的决定党被取消，则用于党章和党纲规定的目的；如果根据法院的决定党被取消，则纳入俄罗斯联邦的收入。

21.5 党的中央执行委员会机关、具有法人资格的党的地区和地方分部机关工作人员的文件,在党被取消后按法律规定的程序转交给相应的国家档案馆保存。

22—22.1 [失效]。

(原文来源于统一俄罗斯党官方网站 http://er.ru)

(高晓惠 译)

统一俄罗斯党纲领性宣言

统一俄罗斯党 2011 年 9 月 24 日第十二次代表大会通过

统一俄罗斯党参加俄罗斯联邦联邦会议国家杜马代表选举的竞选纲领（统一俄罗斯党对俄罗斯公民的纲领性宣言）

尊敬的俄罗斯公民！

还是在不久前，不过十年多以前，我们国家还处于深重的衰退、系统性危机之中，危机所造成的损失规模堪比国内战争的影响。我们共同克服了最艰巨的困难，我们重新站起来了。我们，这是我们国家数百万的公民，是伟大国家的伟大人民！我们竭尽全力保存和复兴了我们亲爱的祖国，我们的俄罗斯。

这场全球性危机是对我们的严峻考验。我们没有让过去那种破坏性的震荡再现，没有让经常性的贫困重新回到我们的生活中，没有让危机完全抹去我们在卫生、教育和社会领域所取得的成绩。我们保护了大多数人的利益。经济的迅速恢复是我们共同的胜利。它之所以成为可能，是因为工人、工程师、农业劳动者和企业家，也就是所有诚实工作、没有丧失对最美好生活的期望的人们的劳动和才干。

我们确实是走过了非常艰难的时代，但无论在何种情况下都不要满足现状，应该客观地、现实地评判形势和我们的机遇。

我们大家都明白，我们的国家不应该是什么样的。它不应该是虚弱、贫穷、分裂的，它不应该困扰于技术落后、官员专横、腐败、恐怖主义，它不应该处于孤立之中。

我们不能容忍经济依赖于原料市场行情、社会不平等处于危险程度，不能容忍人们在面对国家机关、法院或者护法机关时产生不公平的感觉，不能容忍商业、公共服务和社会活动中对创新活动的阻碍。

我们应该克服这些问题。

俄罗斯不止一次取得过真正的突破，达到无愧于自己的伟大，发挥出我们人民的应有力量和才干，创造出我们的文明财富以及巩固统一和不可分割的俄罗斯民族、统一和不可分割的俄罗斯的共同价值。

俄罗斯拥有要达到新的真正伟大目标的一切要素。

我们应该建设创新型经济，巩固民主制度和现代法治国家。应该不只收入增长，而且俄罗斯家庭的生活质量和福利增长，这是我们所有工作的主要意义。

我们关注的中心是人！

我们的战略的基本原则

第一，经济和教育现代化、更新工业技术装备、改善投资环境、建设创新基础设施、提高劳动生产率和劳动安全，以保证公民收入和各级预算收入进一步提高。

第二，完成社会义务，提高工资、退休金和津贴，反对贫困，卫生事业现代化。

第三，根除腐败，公开官员收入、国家采购信息以及部和主管机关作出的决议，当局有关直接涉及人的财产权和公民自由领域的所有倡议都需经社会鉴定。

第四，在独立、透明和公正原则上巩固司法体系，经济类犯罪刑事立法人道主义化，严厉打击强制性犯罪，首先是针对儿童的犯罪，以及支持恐怖主义行动的犯罪。

第五，拥护民族间和宗教间的和睦，反对非法移民和种族犯罪，反对排外和分离主义现象，支持俄罗斯所有民族文化和宗教信仰的发展。

第六，现代政治制度的发展给所有人、包括最小的社会群体提供了可能，可以被倾听和参与国家和社会管理过程，可以相信在我们国家没有人处于不平等地位和不受保护。自由和公正应该被每一个人享有。

我们党旨在并始终一贯地致力于改善政治竞争的条件和发展党内民主。我们的立场是从公民社会方面对官僚制度实行有效的监督，推荐富有创造力的和诚实的人充实政权。

第七，维护内部和外部安全，有效的警察局，强大的武装力量，提高陆军、海军军职人员以及护法机构工作人员的声望。

第八，推崇独立理性的外交政策，从根本上只有一个目的，那就是提高人们的福利，保障他们的安全。我们的一体化规划应该为发展、为公民和商业活动创造新的机会。俄罗斯、白俄罗斯和哈萨克斯坦的关税联盟正在运行。从明年，即2012年1月1日，统一的经济空间将成为现实，这是更深度的一体化。而之后将推动继续组建欧亚联盟。

提出本战略是明确我们工作的具体方针。

我们的新经济

我们必须变得强大，并在今后五年内进入世界五大经济体之列。

我们在未来20年的全民族性的任务是在工业和预算部门基本恢复或新建2500万个以上的现代工作岗位。

依靠加速发展交通、能源和通讯基础设施为商业活动提供支撑。加大道路建设的规模和速度。这对所有俄罗斯公民来说都是重要的。

投资祖国的基础科学和先进的研究方法。

扫除实业创新活动的屏障和阻碍，与企业家集团进行协商。

帮助我们的公司打进当代产品的国际市场。

保证在未来五年国家在所有主要食品种类方面实现完全的自主。

在农工综合体内建立新的生产部门和工作岗位，支持农场业、中小商业，发展社会基础设施，始终追求这一主要目标——俄罗斯的农村应该是富裕的，应该对人们的生活、对年轻人充满吸引力，并且是舒适的。

俄罗斯——社会国家

人口是社会福利和国家效率的重要指标。就在不久前，由于人口减少国家每年失去大约百万公民。我们制止了人口危机。从2008年初俄罗斯有600多万人出生，这是最近20年来的最高指标。从2006年平均寿命增加了三岁多。

2013年平均寿命应该突破70岁。必须巩固人口方面的积极趋势，保证俄罗斯的人口数量逐渐增长。应该形成真正广泛的中产阶级。这首先是那些以国家为己任的人们。这是创造实际商品和劳务的企业主，是有经验的医生、中小学和高等学校教师、工人和工程师、科学与文化领域活动家、乡村劳动者，实质上，一切都靠他们支撑。这是创造未来的人们。

在俄罗斯每个工作的人都应该获得应得的工资。

到2014年底，国内平均工资应该增加到1.5倍。同时，在预算领域工作的高水平专业人员应该获得的工资不低于按具体地区经济发展程度的平均水平。

两年内卫生领域的工资总额增加了30%。明年中小学教师和所有俄罗斯高校教师的工资就将相当于或者超过俄罗斯所有地区按经济发展水平的平均工资。

工资增长，特别是在社会领域，鼓励了专业精神和认真的工作态度，这有助于使教育、卫生和其他社会领域满足国内公民的需要和要求。

生活质量——教育、卫生和住房

我们的新学校。我们将投资提高教师的专业水平，解决学校设施不配套问题，特别是农村地区，为残疾人建立使用方便的学校环境，创造条件吸引年轻人到学校工作。

我们应该在五年内在俄罗斯新建不低于1000所学校，也是在这五年内不应该让任何一所学校还处于危险状态。

特别要关注学校体育运动。到 2014 年举办奥运会前要给所有学校的体育馆装备现代体育器材。

幼儿园不再排队。最近几年应该消除幼儿园位置不足的问题。必须尽一切努力让孩子们在正常环境下成长，让俄罗斯的家庭获得实际的、看得见的国家支持，妇女在生育孩子之后能够回到劳动活动中并恢复自己的专业技能。提高学前机构工作者劳动报酬，这需要特别关注。

有质量的保健。俄罗斯公民自己应该感受到本国卫生领域的实际变化。他们享受有质量的医疗帮助的权利应该受到无条件保护。

我们的优先方面是恢复医疗工业和制药工业。我们应该摆脱对跨国公司的依赖，而主要的是要保障我们的人以可接受的价格获得优质的药品。

应该对农村医疗给予特别的支持。我们将拨出 100 万卢布作为给来乡村工作的医生的旅费。对中等医务人员的类似计划应该在俄罗斯所有地区实施。

每个俄罗斯家庭买得起的住房。到 2016 年前住宅建设规模实际增加 2 倍。最近在低通胀之后，我们力图保证继续调低抵押贷款的年息。

我们为年轻教师规定了专门的抵押贷款——低息和最低首付。

我们认为，下一届国家杜马和政府应该解决归联邦所有的空置土地的流转问题，将所有预算部门工作者——医生、中小学和高校教师、文化和社会领域工作者——无一例外地置于合作住宅建设项下。联邦主体应该参加这一计划。按照已经制定的计划，我们保障伟大卫国战争的所有参与者拥有住房。

公正是绝对价值

我们的所有决策都应该符合绝大多数俄罗斯公民的利益。而这就意味着应该公正。

对那些只是依靠自然红利生存、只是出售原料的商业活动实行一种税收，对那些开辟新事业、从事创新和生产活动、建立新企业、生产加工商品的企业实行另一种更低的税收。

我们实行13%的扁平化所得税率,而且不打算放弃这种政策。

与此同时富人的税负应该比中产阶级、比公民主体部分多些。首先,依靠消费税、不动产税和财产税。

我们建议免除2009年1月1日以前产生的公民税务拖欠,不需要司法程序,应用简化程序。如果是因为当局的责任产生的问题,应该予以纠正。

俄罗斯的商业活动应该符合社会要求,负责任。应该与我们的国家、与俄罗斯同呼吸共命运。积极投资教育和干部培训,积极投资社会计划以及俄罗斯文化。帮助公民社会发展慈善和志愿者计划。

我们的优先方面是公共服务的合理的和公正的价格。我们规定公共资源消费的社会标准,在此范围内公共服务价格的增长不应高于通货膨胀。

我们不应该容忍巧取豪夺,不应该容忍管理者和城市公用公司毫无根据地收取取暖、照明和水费。这里必须保持最严格的监督。

国家安全就是人的安全

我们的任务是建立对公民个人安全的有效保障。警察局和司法系统的工作必须得到质的改变。

在未来五至十年我们也应该几乎完全重新装备我们的陆海军,实现国防工业综合体现代化。国防采购计划不是安排一年的,而是应该一揽子安排未来三年的。这将大大改善企业的经济成分。

军职人员和护法机关工作者应该享有对自己和家庭的足额的社会保障、与他们所承担的巨大责任相应的工资,应该考虑到军职的艰难,工资应该高于经济主管部门的专业人士和工作人员。

从2012年1月1日起,将提高武装力量和内务部队军职人员以及内务部机关工作人员的货币补贴,从2013年1月1日起,所有其他强力部门的人员都将适用新的货币薪酬。

所有退休军人不论所属机关从2012年1月1日起退休金平均增长到1.5倍。在未来两年内武装力量和内务部部队所有排上号的人都将获得永久住房。我们将为其他强力部门继续解决这个问题。今后军职人员将可以按计划程序获得住宅，不用等待很多年。

联邦制和地方自治的发展

体面地生活、工作、赚钱的可能，给孩子们提供良好的未来，这不应该仅指在首都和大城市，而且应该在国家全境，在任何城市、乡镇，在每一个村庄。我们给俄罗斯的地区和自治市提供更多的权限和财政资金，同理地方当局的责任也将更大。要加强地区与今后本地税收收入增加之间的利害关系。在俄罗斯联邦主体层面本身也应该出台对自治市的一套扶持措施。

我们会竭尽全力支持地区和地方生活中社会机构和企业的自主、志愿服务和自我组织活动，支持其社会主动性和社会责任感。

我们的力量来源于人民的信任

12月4日将举行国家杜马选举。明年春天将举行俄罗斯联邦总统选举。对俄罗斯建立政治稳定的基础条件来说这是极其重要的阶段，没有政治稳定我们既不能进一步发展经济，也不能保证我们公民的福利水平提高。

统一俄罗斯党已经证明自己有能力担当全民族政治领袖，依靠自己的党领导国家，而且超越党派利益。既倾听支持者也倾听反对派的声音。遵循战略目标而不是眼前利益，为我国所有地区、所有社会群体和所有公民的利益而工作。统一俄罗斯党在完全意义上是全体人民的和全俄罗斯的党。

我们将与俄罗斯社会几乎所有阶层的代表一起参加国家杜马选举，以保证全民族团结一致解决国家发展的最重要任务。

全俄人民阵线在短时间内成为广泛的社会同盟，给无党派、其他政党的代表，给很多精力充沛、热情洋溢的人提供了影响国家决策制定和实施的机会。我们在人民倡议的基础上形成自己的纲领。在我们的选民建议的基础上，未来五年我们将靠着人民的这一委托来工作，解决摆在我们社会面前的任务和困扰我们人民的问题。我们将做到，让每个人被需要，让每个人能够实现自我，让每个人都确信自己的未来和自己孩子们的未来。

* * *

统一俄罗斯党是亲总统的党。传统上是国家总统领导我们的选举名单。我们请求我国的公民在国家杜马选举中支持统一俄罗斯党，投票支持以德米特里·阿纳托利耶维奇·梅德韦杰夫为首的统一俄罗斯党的候选人。正是胜利的党将组建新政府。我们相信，依靠全民族的支持，德米特里·阿纳托利耶维奇·梅德韦杰夫能够建立新的、有效运行的、年轻的和精力充沛的管理团队，来领导俄罗斯联邦政府，以继续开展我们生活全面现代化的工作。我们明确国家总统选举中的立场。我们认为，这是国家发展、政权效率和实施我们的行动战略的关键问题。

统一俄罗斯党推荐我们的领袖、党主席弗拉基米尔·弗拉基米罗维奇·普京担任俄罗斯总统。我们根据有关俄罗斯联邦总统选举的联邦立法确认这个决定。

我们期望，你们支持我们的党和我们的领袖。我们相信必胜。

* * *

我们有关于我们国家的共同的认识，有对最本质的挑战的共同的计划和共同的责任。我们给自己提出的目标是绝大多数人都赞同的目标。在最主要的方面我们是一致的：我们想要我们的国家幸福，我们热爱它。我们不会放弃俄罗斯。不会把国家交给那些想要毁灭它的人，不会交给那些欺骗人们、许下空头诺言而不执行的人。

俄罗斯应该属于自由的、正派的和负责任的人们。我们相信，一定会这样。

未来属于我们!

我们将共同赢得胜利!

(原文来源于统一俄罗斯党官方网站 http://er.ru)

(徐向梅 译)

俄罗斯联邦共产党章程

"**俄罗斯联邦共产党**"（以下称俄罗斯联邦共产党或俄共）是为实现党纲和党章规定的目标在利益一致的基础上而联合起来的俄罗斯联邦公民按自愿原则建立的。

俄罗斯联邦共产党是根据俄罗斯苏维埃联邦社会主义共和国共产党和苏联共产党的党员和基层组织的倡议而建立的，继续苏联共产党和俄罗斯苏维埃联邦社会主义共和国共产党的事业，是它们思想的继承者。

俄罗斯联邦共产党由全俄政治社会团体"俄罗斯联邦共产党"改组为政党，是其合法继承者，其章程由1993年2月14日俄罗斯联邦共产党第二次非常代表大会通过。1997年4月20日俄罗斯联邦共产党第四次代表大会、1998年5月23日俄罗斯联邦共产党第五次（非常）代表大会、2002年1月19日俄罗斯联邦共产党第八次（非常）代表大会、2005年10月29日俄罗斯联邦共产党第十一次（非常）代表大会、2011年12月17日第十四次（非常）代表大会、2013年2月24日第十五次代表大会批准了对党章所作的修改和补充。

俄罗斯联邦共产党在创造性地发展马克思列宁主义的基础上，以建设社会主义——在集体主义、自由、平等原则基础上的社会公正的社会——为自己的主要目标，主张建立苏维埃形式的真正的人民政权，巩固联邦制多民族国家。

俄罗斯联邦共产党是爱国人士的党，是国际主义者的党，是各民族友好的党。

俄罗斯联邦共产党坚持自己的理想，捍卫工人阶级、农民、知识分子、所有劳动人民的利益。

俄罗斯联邦共产党在党纲和党章的基础上开展工作，在俄罗斯联邦宪法、联邦《政党法》和俄罗斯联邦其他法律框架内进行活动。

俄罗斯联邦共产党是世界共产主义运动的一部分，同境外的共产主义政党、工人政党、进步组织和进步运动建立和发展联系。

俄罗斯联邦共产党从进行国家注册的一刻起就是法人，根据党纲和党章规定的目标在俄罗斯联邦境内开展活动。

党的全称是："**俄罗斯联邦共产党**"。党的简称是：**俄罗斯联邦共产党或俄共**。

俄共独立进行自己的财务和经营活动。

党的常设领导机关是俄共中央委员会（以下称俄共中央），其所在地为莫斯科市。

俄罗斯联邦共产党的正式机关报是《真理报》。

一、俄共的基本目标、任务和行动准则，党的权利和义务

1.1 俄共的基本目标和任务是：

——实现俄共纲领的各项条款；

——通过影响公民政治意志的形成来参加政治生活和国家生活，以实现取得政权和保证在俄罗斯联邦建立真正的人民政权的目标；

——形成社会舆论，向居民解释俄共纲领和其他文件的条款，以及党对各种问题的立场；

——加强党在工人和农民运动、工会组织、青年组织、妇女组织、老战士组织、创作者组织、爱国主义组织等社会联合组织中的地位；

——对公民进行政治教育和培养；

——表达公民对于任何社会生活问题的意见，把这些意见传达到广泛的社会舆论、国家权力机关和地方自治机关；

——通过每一位俄共党员、党的每一个基层支部、地方分部和地区分部的行动来加强党在社会上的影响；

——为俄罗斯联邦总统、俄罗斯联邦联邦会议国家杜马代表、俄罗斯联邦主体最高官员（俄罗斯联邦主体国家政权最高执行机关领导人）的选举提名，为俄罗斯联邦主体国家政权立法（代表）机关提名候选人（候选人名单），提名地方自治机关官员代表和自治区域代表机关的代表，参加上述选举并参与各选举机关的工作；

——协调自己的党团、议员团和议员在国家政权立法（代表）机关和自治区域代表机关中的活动；

——在俄罗斯联邦建立党的基层支部、地方分部和地区分部；

——加强自身的物质技术基础和财政基础。

1.2 俄共的活动建立在自愿、权利平等、自主管理、合法性和公开性原则的基础上。除联邦法规定的限制外，俄共可以自由确定自己的内部结构、目标、活动的形式和方法。

俄共在民主集中制、思想一致性和党员同志式关系原则的基础上进行活动，即：

——党的所有机关实行自下而上选举制；

——选举机关和在选举机关工作的俄共党员遵照本章程规定的程序实行定期报告制；

——党的所有分支机构和选举机关的工作都实行集体领导制和公开制；

——对每一位共产党员履行自己义务和完成党的委托实行个人负责制；

——有批评的自由；

——分支机构在决定自己内部生活和活动方面具有自主性，但党章规定的情况除外；

——党的纪律规定俄共的所有分支机构及其机关和每一名俄共党员都要严格遵守已通过的决定；

——保障少数人表达自己意见的权利，党的机关在作出决定时对这些意见予以考虑，通过决定后少数人无条件服从多数人；

——下级机关必须执行上级机关的决定。

1.3 按照俄罗斯联邦法律规定的程序，俄罗斯联邦共产党有权：

——自由发布有关自己活动的信息，宣传自己的观点、目标和任务；

——按照联邦宪法性法律、联邦法和俄罗斯联邦主体的各项法律规定的程序和范围参与国家权力机关和地方自治机关各项决定的制定；

——依据俄罗斯联邦法律参加选举和全民公决；

——建立具有法人资格的地区分部、地方分部和基层支部，为其指定用于实现党纲和党章规定的目标和任务的财产，以及决定这些机构的改组和撤销；

——组织和举行会议、集会、游行、示威、静坐和其他公开活动；

——成立出版社、通讯社、印刷企业、大众媒体和成人继续教育机构；

——与其他政党在同等条件下使用国家和地方的大众媒体；

——购买、获取或租赁楼宇、设备、交通工具以及其他动产和不动产；

——依据俄罗斯联邦现行法律与自然人和法人订立旨在实现俄共纲领和章程规定的目标和任务的契约；

——进行慈善事业；

——与其他政党和其他非法人社会联合组织建立联合体和联盟；

——维护自己的权利并代表其成员的合法利益；

——同别国政党和其他社会组织建立并保持国际联系，加入国际联盟和国际联合会；

——进行符合俄罗斯联邦法律和本章程规定的商业活动；

——进行俄罗斯联邦法律规定的其他活动。

1.4 俄共在自己纲领和章程基础上进行活动时，必须遵守俄罗斯联邦宪法、联邦宪法性法律、联邦《政党法》、其他联邦法律以及俄罗斯联邦的其他法规。

1.5 俄共、俄共地区分部、地方分部和基层党支部的行为由俄共领导机关或俄共分支机构按本章程规定的程序所通过的决定来规定。

个别俄共党员的行为，以及其他参加俄共或俄共分支机构组织的活动的人员的行为，若违反俄共纲领、本章程或者现行法律，不能视为俄共或者俄共分支机构的行为。

二、党员资格。俄共党员的权利和义务

2.1 加入俄共是自愿的、个人的行为，不妨碍作为俄罗斯联邦公民的权利和自由。

2.2 认同并执行俄共纲领和章程、进行登记并参加一个基层党支部活动、定期交纳党费、年满18周岁的有行为能力的俄罗斯联邦公民可以成为俄共党员。

2.3 所有俄共党员享有平等的权利：

——自由表达自己的意见，讨论有关党的活动的任何问题；

——参与制定党的决定；

——选举或被选入党的领导机关和监察机关以及党的分支机构的机关；

——捍卫并维护党；

——因自己在党内的工作获得奖励；

——在讨论涉及有关俄共党员的利益的问题时参与党的机关的工作；

——批评任何一个党的机关和任何一名俄共党员；

——定期获取关于俄共、俄共分支机构和选举机关活动的信息，对其工作给予评价；

——向任何一个党的机关提出申请和建议；

——按本章程规定的程序对党的选举机关的决定和行为进行申诉；

——参与（包括成为会员或者参与者）各种社会联合组织（政党除外）的工作，其活动不得与俄共纲领和章程规定的目标发生矛盾；

——在物质方面支持党；

——参加俄共中央正式公布的党内讨论；

——依据联邦法律和党的章程临时中止俄共党员资格；

——无障碍退党。

2.4 俄共党员承担同等的义务：

——努力实现党纲规定的目标；

——遵守俄共章程；

——宣传党的思想，促进增强俄共威信和提高俄共对社会生活的影响力；

——执行党员所在的相应基层党支部机关的决定，以及党的所有上级机关的决定；

——热爱自己的祖国，加强各民族团结；

——爱惜党的声誉，不做有损于俄共的行为；

——向其成员为共产党员的选举机关汇报自己的工作，向自己所在的基层党支部的上级机关或者常设领导机关汇报工作；

——定期交纳党费；

——始终不渝地保护公民免受一切社会压迫、民族压迫、精神压迫和种族压迫。

2.5 俄共内部禁止形成派别。

2.6 公民入党须提交个人书面申请，有两名党龄不少于一年的俄共党员的推荐。接收入党的问题由公民在俄罗斯联邦主体的定居地或主要居住地的基层党支部全体大会决定。

在特殊情况下，接收入党的问题可以由相关俄共地方分部或地区分部常委会决定。

由基层党支部全体大会通过的接收入党或者拒绝入党的决定，必须经过俄共上一级分支机构常委会批准。

从接收入党的决定被批准的一刻起，视为公民加入俄共。

被开除或者退出俄共的公民有权在被开除或者退出俄共一年后提交再次入党的个人书面申请。

2.7 由俄共中央批准的统一样式的党证证明俄共党员资格。

2.8 俄共党员在履行联邦法律规定不允许身居政党的国家职务或其他职务期间，党员资格中止。关于中止和恢复党员资格的决定由共产党员所在的基层党支部全体大会通过，或者由党章2.6指定的其他机关根据个人书面申请通过。共产党员恢复党员资格保留不间断的党龄。不允许根据其他理由中止俄共党员资格。

曾是苏联共产党党员的俄罗斯联邦公民恢复俄共党员资格的程序由俄共中央主席团规定。

2.9 可以用表扬、颁发荣誉证书、奖状、纪念章和荣誉章、周年纪念章、党章、贵重礼物以及奖金作为对俄共党员的精神奖励和物质奖励。

关于奖励的决定可以由俄共党员所在的基层党支部全体大会以及相应的地方分部或地区分部常委会、俄共中央委员会和俄共中央委员会主席团通过。

2.10 在党内（包括苏联共产党和俄罗斯苏维埃联邦社会主义共和国共产党）连续积极工作30年及以上的俄共党员，可以由基层党支部全体大会决定授予其"老党员"的称号并颁发胸章。颁发胸章的条款由俄共中央批准。

2.11 俄共党员若未完成党章2.4规定的一项或者几项义务，根据行为性质和错误程度，可以作出下列处分：告诫、警告、严重警告。对于担任领导职务和（或）担任选举机关成员的党员，可以适用撤销领导职务和（或）开除出选举机关的处罚。

开除出党是对俄共党员的最高惩罚。被开除党籍的情况有：俄共党员多次不履行党章2.4规定的义务，以及因为一次未履行上述义务而给俄共带来巨大损失。

关于给予俄共党员处分或者开除出党的决定由俄共党员所在的俄共分支机构机关（基层党支部全体大会、俄共地方分部或俄共地区分部常委会）通过。在特殊情况下由俄共中央委员会主席团通过决定。

关于俄共地方分部委员会成员开除出党的决定，只能由相关的委员会以及相应俄共地区分部委员会或俄共地区分部常委会、或者俄共中央委员会或俄共中央委员会主席团通过。关于俄共地区分部委员会成员开除出党的决定，只能由相关的委员会或者俄共中央委员会或俄共中央委员会主席团通过。俄共中央委员会成员或者候补委员开除出党的决定只能由俄共中央委员会通过。

关于俄共党员开除出党或者给予处分的消息必须传达到党员所在的基层党支部。

从党的全权机关或其分支机构有关开除的决定被通过之日起，俄共党员被视为开除出党。

处罚制度和处罚依据由俄共中央或俄共中央主席团批准的条款决定。

2.12 被开除出党或给予处分的俄共党员，有权在关于开除出党或给予处分的决定通过之日起的两个月内向上一级俄共分支机构的委员会或者监察委员会提出上诉（申诉）。在不同意上述机关决定的情况下，被开除出党和给予处分的俄共党员有权就已通过的决定向相应的俄共地区分部委员会或监察委员会，向俄共中央或俄共中央的中央监察委员会（以下称俄共中央监察委员会）提出申诉。上诉（申诉）在提交后通常不超过两个月的时间内，会得到有关党机关的审理。

如果相应的俄共全权机关或者相应的俄共分支机构裁定已通过的决定缺乏根据，被开除出党的俄共党员恢复党籍和党龄。

2.13 俄共党员不能同时是另一个政党的党员。

2.14 俄共党员在俄罗斯联邦主体上的公民定居地或主要居住地的基层党支部进行登记。

如果这样的基层党支部不存在（其活动被停止），党员应在相应的俄共地方分部进行登记；如果地方分部不存在（其活动被停止），那么到相应的俄共地区分部进行登记。

俄共党员只允许在一个基层党支部进行登记。

俄共党员按照俄共中央规定的程序凭借统一的党证完成登记。

2.15 俄共党员停止（失去）俄共党籍的情况为：

——死亡；

——被开除出党；

——失去俄罗斯联邦国籍；

——法院关于认定俄共党员无行为能力的决定生效；

——根据个人书面申请退党；

——加入其他政党。

除了开除出党，停止（失去）俄共党籍不需要任何一级俄共机关的决定。

俄罗斯联邦公民若停止（失去）或中止党籍，则停止其作为俄共选举机关成员和俄共分支机构成员的全权。

2.16 担任国家职务或自治区域职务的俄共党员，或在国家机关或自治区域机关供职的俄共党员，无权利用自己的职务或者公务之便为俄共牟利或为其他任何政党牟利，在履行自己的职务或公务时不受党的各项决定之约束。

当选为俄罗斯联邦联邦会议国家杜马议员、俄罗斯联邦主体国家政权立法（代表）机关议员、自治区域代表机关议员和（或）相应的立法（代表）机关的俄共党团成员，必须在自己的工作中遵守党和党的领导机关的决定，在俄共章程和纲领的基础上进行议员活动。

三、俄共的组织机构、俄共的领导机关和监察机关

3.1 俄共的组织机构包括基层支部、地方分部、地区分部，三者形成党的分支机构。

3.2 党的各个分支机构在俄共统一章程的基础上进行活动。

3.3 俄共基层支部根据地域特征建立和进行活动，并隶属于相应的地方分部。在不存在地方分部的特殊情况下，或者根据俄罗斯联邦主体行政地域划分特点，基层支部可以直接隶属于相应的俄共地区分部。

俄共基层支部不需要进行国家注册，不是法人。

3.4 俄共地方分部通常考虑到行政地域划分（区、市等）特点，在相应的俄罗斯联邦主体地方自治机关地域（自治区域）上建立和进行活

动。地方分部隶属于相应的俄共地区分部,如俄罗斯联邦主体不存在地区分部,则隶属于俄共中央。

市级俄共分部和其中的区级俄共分部的功能特点,以及党的其他组织的功能特点由俄共中央或俄共中央主席团批准的相关条例来调节。

俄共地方分部只有在俄共中央或者俄共中央主席团通过相关决定的情况下才能进行国家注册。

3.5 俄共地区分部根据联邦《政党法》在相应的俄罗斯联邦主体地域上建立和进行活动。地区分部应按照法律规定的程序进行国家注册,从注册时起就获得法人资格。

一个俄罗斯联邦主体内,有一个或多个民族自治区的,可以建立一个统一的俄共地区分部。如果在有一个或多个民族自治区的俄罗斯联邦主体内,建立了一个统一的俄共地区分部,那么民族自治区党支部视为地方分部,隶属于相应的俄共州(边疆区)分部。

3.6 俄共代表大会是党的最高领导机关。俄共中央委员会是党的常设领导机关。俄共中央委员会举行会议期间,俄共中央主席团是党的常设领导机关。俄共中央委员会、俄共中央委员会主席团和俄共中央委员会书记处是党的中央机关。俄共中央监察委员会和俄共中央监察委员会主席团是党的中央监察机关。

3.7 代表会议或全体党员大会是俄共分支机构的最高领导机关。俄共地区分部和地方分部的常设领导机关是委员会。俄共地区分部或地方分部的委员会开会期间,相应的地区分部或地方分部的常委会是党的分支机构的常设领导机关。基层党支部的常设领导机关是领导小组,在没有领导小组的基层党支部,是基层党支部书记和副书记。

监察委员会是俄共分支机构的监察机关。在没有监察委员会的基层党支部,由基层党支部全体党员大会履行监察机关的功能。

3.8 俄共所有基层支部和地方分部都在上一级分支机构委员会进行登记。俄共地区分部,以及在没有俄共地区分部的情况下在俄罗斯联邦主体创建的地方分部,都隶属于俄共中央。

党的各种机关的选举，遵循干部更换和领导轮换的原则。

为了保证常设领导机关工作的有效性和连续性，除了常设领导机关的成员外，在相应的俄共代表大会或者俄共分支机构最高领导机关各次会议上可以选举出相应常设领导机关候选人。

3.9 根据俄共分支机构常设领导机关或者俄共中央委员会的决定，在这些机关里可以由资深俄共党员组建协商委员会。协商委员会的各项建议必须由相应的分支机构委员会或常委会，或者俄共中央委员会或俄共中央委员会主席团按照必须履行的程序审理。

3.10 党的选举机关工作透明公开，定期向俄共党员和上级机关通报自己的活动。党的选举机关的成员可以自由参加下一级机关的会议，并且有权接触归相应机关或者下级机关以及机关下属部门保管的文件。党的选举机关可以委托不是该选举机关成员的俄共党员浏览归下级党机关保管的文件。

四、俄共基层支部

4.1 俄共基层支部是根据有关俄共地方分部或地区分部委员会或常委会的决定，由固定或主要居住在相应的俄罗斯联邦主体的俄共党员在全体党员大会上按地域特征建立的。基层支部不得少于三名党员。基层支部是党的基础。

4.2 在该基层党支部登记的所有俄共党员全体党员大会是俄共基层支部的最高领导机关。

全体党员大会根据基层党支部领导小组的决定召开，通常每个月不得少于一次。临时全体党员大会可以由基层党支部领导小组根据自己的倡议，根据基层党支部监察委员会的提议或者应在该基层党支部登记的全体俄共党员的三分之一以上党员的要求，以及在必要情况下按照党章、有关俄共地方分部或地区分部委员会或常委会规定的程序召开。

4.3 有15名及以上俄共党员登记的俄共基层支部的常设领导机关是领导小组，领导小组由相应的基层党支部全体党员大会选举产生。在人数少于 15 名俄共党员的基层党支部，由全体党员大会选出书记和副书记。在人数多于 15 名俄共党员的基层党支部，全体党员大会可以选出监察委员会。领导小组、监察委员会、书记和副书记应向全体党员大会汇报工作。

4.4 全体党员大会有权自行解决与基层党支部活动有关的、不属于相应的俄共地方分部或地区分部机关以及俄共上级机关或中央机关管辖并且不由上述机关的决定来调解的任何问题。

全体党员大会：

——确定一批与宣传、解释、研究和实施俄共纲领和章程条例、党的代表大会各项决定、俄共中央委员会和党的其他机关的各项决定有关的重要问题；

——审理关于党的活动的任何问题的建议，并把建议提交上级机关；

——讨论并提交全党文件草案并提出建议，对任何一个党机关的决定表明自己的态度；

——参加全党争论；

——吸引赞同并拥护俄共纲领和章程规定的目标的党的拥护者参加各种政治运动和其他活动；

——明确具体的具有重大社会意义的问题并力争予以解决；

——对上级党机关候选人提出建议；

——根据规定的代表名额选举相应的俄共地方分部代表会议代表；

——每年至少一次听取书记、副书记和基层党支部领导小组成员以及在相应基层党支部登记的任何选举机关成员的工作报告；

——对在相应基层党支部登记的党的任何选举机关的成员提出关于开除出党或者提前终止其全权的建议；

——通过关于接收俄罗斯联邦公民入党的决定；

——根据本章程规定的程序授予"老党员"的称号；

——通过关于对在相应基层党支部登记的俄共党员给予处分或者开除出党的决定；

——通过关于取消或恢复在相应基层党支部登记的公民的俄共党员资

格的决定；

——决定自己活动的议程；

——在自己的成员中选出任期两年的基层党支部领导小组成员、基层党支部书记、副书记，并提前终止他们的全权；

——在自己的成员中选出任期两年的基层党支部监察委员会成员，并提前终止他们的全权。

4.5 如果在相应基层党支部登记的半数以上的俄共党员出席基层党支部全体党员大会，那么基层党支部全体党员大会视为拥有全权。

4.6 全体党员大会的决定由合乎法定人数的与会俄共党员以多数票通过。

4.7 基层党支部领导小组有权自行解决与基层党支部活动有关的、按本章程规定不属于相应的俄共地方分部或地区分部机关、俄共上级机关或中央机关以及相应基层党支部全体党员大会管辖并且不由上述机关的决定来调解的一切问题。

俄共基层支部领导小组：

——组织并确保宣传、解释和研究俄共纲领和章程，执行党的代表大会、俄共中央委员会和党的其他机关的各项决定；

——向共产党员和居民通报有关国内、地区和居民点的社会政治形势，有关党的立场、党的地区分部、地方分部和基层党支部的活动；

——组织居民与党的积极分子代表举行座谈、讲座和见面会；

——解释并宣传党的社会经济纲领，以及共产党员对社会生活各种问题的立场；

——保证基层党支部与当地居民的实际联系；

——吸引赞同并支持党纲和党章规定的目标的党的拥护者参加各种政治运动和其他活动；

——组织举行会议、街头游行、示威、集会、静坐和其他活动；

——召开基层党支部全体党员大会；

——组织执行基层党支部全体党员大会的各项决定；

——明确基层党支部书记、副书记和领导小组成员的职责分工；

——解决全体党员大会或上级党机关交办的其他问题。

4.8 领导小组会议根据需要召开，但每个月不得少于一次。

如果半数以上的当选成员出席会议，那么领导小组视为拥有全权。领导小组的决定由合乎法定人数的与会成员以多数票通过。

领导小组的决定以决定的形式通过。

投票的形式和程序由领导小组自行决定。

4.9 基层党支部领导小组、基层党支部书记和副书记的全权持续到全体党员大会选举出相应的新一届领导小组成员或者新一届书记和副书记为止。

4.10 基层党支部书记领导基层党支部及其领导小组的工作，基层党支部书记经基层党支部全体党员大会决定选举产生和罢免。

基层党支部书记：

——动员共产党员参加政治活动；

——组织共产党员在居民中进行群众鼓动工作；

——召开会议并组织领导小组的工作；

——主持领导小组各次会议；

——签署全体党员大会和领导小组的各项决定以及基层党支部的其他文件；

——组织共产党员参加选举运动；

——确保为基层党支部的俄共党员进行及时正确的登记；

——保证妥善保存归基层党支部保管的各类文件；

——解决全体党员大会或基层党支部领导小组以及俄共上级机关交办的其他问题。

4.11 在少于15名俄共党员的基层党支部里，基层党支部书记和副书记兼任党章4.7规定的基层党支部领导小组的职能。

4.12 基层党支部书记违反俄共纲领或章程条例，或者不执行党的上级机关（各级上级机关）的决定（各项决定），经有关俄共地方分部或地区分部委员会或常委会决定予以警告处分；或者依据过错严重程度，被撤销领导职务。如果基层党支部书记被撤职，那么向基层党支部全体党员大会提议重新选举书记。根据撤职机关的决定，在此期间，由一名副书记或一名基层党支部领导小组成员来代理基层党支部书记的职务。

4.13 基层党支部全体党员大会或领导小组作出的决定如违反俄共纲领或章程条例或者俄共上级机关决定，有关俄共地方分部或地区分部委员会或常委会可以废除该决定。

4.14 基层党支部领导小组如作出违反俄共纲领或章程或者俄共上级机关决定的决定，可以根据有关俄共地方分部或地区分部委员会或常委会的决定予以解散。

并且根据这项决定，在解散领导小组的同时，为了讨论当前形势并重新选举领导小组，将召开基层党支部全体党员大会并确定开会的时间和地点。

4.15 有关俄共地方分部或地区分部委员会可以作出改组或取消基层党支部的决定。

五、俄共地方分部

5.1 俄共地方分部（市分部、区分部等）是根据有关俄共地区分部委员会或常委会的决定，通常在地方自治（自治区域）机关活动的地域上并考虑俄罗斯联邦主体的行政—区域划分特点，在俄共成立大会或党员代表会议上建立的。

5.2 俄共地方分部的最高领导机关是代表会议，每两年至少召开一次。

非常代表会议根据需要召开。关于召开例行代表会议，开会的时间和地点，以及来自在相关地方自治机关地域上开展活动的基层党支部的与会代表名额的决定由俄共地方分部委员会通过。

非常代表会议可以由俄共地方分部委员会根据自己的倡议、根据地方分部监察委员会的提议或应在属于该地方分部的基层党支部登记的三分之一以上俄共党员的要求，以及在必要情况下根据本章程、有关俄共地区分部委员会或常委会或者俄共中央委员会或俄共中央委员会主席团规定的程序召开。

5.3 代表会议有权自行解决与俄共地区分部活动有关的、不属于相应的俄共地区分部机关以及俄共上级机关或中央机关管辖并且不由上述机关的决定来调解的任何问题。

下列问题属于俄共地方分部代表会议管辖：

——确定一批与宣传、解释、研究和实施俄共纲领和章程条例、党的代表大会各项决定、俄共中央委员会和党的其他机关的各项决定有关的基本问题；

——根据俄共上级机关和中央机关以及有关俄共地区分部机关的决定，明确地方分部活动的任务和优先方向；

——审理关于党的活动的任何问题的建议，并把建议提交上级机关；

——讨论全党文件草案，对任何一个党机关的决定表明自己的态度；

——参加全党争论；

——明确具体的具有重大社会意义的问题并制定解决措施；

——对上级党机关候选人提出建议；

——听取并批准俄共地方分部委员会和监察委员会的工作报告；

——根据规定的代表名额选举相应的俄共地区分部代表会议代表；

——选举任期两年的俄共地方分部委员会成员，并提前终止他们的全权；

——选举任期两年的俄共地方分部监察委员会成员，并提前终止他们的全权；

——决定代表会议日程和工作程序（议程）。

5.4 如果半数以上的当选代表出席代表会议的会议，那么代表会议视为拥有全权。

代表会议的决定由合乎法定人数的与会代表以多数票通过。

关于选举俄共地方分部委员会成员和监察委员会成员的决定，选举有关俄共地区分部代表会议代表的决定以无记名投票方式通过。

5.5 代表会议的决定以决定和决议的形式通过。

5.6 如果在相应的自治区域没有基层党支部并且在地方分部登记的俄共党员人数少于100人，地方分部的最高领导机关可以是全体党员大会。

如果半数以上的定居地或主要居住地在俄共地方分部活动地域上的俄共党员出席全体党员大会，那么全体党员大会视为拥有全权。

俄共地方分部全体党员大会的活动严格遵守党章5.2—5.5的规定。

5.7 俄共地方分部的常设领导机关是委员会（市委员会、区委员会等），委员会由相应的俄共地方分部代表会议选举产生，并向俄共地方分部代表会议汇报工作。

5.8 委员会有权自行解决与俄共地方分部活动有关的、不属于相应的地区分部机关以及俄共上级机关或中央机关以及俄共地方分部代表会议管辖并且不由上述机关的决定来调解的一切问题。

俄共地方分部委员会：

——组织并确保宣传、解释、研究俄共纲领和章程条例，以及执行党的代表大会、俄共中央委员会和党的其他机关的各项决定；

——解释并宣传党的社会经济纲领，以及共产党员对社会生活各种问题的立场；

——保证地方分部与俄共基层党支部和地区分部经常联系；

——在自己活动的地域上与俄罗斯联邦主体国家权力机关和地方自治机关相互协作；

——吸引赞同并支持党纲和党章规定的目标的党的拥护者参加各种政治运动和其他活动；

——召开俄共地方分部例行代表会议和非常代表会议，决定其初步日程、开会的时间和地点以及每一个基层党支部与会代表的名额；

——在自己的成员中选出任期两年的常委会、委员会第一书记、委员会书记，并提前终止他们的全权；

——在俄共地方分部进行国家注册的情况下，代表地方分部行使法人资格履行法人义务；

——在俄共地方分部进行国家注册的情况下，批准地方分部的预算并报告每年预算执行情况；

——对基层党支部书记给予告诫处分或撤职；

——在必要情况下按照党章规定的程序解散基层党支部领导小组；

——在必要情况下按照党章规定的程序撤销基层党支部全体党员大会或领导小组的决定；

——推荐俄共党员参加上级党机关的选举，以及向这些党机关提出关于提前终止所推荐共产党员全权的问题；

——经与党的地区分部常委会协商，以无记名方式提出议员候选人（候选人名单）和地方自治机关其他经选举产生的职位的候选人（候选人名单）；

——经与俄共地区分部常委会协商，召回地方分部提出的议员候选人、议员候选人名单以及已登记的议员候选人、已登记的议员候选人名单和地方自治机关其他经选举产生职位的候选人、候选人名单、已登记的候选人和已登记的候选人名单；

——通过关于建立、改组或取消基层党支部的决定；

——解决党章规定的其他问题，以及地方分部代表会议或上级党机关交办的其他问题。

5.9 委员会会议根据需要召开，但每四个月不得少于一次。

如果半数以上的委员会成员出席委员会会议，那么委员会视为拥有全权。

委员会的决定由合乎法定人数的与会代表以多数票通过，但关于召回俄共地方分部提出的议员候选人（候选人名单）和地方自治机关其他经选举产生的职位候选人（候选人名单）的决定除外，这些决定需由合乎法定人数的与会委员会成员以三分之二的法定多数票通过。

委员会会议以全会的形式进行。委员会的决定以决定的形式通过。

投票的形式和程序由委员会自行决定。

5.10 俄共地方分部委员会经相应的地区分部委员会或常委会同意后,有权从俄共地方分部代表会议人员中以无记名投票方式选举产生的委员会候补委员中增补新成员以代替离职的委员会成员。

5.11 俄共地方分部委员会的全权持续到代表会议选举出新一届委员会为止。

5.12 为解决政治问题、组织问题和当前热点问题以及在举行会议期间领导党的地方分部的工作,委员会在自己成员中选出常委会,常委会向俄共地方分部委员会汇报工作。

俄共地方分部常委会:

——进行宣传、解释、研究俄共纲领和章程的工作,以及组织执行党的代表大会、俄共中央委员会和党的其他机关的各项决定;

——向共产党员和居民通报有关社会政治形势,有关党的立场、俄共地区分部和地方分部的活动;

——组织居民与党的积极分子代表举行座谈、讲座和见面会;

——吸引赞同并支持党纲和党章规定的目标的党的拥护者参加各种政治运动和其他活动;

——组织举行会议、集会、静坐、示威、街头游行和其他活动;

——召开俄共地方分部委员会全会;

——批准基层党支部全体党员大会关于接收俄罗斯联邦公民入党或者拒绝其入党的决定;

——批准基层党支部全体党员大会关于选举基层党支部书记的决定;

——可以在未设立基层党支部的居民点中任命一名党的组织者开展工作并代表俄共利益;

——对基层党支部书记给予告诫处分或撤职;

——在必要情况下按照党章规定的程序解散基层党支部领导小组;

——明确俄共地方分部委员会第一书记、委员会书记和常委会其他成员的职责分工,并听取他们的工作报告;

——监督已通过决定的完成情况;

——向相应级别的选举委员会通报与推举议员候选人（候选人名单）和地方自治机关其他经选举产生的职位候选人（候选人名单）有关的活动的进行情况；

——代表俄共提名拥有表决权的：地方自治代表机关和其他经选举产生的机关选举投票站、区市、选区选举委员会成员、国家政权联邦机关选举投票站、区市、选区选举委员会成员、俄罗斯联邦主体国家政权立法（代表）机关和其他经选举产生的机关选举投票站、区市、选区选举委员会成员，自治区域选举委员会成员以及参加任何级别的全民公决的成员；

——代表俄共任命拥有发言权的：地方自治代表机关和其他经选举产生的机关选举投票站、区市、选区选举委员会成员、国家政权联邦机关选举投票站、区市、选区选举委员会成员、俄罗斯联邦主体国家政权立法（代表）机关和其他经选举产生的机关选举投票站、区市、选区选举委员会成员，自治区域选举委员会成员以及参加任何级别的全民公决的成员；

——代表俄共提名列入投票站选举委员会后备成员的候选人并通过召回投票站选举委员会后备成员的决定；

——代表俄共任命地方自治代表机关和其他经选举产生的机关选举投票站、区市、选区选举委员会观察员、国家政权联邦机关选举投票站、区市、选区选举委员会观察员、俄罗斯联邦主体国家政权立法（代表）机关和其他经选举产生的机关选举投票站、区市、选区选举委员会观察员，自治区域选举委员会观察员以及参加任何级别的全民公决的观察员；

——与相应的党的地区分部常委会协商，以无记名方式提出参加提前竞选、再次竞选和补充竞选的地方自治机关议员候选人（候选人名单）和其他经选举产生的职位的候选人（候选人名单）；

——在俄罗斯联邦法律规定的情况下，与相应的党的地区分部常委会协商，向区域自治选举委员会提名补充区域自治代表机关空缺代表职位的候选人；

——根据本章程8.7.1规定，召回地方分部按照一个（多个）代表区提名的议员候选人、已登记的议员候选人和其他经选举产生的职位候选人、已登记的候选人，取消地方分部提名的候选人名单中的候选人；

——批准加入俄共；

——向有关俄罗斯联邦（各）主体选举委员会提供联邦法律指定要求的资料；

——依据现行法律发起地方全民公决；

——在俄共地方分部进行国家注册的情况下，向授权机关提交关于地方分部提名的已登记的议员候选人和地方自治机关其他经选举产生的职位已登记的候选人数量的信息、以及按照俄罗斯联邦法律规定的程序经选举委员会登记的议员候选人名单的信息；

——在俄共地方分部进行国家注册的情况下，向授权机关提交关于地方分部继续活动的信息并指明地方分部常设领导机关所在地，并按照俄罗斯联邦法律规定的程序向授权机关呈送党的地方分部财务（会计）报告副本；

——在俄共地方分部进行国家注册的情况下，通知授权机关变更事宜：俄共地方分部的名称、法定地址以及有权以自己名义而无须经过授权办事的人的姓、名、父称和职务；

——解决党章规定的其他问题，以及地方分部委员会或上级党机关交办的其他问题。

5.13 常委会会议根据需要召开，但每个月不得少于一次。

如果半数以上的当选成员出席会议，那么常委会会议视为拥有全权。

常委会的决定由合乎法定人数的与会成员以多数票通过。

常委会的决定以决定的形式通过。

投票的形式和程序由常委会自行决定。

常委会会议由俄共地方分部委员会第一书记主持，如果第一书记缺席，那么由受他委托或常委会委托的委员会书记主持。

5.14 委员会第一书记领导委员会和常委会的工作，委员会第一书记由委员会选举产生和罢免。

委员会第一书记：

——动员共产党员参加政治活动；

——组织共产党员参加选举运动；

——组织共产党员在居民中进行群众鼓动工作；

——召开常委会会议和组织常委会工作；

——主持委员会和常委会各次会议；

——签署委员会和常委会的各项决定，以及俄共地方分部的其他文件；

——在与国家权力机关和地方自治机关以及俄罗斯联邦境内外的自然人和法人打交道时，无须经过授权即可代表俄共地方分部；

——在俄共地方分部进行国家注册的情况下，颁发有权代表地方分部利益的委托书；

——在俄共地方分部进行国家注册的情况下，在银行机构开一个地方分部结算账户；

——在俄共地方分部进行国家注册的情况下，经党的地方分部常委会同意后，依据俄罗斯联邦法律和俄共中央委员会规定的程序招聘或者解雇地方分部机构的工作人员，批准俄共地方分部定员编制表；

——在自己权限范围内颁布命令，以及下达俄共地方分部全体工作人员必须遵守的指令；

——在俄共地方分部进行国家注册的情况下，组织进行会计核算、税务核算和其他核算，保证准确编制报表并及时向所辖国家机关提交报表；

——向有关俄共地区分部委员会提供统计资料和含有俄共中央委员会规定内容的其他资料；

——组织与俄共地方分部活动有关的文件的管理和保存；

——解决俄共地方分部代表会议、委员会或常委会以及上级党机关交办的其他问题。

5.15 俄共地方分部常委会以及委员会第一书记和书记的全权持续到俄共地方分部委员会选举出相应的新一届常委会成员或者委员会新一届第一书记和书记为止。

5.16 俄共地方分部委员会第一书记违反俄共纲领或章程条例，或者不执行党的上级机关（各级上级机关）的决定（各项决定），经有关俄共地区分部委员会或常委会决定，在特殊情况下经俄共中央委员会或俄共中央委员会主席团决定予以警告处分；或者依据过错严重程度，被撤销领导职务。如果俄共地方分部委员会第一书记被撤职，那么向俄共地方分部委员会会议提议重新选举第一书记。根据撤职机关的决定，在此期间，由一名书记或一名俄共地方分部委员会成员代理俄共地方分部委员会第一书记的职务。

5.17 俄共地方分部代表会议、委员会或常委会作出的决定如违反党的纲领或章程条例或者俄共上级机关决定，有关俄共地区分部委员会或常委会或者俄共中央委员会或俄共中央委员会主席团可以废除该决定。

5.18 俄共地方分部常委会如作出违反党的纲领或章程条例或者俄共上级机关决定的决定，可以根据相应俄共地区分部委员会或常委会的决定，在特殊情况下经俄共中央委员会或俄共中央委员会主席团决定予以解散。并且根据这项决定，在解散常委会的同时，为了讨论当前形势并重新选举常委会成员，将任命工作小组以便召开俄共地方分部委员会会议并在会议召开以前领导俄共地方分部的活动。

俄共地方分部委员会如作出违反党的纲领或章程条例或者俄共上级机关决定的决定，可以根据相应俄共地区分部委员会或常委会的决定，在特殊情况下经俄共中央委员会或俄共中央委员会主席团决定予以解散。并且根据这项决定，在解散委员会的同时，为了讨论当前形势并重新选举委员会成员，将召开俄共地方分部代表会议并确定开会的时间和地点，决定基层党支部与会代表名额，以及成立组织委员会以便筹备代表会议和在代表会议召开以前领导俄共地方分部的活动。

5.19 改组或取消俄共地方分部的决定可以由相应的俄共地区分部委员会或者俄共中央委员会或俄共中央委员会主席团通过。

六、俄共地区分部

6.1 俄共地区分部（共和国分部、边疆区分部、州分部、地区分部、直辖市分部）是根据俄共中央委员会或俄共中央委员会主席团的决定，按照联邦《政党法》规定的程序在俄共党员成立大会上或者在共产党员代表会议上成立。

6.2 俄共地区分部的最高领导机关是代表会议，每四年至少召开一次。非常代表会议根据需要召开。

关于召开例行代表会议、开会的时间和地点，以及属于该地区分部的俄共地方分部与会代表名额的决定都由俄共地区分部委员会通过。

非常代表会议可以由俄共地区分部委员会根据自己的倡议、根据党的地区分部监察委员会的提议或应属于相应地区分部并且拥有在该地区分部登记的三分之一以上俄共党员的地方分部委员会的要求，以及在必要条件下根据党章、俄共中央委员会规定的程序召开。

6.3 代表会议有权自行解决与俄共地区分部活动有关的、不属于俄共上级机关或中央机关管辖并且不由上述机关的决定来调解的任何问题。

下列问题属于俄共地区分部代表会议管辖：

——确定一批与宣传、解释、研究和实施俄共纲领和章程条例、党的代表大会各项决定、俄共中央委员会和党的其他机关的各项决定有关的基本问题；

——根据俄共上级机关和中央机关的决定，明确俄共地区分部活动的任务和优先方向；

——审理关于党的活动的任何问题的建议，并把建议提交俄共中央委员会；

——讨论全党文件草案，对任何一个党机关的决定表明自己的态度；

——参加全党争论；

——明确具体的具有重大社会意义的问题并制定解决措施；

——对俄共中央委员会候选人提出建议；

——选举任期不超过四年的俄共地区分部委员会成员，并提前终止他们的全权；

——选举任期不超过四年的俄共地区分部监察委员会成员，并提前终止他们的全权；

——批准俄共地区分部委员会和监察委员会的工作报告；

——选举俄共代表大会代表；

——决定代表会议日程和工作程序（议程）；

——提名议员候选人（候选人名单）和俄罗斯联邦主体国家权力机关其他经选举产生的职位候选人（候选人名单）。

6.4 如果半数以上的当选代表出席代表会议的会议，那么代表会议视为拥有全权。

代表会议的决定由合乎法定人数的与会代表以多数票通过。

关于选举俄共地区分部委员会成员和监察委员会成员的决定，选举党的代表大会代表的决定，以及提名议员候选人（候选人名单）和俄罗斯联邦主体国家权力机关其他经选举产生的职位候选人（候选人名单）的决定都以无记名投票方式通过。

6.5 代表会议的决定以决定和决议的形式通过。

6.6 俄共地区分部的常设领导机关是委员会（共和国委员会、边疆区委员会、州委员会、地区委员会、直辖市委员会），委员会由相应的俄共地区分部代表会议选举产生，并向俄共地区分部代表会议汇报工作。

6.7 委员会有权自行解决与俄共地区分部活动有关的、不属于俄共上级机关或中央机关以及俄共地区分部代表会议管辖并且不由上述机关的决定来调解的一切问题。

俄共地区分部委员会：

——组织并确保宣传、解释、研究俄共纲领和章程条例，以及执行党的代表大会、俄共中央委员会、俄共地区分部代表会议的各项决定和自己制定的各项决定；

——解释并宣传党的社会经济纲领，以及共产党员对社会生活各种问题的立场；

——保证地区分部与俄共地方分部和俄共中央委员会经常联系；

——在自己活动的地域上与俄罗斯联邦主体国家权力机关和地方自治机关相互协作；

——吸引赞同并支持党纲和党章规定的目标的党的拥护者参加各种政治运动和其他活动；

——与各种社会联合组织，包括各政党的地区分部相互协作；

——召开俄共地区分部例行代表会议和非常代表会议，决定其初步日程、开会的时间和地点以及每一个俄共地方分部与会代表的名额；

——在自己的成员中选出任期不超过四年的常委会、委员会第一书记和委员会书记，并提前终止他们的全权；

——在必要情况下，在委员会书记中成立俄共地区分部委员会书记处，以及针对委员会的活动建立临时工作委员会和常设工作委员会；

——代表俄共地区分部行使法人权利，履行法人义务；

——成立党的大众媒体，为其任命总编辑；

——对基层党支部书记或俄共地方分部委员会第一书记给予告诫处分或撤职；

——在必要情况下按照党章规定的程序解散基层党支部领导小组、俄共地方分部常委会或委员会；

——在必要情况下按照党章规定的程序撤销基层党支部全体党员大会或领导小组的决定、以及俄共地方分部代表会议、委员会或常委会的决定；

——通过关于建立、改组或取消基层党支部和俄共地方分部的决定；

——根据俄共地区分部常委会提议，召回地区分部提名的议员候选人、议员候选人名单以及已登记的议员候选人和已登记的议员候选人名单和俄罗斯联邦主体国家权力机关其他经选举产生的职位候选人、候选人名单以及已登记的候选人和已登记的候选人名单；

——批准俄共地区分部的预算并报告每年预算执行情况；

——解决党章规定的其他问题，以及地区分部代表会议或上级党机关交办的其他问题。

6.8 委员会会议根据需要召开，但每四个月不得少于一次。

如果半数以上的委员会成员出席委员会会议，那么委员会视为拥有全权。

委员会的决定由合乎法定人数的与会代表以多数票通过，但关于召回俄共地区分部提名的议员候选人（候选人名单）和俄罗斯联邦主体国家权力机关其他经选举产生的职位候选人（候选人名单）的决定除外，这些决定需由合乎法定人数的与会委员会成员以三分之二的法定多数票通过。

委员会会议以全会的形式进行。委员会的决定以决定的形式通过。

投票的形式和程序由委员会自行决定。

6.9 党的地区分部委员会经俄共中央委员会、俄共中央委员会主席团或书记处同意后，有权从俄共地区分部代表会议以无记名投票方式选举产生的委员会候补委员中增补新成员以代替离职的委员会成员。

6.10 俄共地区分部委员会的全权持续到代表会议选举出新一届委员会为止。

6.11 为解决政治问题、组织问题和当前热点问题，委员会在自己成员中选出常委会，常委会向俄共地区分部委员会汇报工作。

俄共地区分部常委会：

——进行宣传、解释、研究俄共纲领和章程的工作，以及组织执行党的代表大会、俄共中央委员会和党的其他上级机关的各项决定；

——向共产党员和居民通报有关社会政治形势，有关党的立场和俄共地区分部的活动；

——成立出版社、通讯社、印刷企业、成人继续教育机构和其他法人机构；

——为居民开放电视和广播频道，发行定期出版物，与党的积极分子代表举行座谈、讲座和见面会；

——吸引赞同并支持党纲和党章规定的目标的党的拥护者参加各种政

治运动和其他活动；

——组织举行会议、集会、静坐、示威、街头游行和其他活动；

——召开俄共地区分部委员会全会；

——批准俄共地方分部委员会关于选举地区分部委员会第一书记的决定；

——对基层党支部书记或俄共地方分部委员会第一书记给予告诫处分或撤职；

——在必要情况下按照党章规定的程序解散基层党支部领导小组、俄共地方分部常委会或委员会；

——明确俄共地区分部委员会第一书记、委员会书记和常委会其他成员的职责分工，并听取他们的工作报告；

——监督已通过决定的完成情况；

——向相应级别的选举委员会通报有关提名议员候选人（候选人名单）和俄罗斯联邦主体国家权力机关和地方自治机关其他经选举产生的职位候选人（候选人名单）的活动的进行情况；

——代表俄共提名拥有表决权的：国家政权联邦机关投票站、区市、选区选举委员会成员，俄罗斯联邦主体国家权力机关和地方自治机关的立法（代表）机关和其他经选举产生的职位投票站、区市、选区选举委员会成员，参加任何级别的全民公决的投票站、区市、选区选举委员会成员，以及俄罗斯联邦主体选举委员会成员和自治区域选举委员会成员；

——代表俄共任命拥有发言权的：国家政权联邦机关投票站、区市、选区选举委员会成员，俄罗斯联邦主体国家权力机关和地方自治机关的立法（代表）机关和其他经选举产生的职位投票站、区市、选区选举委员会成员，参加任何级别的全民公决的投票站、区市、选区选举委员会成员，以及俄罗斯联邦主体选举委员会成员和自治区域选举委员会成员；

——代表俄共提名列入投票站选举委员会后备成员的候选人并通过召回投票站选举委员会后备成员的决定；

——代表俄共任命国家政权联邦机关投票站、区市、选区选举委员会观察员，俄罗斯联邦主体国家权力机关和地方自治机关的立法（代表）机关和其他经选举产生的职位投票站、区市、选区选举委员会观察员，参加任何级别的全民公决的观察员，以及俄罗斯联邦主体选举委员会观察员和自治区域选举委员会观察员；

——以无记名投票方式提名议员候选人（候选人名单）和地方自治机关其他经选举产生的职位候选人（候选人名单）；

——以无记名投票方式提名俄罗斯联邦主体国家政权立法（代表）机关参加提前竞选、再次竞选和补充竞选的议员候选人（候选人名单）；

——召回地区分部常委会提名的议员候选人、议员候选人名单，以及已登记的议员候选人、已登记的议员候选人名单和俄罗斯联邦主体国家权力机关和地方自治机关其他经选举产生的职位候选人、候选人名单，以及已登记的候选人、已登记的候选人名单；

——在俄罗斯联邦法律规定的情况下，经与俄共中央主席团协商后向俄罗斯联邦主体选举委员会提名补充俄罗斯联邦主体国家政权立法（代表）机关空缺代表职位；

——使党的地方分部领导机关的决定与俄共章程的各项要求相一致；

——根据本章程8.7.1规定，召回地区分部按照一个（多个）代表区提名的议员候选人、已登记的议员候选人和其他经选举产生的职位候选人、已登记的候选人，取消地区分部提名的候选人名单中的候选人；

——批准加入俄共；

——根据俄共中央委员会主席团的决定为资助党的联邦级别的选举运动设立选举基金；

——向有关俄罗斯联邦（各）主体选举委员会提供联邦法律指定要求的资料；

——依据现行法律发起地区全民公决；

——向授权机关提交关于俄共地区分部提名的已登记的议员候选人和俄罗斯联邦主体国家权力机关和地方自治机关其他经选举产生的职位已登记的候选人数量的信息、以及关于按照俄罗斯联邦法律规定的程序经选举委员会登记的议员候选人名单的信息；

——向授权机关提交关于俄共地区分部继续活动的情况的信息并指明地区分部常设领导机关所在地，并按照俄罗斯联邦法律规定的程序向授权机关呈送党的地区分部的财务（会计）报告副本；

——通知授权机关变更事宜：俄共地区分部的名称、法定地址以及有权以自己名义而无须经过授权办事的人的姓、名、父称和职务；

——解决党章规定的其他问题，以及地区分部委员会或上级党机关交办的其他问题。

6.12 常委会会议根据需要召开，但每个月不得少于一次。

如果半数以上的当选成员出席会议，那么常委会会议视为拥有全权。

常委会的决定由合乎法定人数的与会成员以多数票通过。

常委会的决定以决定的形式通过。

投票的形式和程序由常委会自行决定。

常委会会议由俄共地区分部委员会第一书记主持，如果第一书记缺席，那么由受他委托或常委会委托的委员会书记主持。

6.13 委员会第一书记领导俄共地区分部委员会和常委会的工作，委员会第一书记由委员会选举产生和罢免。

委员会第一书记：

——动员共产党员参加政治活动；

——组织共产党员参加选举运动；

——组织共产党员在居民中进行群众鼓动工作；

——召开常委会会议和组织常委会工作；

——主持委员会和常委会各次会议；

——签署委员会和常委会的各项决定，以及俄共地方分部的其他文件；

——在与国家权力机关和地方自治机关以及俄罗斯联邦境内外的自然人和法人打交道时，无须经过授权即可代表俄共地区分部；

——发放有权代表地区分部利益的委托书；

——在银行机构开一个地区分部结算账户；

——经俄共地区分部常委会同意后，依据俄罗斯联邦法律和俄共中央委员会规定的程序招聘或者解雇地区分部机构的工作人员，批准俄共地区分部定员编制表；

——在自己权限范围内颁布命令，以及下达俄共地区分部全体工作人员必须遵守的指令；

——组织进行统计核算、会计核算、税务核算和其他核算，保证准确编制报表并及时向所辖国家机关和俄共中央委员会提交报表；

——组织与俄共地区分部活动有关的文件的管理和保存；

——解决俄共地区分部代表会议、委员会或常委会以及上级党机关交办的其他问题。

6.14 俄共地区分部常委会以及委员会第一书记和书记的全权持续到俄共地区分部委员会选举出相应的新一届常委会成员或者委员会新一届第一书记和书记为止。

6.15 俄共地区分部委员会第一书记违反俄共纲领或章程条例，或者不执行党的上级机关（各级上级机关）的决定（各项决定），经俄共中央委员会或俄共中央委员会主席团决定予以警告处分；或者依据过错严重程度，被撤销第一书记的领导职务。如果俄共地区分部委员会第一书记被撤职，那么向俄共地区分部委员会会议提议重新选举第一书记。根据撤职机关的决定，在此期间，由一名书记或一名俄共地区分部委员会成员代理俄共地区分部委员会第一书记的职务。

如警告后俄共地区分部委员会第一书记再次违反俄共纲领或章程条例，再次不执行党的上级机关（各级上级机关）的决定（各项决定）或者继续进行上述违反行为，俄共中央委员会或俄共中央委员会主席团有权撤销俄共地区分部委员会第一书记职务并提请俄共地区分部委员会会议重新选举第一书记。在此期间，根据撤销俄共地区分部委员会第一书记职务的机关的决定，由俄共地区分部委员会一名书记或者委员会成员代理俄共地区分部委员会第一书记的职务。

6.16　俄共地区分部代表会议、委员会或常委会作出的决定如违反党的纲领或章程条例或者俄共上级机关决定，俄共中央委员会或俄共中央委员会主席团可以废除该决定。

6.17　俄共地区分部常委会如作出违反党的纲领或章程条例或者俄共上级机关决定的决定，可以根据俄共中央委员会或俄共中央委员会主席团的决定予以解散。并且根据这项决定，在解散常委会的同时，任命工作小组以便召开俄共地区分部委员会会议。

6.18　俄共地区分部委员会如作出违反党的纲领或章程条例或者俄共上级机关决定的决定，可以根据俄共中央委员会的决定予以解散。并且根据这项决定，在解散委员会的同时，为了讨论当前形势并重新选举委员会成员，将召开俄共地区分部代表会议并确定开会的时间和地点，决定俄共地方分部与会代表名额，并成立组织委员会以便筹备代表会议和在代表会议召开以前领导俄共地区分部的活动。

6.19　改组或取消地区分部的决定可以由俄共中央委员会通过。

七、俄共代表大会

7.1　俄共代表大会是俄罗斯联邦共产党的最高领导机关。例行代表大会由俄共中央委员会每四年至少召开一次。关于召开例行代表大会、批准代表大会日程草案、确定代表名额的决定需在代表大会召开三个月以前公布。

俄共非常（紧急）代表大会可以由党中央委员会根据自己的倡议，根据俄共中央监察委员会的建议、或应拥有全党三分之一以上俄共党员的俄共地区分部委员会的要求召开。

当必须召开俄共非常（紧急）代表大会，而党中央委员会又未召开代表大会的情况下，或者俄共中央委员会功能不全时，党的地区分部可以组成组织委员会，组织委员会行使俄共中央委员会的权力召开非常（紧急）代表大会。

7.2　俄共代表大会有权就党的活动的任何问题进行审议并通过决定。

俄共代表大会有解决下列问题的特殊全权：

——通过（批准）俄共纲领并对其作出修改和补充；

——通过（批准）俄共章程并对其作出修改和补充；

——确定俄共在其活动的所有领域的战略和策略；

——批准俄共竞选纲领（行动纲领）；

——根据俄罗斯联邦法律提名俄罗斯联邦总统职位候选人、俄罗斯联邦联邦会议国家杜马议员及国家政权联邦机关和独联体政权机关其他经选举产生的职位候选人（候选人名单）；

——选举任期四年的俄共中央委员会成员，并提前终止他们的全权；

——选举任期四年的俄共中央监察委员会成员，并提前终止他们的全权；

——听取和批准俄共中央委员会和俄共中央监察委员会的工作汇报和报告，并对他们的工作作出评价；

——批准俄共中央机关的议事规程；

——批准俄共中央监察委员会条例并对其作出修改和补充；

——确定代表大会工作日程（议程）；

——决定俄共的改组或取消问题。

7.3 如果有半数以上的俄共地区分部当选代表出席代表大会的会议并进行登记，那么代表大会视为拥有全权。

通过俄共章程和纲领、对其进行的修改和补充、选举领导机关和监察机关、提名议员候选人（候选人名单）国家权力机关和地方自治机关其他经选举产生的职位的候选人（候选人名单）、审议党的重组或取消问题，都由不少于一半的俄罗斯联邦主体组成的地区分部代表参加的代表大会来完成。

代表大会关于通过（批准）俄共纲领、俄共章程并对其作出修改和补充，以及改组或取消俄共的问题的决定由合乎法定人数的与会代表以三分之二的法定多数票通过。

代表大会关于其他问题的决定由合乎法定人数的与会代表以多数票

通过。

关于选举俄共中央委员会成员和俄共中央监察委员会成员，以及提名俄罗斯联邦总统职位候选人、俄罗斯联邦联邦会议国家杜马议员候选人（候选人名单）以及国家政权联邦机关和独联体政权机关其他经选举产生的职位候选人（候选人名单）的决定以无记名投票方式通过。

7.4 代表大会的决定以决定和决议的方式通过。

7.5 在两次代表大会期间，俄共中央委员会为讨论有关党的政治和实际行动的迫切问题，以及听取俄罗斯联邦共产党党团向俄罗斯联邦联邦会议国家杜马的工作报告，可以召开俄共全俄代表会议。

俄共全俄代表会议的召开和工作程序由俄共中央委员会决定。

八、俄共中央机关

8.1 俄共中央委员会是党的常设领导机关，俄共中央委员会的成员由俄共代表大会以无记名投票的方式选举产生。

8.2 俄共中央委员会有权解决与党的活动有关的、根据本章程不属于俄共代表大会特殊管辖并且不由俄共代表大会的决定调解的任何问题。

8.3 俄共中央委员会：

——在党纲和俄共代表大会各项决定的基础上制定社会经济和政治生活等重要问题的文件；

——组织执行党代表大会的决定；

——对俄共章程作出正式的解释；

——对党的内外政策提出建议；

——确定党的当前策略；

——制定党的竞选纲领（行动纲领）草案；

——在俄罗斯联邦联邦会议国家杜马中协调俄罗斯联邦共产党的活动，以及在俄罗斯联邦主体国家政权立法（代表）机关的俄共议员团的活动；

——与国内的社会联合组织相互协作；

——与国家权力机关和地方自治机关打交道时代表俄共；

——与境外政党和组织打交道时代表俄共；

——召开俄共例行代表大会和非常代表大会，确定大会初步日程、开会的时间和地点以及每个俄共地区分部与会代表的名额；

——在自己任期内的俄共中央委员会成员中选举一名中央委员会书记、一名（多名）中央委员会第一副书记和一名（多名）中央委员会副书记以及中央委员会主席团成员，并提前终止他们的全权；

——在自己的成员中选举俄共中央委员会书记处成员；

——代表俄共行使法人权利并履行法人义务；

——成立党的核心大众媒体，为其任命总编辑；

——对俄共地方分部委员会第一书记或俄共地区分部委员会第一书记给予告诫处分或撤职；

——在必要情况下按照党章规定的程序解散俄共地方分部常委会或俄共地区分部常委会；

——在必要情况下按照党章规定的程序解散俄共地方分部委员会或俄共地区分部委员会；

——通过关于建立、改组或取消俄共地方分部和俄共地区分部的决定；

——根据俄共中央委员会主席团提议，召回俄共代表大会提名的俄罗斯联邦总统职位候选人、俄罗斯联邦联邦会议国家杜马议员候选人（候选人名单）、已登记的候选人（已登记的候选人名单）和国家政权联邦机关和独联体政权机关其他经选举产生的职位候选人（候选人名单）、已登记的候选人（已登记的候选人名单）；

——批准党的各项处罚条例；

——批准俄共中央委员会主席团和书记处工作议程；

——俄共中央委员会下设中央咨询委员会；

——下设俄共中央委员会常设工作委员会，批准其成员组成并选举常设工作委员会书记；

——听取俄共中央委员会主席团和书记处的工作报告以及俄共地区分部代表的工作报告；

——通过关于将批准和更改属于俄共中央委员会管辖的条款、议程的全权转交给俄共中央主席团的决定；

——解决党章规定的其他问题，以及俄共代表大会交办的其他问题。

8.4 俄共中央委员会全会由俄共中央委员会主席团根据需要召开，但每四个月不得少于一次。俄共中央委员会非常全会由俄共中央委员会主席团根据自己的倡议以及应三分之一以上俄共中央委员会成员或三分之一以上俄共地区分部委员会的要求召开。

如果半数以上的委员出席俄共中央委员会的会议，那么俄共中央委员会视为拥有全权。

俄共中央委员会的决定由合乎法定人数的与会委员以多数票通过。

俄共中央委员会会议以全会的形式进行。俄共中央委员会的决定以决定的形式通过。

投票的形式和程序由俄共代表大会批准的俄共中央机关议事规程决定。

8.5 俄共中央委员会有权根据自己的决定从党代表大会以无记名投票方式选举产生的俄共中央委员会候补委员中增补新成员以代替离职的俄共中央委员会成员。

8.6 俄共中央委员会的全权一直持续到代表大会选举出新一届俄共中央委员会成员为止。

8.7 为解决政治问题和组织问题，以及在全会期间领导党的工作，中央委员会在自己任期内选出俄共中央委员会主席团。俄共中央委员会主席团成员由俄共中央委员会书记、一名（多名）俄共中央委员会第一副书记和一名（多名）俄共中央委员会副书记以及主席团成员组成。

俄共中央委员会主席团：

——组织完成党的代表大会和俄共中央委员会的各项决定；

——在俄共中央委员会全会期间，通过关于党的内外政策问题的

第二部分　主要政党内部规章制度

决定；

——代表俄共中央委员会接受申请和请求；

——向俄共中央委员会通报有关党的内外政策问题的信息；

——召开俄共中央委员会例行全会和非常全会，并对其日程提出建议；

——宣布全俄党的会议的议题和开会日期；

——批准俄共地区分部委员会关于选举地区分部委员会第一书记的决定；

——对俄共地方分部委员会或者地区分部委员会第一书记给予告诫处分或撤职；

——在必要情况下按照党章规定的程序解散俄共地区分部常委会、俄共地方分部常委会或委员会；

——在必要情况下通过关于召开俄共地方分部或俄共地区分部代表会议或委员会会议的决定；

——明确俄共中央委员会书记、俄共中央委员会第一副书记和俄共中央委员会副书记以及俄共中央委员会主席团和书记处成员的权限范围和职责分工；

——批准俄共中央委员会长期工作计划；

——批准俄共中央委员会下设机构的机构组成和人员编制并组织下设机构的活动；

——组织审理公民请求和处理公民信件的工作；

——通过派出俄共中央委员会成员及下设机构工作人员的决定；

——在俄共中央委员会规定的预算范围内支配党的资金和财产；

——在大众传媒中公布向拥有全权的俄罗斯联邦执行权力联邦机关提供的信息；

——成立出版社、通讯社、印刷企业、成人继续教育机构和其他法人机构；

——听取俄共中央委员会书记处的报告；

——针对党章规定的俄共中央委员会主席团活动成立若干主席团委员会；

——向俄罗斯联邦中央选举委员会通报与俄共提名的俄罗斯联邦总统候选人、俄罗斯联邦联邦会议国家杜马议员候选人（候选人名单）和国家政权联邦机关和独联体政权机关其他经选举产生的职位候选人（候选人名单）有关的活动的进行情况；

——代表俄共提名拥有表决权的俄罗斯联邦中央选举委员会成员；

——代表俄共任命拥有发言权的俄罗斯联邦中央选举委员会成员；

——代表俄共任命俄罗斯联邦中央选举委员会观察员；

——根据俄共地区分部常委会的提议，通过关于提名俄罗斯联邦主体高级职员（俄罗斯联邦主体国家政权高级执行机关领导）职位候选人的决定；

——以无记名投票方式提名参加再次竞选和补充竞选的俄罗斯联邦联邦会议国家杜马议员候选人（候选人名单）；

——如果当地没有俄共地区分部，以无记名投票方式提名俄罗斯联邦主体国家政权立法（代表）机关候选人（候选人名单）；如果当地没有俄共地区分部和俄共地方分部，以无记名投票方式提名议员候选人（候选人名单）和地方自治机关其他经选举产生的职位候选人（候选人名单）；

——俄罗斯联邦中央选举委员会关于按照俄罗斯联邦法律规定的情况补充俄罗斯联邦联邦会议国家杜马空缺代表职位的提议；

——针对俄罗斯联邦主体选举委员会提出的关于按照俄罗斯联邦法律规定的情况补充俄罗斯联主体作家政权立法（代表）机关空缺代表职位的候选人的进一步提议，同意俄共地区分部常委会提名的候选人；

——根据本章程8.7.1规定，召回议员候选人、已登记的议员候选人，取消俄共中央代表大会提名的俄罗斯联邦联邦会议国家杜马议员联邦候选人名单中的候选人；

——批准加入俄共；

——为资助俄共选举运动，通过关于设立选举基金的决定；

——解决俄共地区分部提出的为资助党的选举运动而设立选举基金的资格的问题；

——向授权机关提交关于俄共提名的已登记的俄罗斯联邦联邦会议国家杜马议员候选人和国家政权联邦机关和独联体政权机关其他经选举产生的职位已登记的候选人数量的信息、以及关于按照俄罗斯联邦法律规定的程序经俄罗斯联邦中央选举委员会登记的议员候选人名单的信息；

——向授权机关提交关于俄共党员总数、每一个地区分部党员数量的信息和党的继续活动的情况的信息并指明常设领导机关所在地，并按照俄罗斯联邦法律规定的程序向授权机关呈送俄共财务汇总报表和俄共地区分部和已注册的俄共地方分部财务（会计）报告副本；

——通知授权机关变更事宜：俄共名称、法定地址以及按照俄罗斯联邦法律规定的程序有权以自己名义而无须经过授权办事的人的姓、名、父称和职务；

——审理党章规定的其他问题，以及俄共代表大会或俄共中央委员会交办的其他问题。

8.7.1 召回、取消议员候选人、已登记的议员候选人和其他经选举产生的职位候选人、已登记的候选人的依据是：

——候选人违反选举法、俄共党章的要求以及不完成党的领导机关和党的分支机构的各项决定；

——候选人从事违背俄共纲领并给党带来政治方面损害的活动；

——候选人同意被提名和（或）加入其他政党；

——候选人不在规定期限内或不按照规定的形式提交用于提名、证明、登记候选人（候选人名单）的文件和信息材料；

——根据候选人个人书面申请；

——候选人身患重病或健康状况非常不佳；

——候选人失去被选举权。

8.8 俄共中央委员会主席团的工作日程由俄共中央批准的议事规程来决定。

8.9 俄共中央委员会主席团的工作由任期内的俄共中央委员会书记领导,俄共中央委员会书记由俄共中央委员会选举产生。

俄共中央委员会书记:

——主持俄共中央委员会全会和俄共中央委员会主席团会议;

——组织俄共中央委员会、俄共中央委员会主席团和书记处的工作;

——在与国家权力机关和地方自治机关以及俄罗斯联邦境内外的自然人和法人打交道时,无须经过授权即可代表党的利益;

——召集并召开俄共中央委员会主席团会议;

——签署俄共中央委员会、俄共中央委员会主席团和书记处的决定,以及代表俄共签署其他文件;

——颁发有权代表党的利益的委托书;

——领导俄共中央委员会下设机构的工作;

——在自己权限范围内颁布命令,以及下达俄共中央委员会下设机构全体工作人员必须遵守的指令;

——解决党的代表大会、俄共中央委员会或俄共中央委员会主席团交办的其他问题。

8.10 为了组织当前工作、检查对党中央机关决定的执行情况,俄共中央委员会选出俄共中央委员会书记处,书记处向俄共中央委员会主席团汇报工作。

书记处的工作由俄共中央委员会书记直接领导,在俄共中央委员会书记缺席期间,按照他的委托,由一名俄共中央委员会副书记来领导。

书记处成员由分别负责党的不同部门工作的各位俄共中央书记组成。

俄共中央委员会书记处:

——组织关于完成党的代表大会、俄共中央委员会和俄共中央委员会主席团的各项决定的实际工作;

——实施党的当前政策;

——向俄共中央委员会主席团和俄共地区分部委员会通报关于党的内外政策的各种问题;

——对于干部的选拔、任用和培训进行监督；

——研究并批准关于党内活动各种问题的工作细则和条例；

——批准当前工作计划；

——听取俄共地区分部委员会的工作报告；

——总结和普及工作经验；

——对俄共地方分部和地区分部给予具体的帮助；

——对党的代表大会、俄共中央委员会、俄共中央委员会主席团的各项决定以及自己的各项决定的完成进度进行监督；

——监督俄共中央委员会下设机构的活动；

——保证审理公民请求和处理公民信件的工作；

——审理党章规定的其他问题，以及党的代表大会、俄共中央委员会或俄共中央委员会主席团交办的其他问题。

8.11 俄共中央委员会书记处的工作日程由俄共中央批准的议事规程来决定。

8.12 俄共中央委员会主席团、俄共中央委员会书记处、俄共中央委员会书记和副书记的全权持续到俄共中央委员会选举出相应的新一届俄共中央委员会主席团、俄共中央书记处成员或新一届俄共中央委员会书记和副书记为止。

8.13 俄共中央监察委员会和俄共中央监察委员会主席团是党的中央监督机关。俄共中央监察委员会成员由俄共代表大会以无记名投票方式选举产生。

俄共中央监察委员会：

——对俄共党员以及党的分支机构遵守党章条例的情况进行监督；

——对党、俄共地区分部和注册的俄共地方分部的财务和经营活动进行监督；

——对俄共代表大会关于归俄共管辖的所有问题的各项决定的执行情况进行监督；

——审理俄共党员关于给予处分问题的上诉（申诉）和公民就开除出

党问题的上诉（申诉）；

——对遵守俄共党员和其他公民的申诉、申请和信件审理程序的情况进行监督。

8.14 为了组织俄共中央监察委员会的工作，从其成员中选出任期内的俄共中央监察委员会主席团、俄共中央监察委员会书记、俄共中央监察委员会第一副书记和副书记，以及俄共中央监察委员会主席团成员，并提前终止他们的全权。

俄共中央监察委员会成员可以参与俄共中央委员会及其机关的工作，拥有发言权，俄共中央委员会成员同样也可以参与俄共中央监察委员会及其机关的工作。

必要时，俄共中央委员会和俄共中央监察委员会可以召开联席会议。

8.15 俄共地区分部、地方分部和基层支部的监察委员会作出的决定如违反党纲和党章或者俄共中央监察委员会决定（各项决定），俄共中央监察委员会有权废除该决定。

俄共中央监察委员会在自己权限范围内通过的决定对于相关决定所涉及的俄共所有机关、所有分支机构和所有党员来说是必须执行的。

8.16 如果半数以上的当选成员出席会议，那么俄共中央监察委员会视为拥有全权。俄共中央监察委员会的决定由合乎法定人数的与会俄共中央监察委员会成员以多数票通过。

8.17 俄共中央监察委员会会议以全会的形式进行。俄共中央监察委员会的决定以决定的形式通过。俄共中央监察委员会的会议进程形成会议记录。

8.18 俄共中央监察委员会的全权持续到俄共代表大会选举出新一届俄共中央监察委员会成员为止。

8.19 俄共中央监察委员会的工作程序、党的地区分部、地方分部和基层党支部的监察委员会的工作程序由党章和俄共中央委员会全体会议和俄共中央监察委员会批准的条例规定。

九、俄共与国家权力机关、地方自治机关、各政党和社会联合组织的关系

9.1 俄共中央委员会和受其委托的其他机关在与立法（代表）机关、执行机关和司法权力机关打交道时代表党，并由俄共中央委员会和受其委托的其他机关规定与上述权力机关相配合的制度。

涉及俄共利益的问题由国家权力机关和地方自治机关在俄共的参与下或者与俄共协商后解决。

联邦法律禁止要求身为俄共党员的俄罗斯联邦公民在提供关于自己的正式信息时指明自己是否为党员。俄罗斯联邦公民的俄共党员资格不是限制其权利和自由的理由，也不是为其提供某种特权的条件。

根据联邦法律，俄共纲领和章程中列入维护社会公正思想的条款，与俄共和俄共党员维护社会公正的活动一样，不应被视为挑起社会纷争。

9.2 俄共和俄共分支机构制定并公布自己的竞选纲领（行动纲领），以及按照法律规定的程序解决关于推举议员、国家权力机关和地方自治机关其他经选举产生的职位候选人（候选人名单）的问题。

9.3 由俄共最高领导机关或俄共分支机构推举的议员、国家权力机关和地方自治机关其他经选举产生的职位候选人（候选人名单）可以按照党章规定的程序召回。

相关的俄共或俄共分支机构的常设领导机关的决定是召回的根据。

在必要情况下，推举的候选人也可以由党或党的分支机构按照联邦法律和俄罗斯联邦主体法律规定的程序召回。

9.4 国家政权立法（代表）机关里和地方自治代表机关里的俄共党员根据这些机关的议事规程组成党团或议员团，以便协调行动，实现党的竞选纲领（行动纲领）和选民的委托。

上述党团或议员团在相应党委员会或上级党委员会的领导下工作，并与党委员会保持紧密联系。

被俄共选出的议员如因个人申请退出自己所在的国家政权立法（代

表）机关或者地方自治代表机关的俄共党团或议员团，议员的全权则依据现行联邦法律予以终止。

身为国家政权立法（代表）机关或者地方自治代表机关议员的俄共党员，如不完成党机关在自己权限范围内通过的决定，可以按照党章规定的程序追究其责任。

俄共中央委员会和俄共中央委员会主席团有权对国家政权立法（代表）机关或地方自治代表机关里的俄共党团或议员团的党员发布命令，如果俄共党团或议员团的党员违反俄共纲领和章程或党中央领导机关的决定，俄共中央委员会和俄共中央委员会主席团有权通过决定解散有关俄共党团或议员团。

9.5 党中央委员会、党的地区分部委员会和党的地方分部委员会有权代表加入俄共的俄罗斯联邦公民提出关于按照现行法律规定的程序进行相应的全联邦全民公决、地区全民公决、地方全民公决和地方自治区域全民公决的建议。

9.6 俄罗斯联邦共产党为了实现自己的纲领和章程规定的目标可以同各政党和其他社会联合组织进行联合，以及同他们建立联盟和联合体，但不形成法人。

9.7 俄共和俄共分支机构在青年工作方面依靠俄罗斯联邦列宁共产主义青年团和其他共产主义青年联合体，同抱有社会主义和爱国主义宗旨的其他青年组织合作，全面协助他们的活动，吸引他们制定并实施俄共的青年政策。党和党的分支机构与上述青年组织和联合体之间的关系建立在团结协作、组织独立、相互尊重和彼此信任的基础上。党的青年小组的俄共党员可以加入共产主义青年联合体或者其他与俄共合作的青年联合体，但政党除外。

9.8 俄共、俄共分支机构及其选举机关促进工会运动和工人运动、妇女组织、老战士组织和爱国主义组织的发展，协助并支持在其中工作的党员。在其他社会联合组织工作的俄共党员可以独立评价其领导机关的活动，前提是党机关就此问题没有相关决定。

十、俄共的经费和其他财产

10.1 为保证进行俄罗斯联邦现行法律和俄共章程所规定的党的活动所必需的任何财产都属于政党所有。

党的财产、包括政党分支机构的财产的所有者为整个党。俄共党员对党的财产不拥有权利。

10.2 俄共地区分部和注册的俄共地方分部对所有者指定其支配的财产具有业务管理权,有独立的平衡表或预算。

10.3 党的财产只能用于实现和完成俄共纲领和章程规定的目标和任务。

10.4 俄共地区分部和注册的俄共地方分部依据其义务对其所支配的财产负责。在上述财产不足的情况下,俄共对地区分部或注册的地方分部的债务承担提供资助的责任。

10.5 相应的俄共地区分部委员会或俄共地方分部委员会或者俄共中央委员会任命的人员、以及相应的俄共地区分部或俄共地方分部或者俄共中央委员会主会计师(会计师)对俄共、俄共地区分部和注册的地方分部的财务活动承担责任。

10.6 俄共的货币资金通过以下方式募集:

——入党费和党费;

——依据俄罗斯联邦法律由联邦预算提供的经费;

——按照现行法律规定的程序,由自然人和法人以货币或其他财产形式提供的捐赠;

——党、党的地区分部和注册的地方分部举办活动的收入以及经营活动的收入;

——民事—法律行为的收入;

——其他未被法律禁止的收入。

10.7 党费由俄共党员按照不少于收入的百分之一的标准来交纳。

10.8 收集、核算和使用党费的程序由俄共中央主席团批准的章程来规定。

10.9 为创造经济条件和物质条件以实现和完成俄共纲领和章程规定的目标和任务，党、党的地区分部和注册的地方分部有权根据俄罗斯联邦法律从事经营活动。

10.10 俄共、俄共地区分部和注册的俄共地方分部的经营活动收入不能在党员之间进行分配，应只用于俄共章程规定的目的。

俄共、俄共地区分部和注册的俄共地方分部的经营活动的结果应该在党的综合财务报告中及其地区分部和注册的地方分部的财务（会计）报告中得到反映。

10.11 党、党的地区分部和注册的地方分部按照俄罗斯联邦法律针对法人规定的程序和期限进行簿记核算、税务核算并制作会计报表和税务报表。

各地区分部和注册的俄共地方分部应向俄共中央委员会提交独立交纳应缴的赋税和自己的财经活动所产生的税款，并以自己的名义向国家主管机关提供有关报表。

各地区分部和注册的俄共地方分部必须在进入会计周期的一个月内以前向俄共中央委员会汇报本会计年度货币资金的来源和数额情况，这些货币资金的开支情况，以及指定该分支机构支配的俄共财产情况，同时说明财产的价值及其国家注册情况的信息。在报告中，筹备和进行选举支出的经费应单独统计。

10.12 俄共中央机关的预算以及预算执行情况的报告由俄共中央委员会审批并向每一位党员通报。

10.13 由党的所有权问题产生的财产关系依据俄罗斯联邦法律予以实现。

俄共中央机关和俄共注册的分支机构的财政经营活动的问题不由本章程调解，由俄共中央委员会批准的有关条例来规定。

10.14 各个级别的党委员会和监察委员会每年向党员通报相应俄共分支机构的预算及其执行情况。

十一、对俄共纲领和章程进行修改和补充的程序

11.1 对俄共纲领或章程进行修改和补充只能由俄共代表大会按照俄共党章7.3款规定的程序来进行。

11.2 代表大会通过的对本章程的修改和补充应按照联邦法律规定的程序进行国家注册。对党纲作出的修改和补充，要按照法律规定的程序向俄罗斯联邦司法部联邦授权机关通报。

十二、改组和取消俄共的程序

12.1 党的改组根据俄共代表大会的决定、依据俄罗斯联邦现行法律、按照俄共章程规定的程序来进行。

党的分支机构的改组依据俄罗斯联邦现行法律、按照俄共章程规定的程序进行。

12.2 俄共可以根据党的代表大会的决定，或者根据俄罗斯联邦最高法院的判决，按照俄罗斯联邦现行法律规定的程序和依据而被取消。

党的分支机构可以被取消：

——根据俄共章程指定的机关所作的决定；

——根据法院按照现行法律规定的程序作出的判决；

——政党被取消的情况下。

在政党被取消的情况下，其财产在进行清算之后根据债务关系用于：

——如果取消政党是根据党的代表大会的决定进行的，则用于俄共纲领和章程规定的目的；

——如果取消政党是根据法院的判决进行的，则上交俄罗斯联邦国库。

十三、俄共的象征标志

13.1 俄罗斯联邦共产党有自己的党旗、党歌、党徽和其他应进行国

家注册并按照俄罗斯联邦法律规定的程序进行登记的象征标志。

13.2 俄共的党旗为幅宽占幅长三分之二的红色旗幅。党旗的中心绘有俄共的党徽。

13.3 俄共的党歌是《国际歌》。

13.4 俄共的党徽是象征着工人、农民和知识分子团结一致的互相交织结合在一起的锤子、镰刀和打开的书。缩写词"КПРФ"("俄共")位于党徽的核心部位。党徽的周围分布有"POCCИЯ"("俄罗斯")、"ТРУД"("劳动")、"НАРОДОВЛАСТИЕ"("人民政权")、"СОЦИАЛИЗМ"("社会主义")等词语。

(原文来源于俄罗斯联邦共产党官方网站 http：//kprf.ru)

(李宏梅 译)

俄罗斯联邦共产党纲领

俄罗斯正处在自己历史急剧的转折点上。通过欺骗和暴力，国家回到了资本主义。这是一条导致民族灾难和我国文明毁灭的社会倒退的道路。

俄罗斯联邦共产党为反对资本主义复辟、苏联解体、苏维埃政权毁灭进行了毫不妥协的斗争。俄罗斯联邦共产党是彻底捍卫雇佣劳动者权利、捍卫民族国家利益的唯一的政治组织。党的战略目标是在俄罗斯建立革新了的社会主义、21世纪的社会主义。

在确定本党纲领性的目标和任务、战略和策略时，我们党是从分析社会政治实践出发的，遵循着马克思列宁主义学说并对其进行创造性的发展，依靠的是我国和世界科学、文化的经验和成就。

一、当代世界与俄罗斯

俄罗斯共产党人认为，20世纪就是在资本主义和社会主义的标志下度过的，二者之间的原则性争论还没有结束。尽管革命运动暂时退却，但是现在的时代仍然是从资本主义向社会主义的过渡。

现在资本主义还统治着全球大部分地区，在这种社会，物质生产和精神生产服从于最大限度地榨取利润和资本积累的市场规律。一切都变成了商品，金钱成了人们关系的主要衡量标准。资本主义的生产方式意味着对人的无节制的剥削，对自然资源的无节制的开采，不考虑对后代生活及其居住环境的有害后果。

列宁关于帝国主义是资本主义的最高也是最后阶段的学说被证明是正确的。资本积聚的过程使20世纪初建立了大型的垄断联盟。银行资本与工业资本结合在了一起。重新瓜分市场的尖锐斗争导致了给人类带来巨大牺牲的两次世界大战和许多地区性的武装冲突。

在20世纪下半叶，一些依靠对地球资源掠夺性的剥削、金融投机、战争以及新的发展了的殖民主义方法发财、被称为"金十亿"的发达资本主义国家进入了所谓的"消费社会"时期。在这个阶段，消费从人的自然功能变成了"神圣目标"，个人的社会地位取决于达到这个目标的热诚程度。从本质上看，这是借助于纠缠不休的广告和其他心理压力的方法进行的超强剥削和市场扩展。

帝国主义利用现代技术，对全球居民进行洗脑。它企图将整个世界都诱入其信息网中，并在世界上植入利己主义、暴力、空虚的精神和世界主义。

在苏联解体、资本主义复辟以后，美国及其亲密盟友在原苏联地区和东欧推行帝国主义全球化政策。局势极其危险。劳动与资本的国际矛盾与"文明战争"形式纠结在一起，世界正在进行新的划分。经济的、政治的和军事的势力范围也正在重新分配，控制地球自然资源的斗争在不断增多。为了达到其目的，帝国主义集团正在积极利用各个军事政治联盟并采取公开的武装行动。

现有的世界结构能使主要资本主义国家保持相对的稳定，削弱工人运动和其他抗议运动，缓和个别国家内的社会冲突。

但是，资本主义保证了少数国家的高消费水平，却同时使人类陷入了新一轮的矛盾，使所有的全球问题变得极其尖锐。

继续维持资本主义作为地球上占统治地位的制度有带来灾难的威胁。甚至其最狂热的拥护者也承认，采用资本主义固有的掠夺性的方法发展生产将会快速消耗掉最重要的自然资源。世界经济危机在加深。因为局部战争以及这些战争经常有转变为新的世界大战的威胁、国家边界的重新划分、技术工程灾祸以及文化和精神颓废，资本主义在破坏着人们的生活。信息的自由交流与现代市场也是不相符合的。

资本主义本身为建立更加完善的社会制度创造了前提。生产的社会化是必然到来的社会主义的主要物质基础。无论过去和现在,劳动人民和工人阶级都是这个过程的推动力。科学技术的进步使城市和农村的工人阶级正在发生根本性的质的和结构性的更新。工程技术人员、科学工作者、服务领域的劳动者现在绝大部分是雇佣劳动者,因此,这里正在形成先进的队伍、工人阶级的核心。共产党人把他们看作是自己的主要社会基础,他们首先向这个先进队伍提出了自己的思想,帮助劳动人民认清和实现其在国内、国际上的利益。这支先锋力量不仅掌握着俄罗斯的命运,而且掌握着整个人类文明的命运。

俄罗斯共产党人对未来充满信心。只有社会主义才能消除人剥削人,消除资本主义生产和消费的浪费性质。在苏联和其他一系列国家已经发生的资本主义复辟意味着社会主义暂时的退却。但是,失败的并非作为社会制度的社会主义,而只是以前的社会主义形式。社会主义力量正在成熟和成长。社会主义的中国正在快速发展,其他国家也在沿着社会主义建设的道路前进。一些国家的共产党人或者进步政党还掌握着政权,其领袖对社会主义道路有好感。在古巴之后,拉丁美洲国家越来越坚定地表现出了对社会主义选择的向往。在世界上的许多国家,民族解放斗争正在加强,使资本主义失去了最重要的后备力量和延长其存在的源泉。帝国主义全球化的反对者运动响亮地宣示自己。这就是为什么有一切理由认为,在21世纪,社会主义作为一种学说、一个群众运动、一种社会制度将重整旗鼓。

二、历史教训和拯救祖国之路

评价人类发展规律时,俄罗斯联邦共产党的出发点是,每个民族和每个国家应当根据自己的特点和历史经验来实现这些规律。这也完全适用于我们的祖国。由于各族人民的忘我劳动、卓著战功,社会意识的独特性,伟大作家、音乐家、艺术家、学者和工程师的杰作,还有俄罗斯几代爱国者、革命者的奉献,俄罗斯为人类发展作出了独特的贡献。只有在这个历史传承性的牢固基础上,才能建设我们祖国的未来。

地缘政治、民族和经济状况的错综复杂使俄罗斯社会成为独特文化和精神传统的载体。其基本价值是村社思想，集体主义，爱国主义，个人、社会和国家紧密相连。由此必然产生对实现真理、善良和正义的最高理想的追求，对所有公民不分民族、宗教和其他差异一律平等的追求。这些品质是群众接受解放思想和革命思想的重要前提。

俄罗斯的历史完全证明了革命是历史火车头的观点。没有斯·季·拉辛、叶·伊·普加乔夫的农民战争，没有阿·尼·拉吉舍夫思想，没有十二月党人起义，没有亚·赫尔岑和尼·车尔尼雪夫斯基的不懈努力，农奴制就不会被废除。没有革命力量的斗争，沙皇制度就不会垮台。没有列宁及其所领导的布尔什维克党的活动，人类向原则上不同的社会制度的突破就不会实现。群众历史性创造出来的新的政权形式——苏维埃共和国就不会得到巩固。

在军事上、政治上和经济上破产，国家分崩离析，执政的资产阶级—地主联盟完全丧失能力的情况下，伟大的十月社会主义革命对俄罗斯来说是唯一现实的民族自我保全的机会。多民族国家苏联的建立是伟大的十月革命合乎规律的创造性的表现。

我国是社会主义建设的开拓者。但是，必须"解决"资本主义俄罗斯积聚起来的许多问题以及敌对环境给这一过程打上的重大烙印。

建立了劳动者多数的政权，实现了向公有制基础上的国民经济计划管理的转变。苏联人民很快完成了恢复时期的任务，取得了巨大的社会、文化成就。事件的进一步发展表明，党在一个单独掌权的国家开展社会主义建设的方针是正确的。

但是，我国的经济还继续落后于主要的资本主义国家。苏联的劳动者认识到了斯大林关于必须在十年内走完主要资本主义国家用了不少于一百年所走过的历史路程这一思想的特殊重要性。在极短的时间内采用动员经济的方法实现了资本主义国家花了整整一个时代才实现的工业化，快速进行了农业集体化，消灭了大批文盲，实现了文化革命。所有这些使社会实质性地迈上了一个新的水平。

苏联的和平发展被法西斯德国及其仆从国背信弃义的进攻所打断。侵略导致了数以百万计的人牺牲和巨大的破坏。苏联人民在伟大卫国战争中的群众性的英雄主义、国民经济的迅速恢复、国家的进一步发展再一次证明了我们选择的社会主义发展道路的历史优越性。

形成建立在新型劳动分工基础上的统一的国民经济体系。

公民所有最重要的社会权利——劳动、休息、保健、老年物质保障、住房、教育、享用文化成果——都受到保障,居民福利不断增加,寿命不断延长。苏联在世界上首次实现了使人飞向太空,保证了原子能用于和平目的,科学、文化蓬勃发展。苏联社会主义成了国际舞台上和平与稳定的最重要的因素。"俄罗斯奇迹"展示出社会主义制度的巨大可能性,赢得了地球上所有人民应有的尊敬。

但是,建立与社会主义生产方式相适应的生产力的任务还远没有完成,在全国确立的动员经济要求对社会生活许多领域实行极端严格的国有化和集中化,但是没有及时地使经济结构与生产力的要求相适应。官僚主义增长了,人民的自治组织受到压制,劳动人民的社会积极性和首创精神下降。社会主义的一个主要原则——"各尽所能,按劳分配"遭到严重背离。科技革命的成就没有充分与社会主义的优越性结合起来。允许毫无根据的赶超,这在1961年通过的苏共第三个纲领中表现得特别明显。

摆在社会面前的主要任务是,从过去很多方面尚不完善的社会主义形式向较为成熟的形式过渡,保证现实社会主义按其自身原则在苏联发展。当前不是要在法律上形式主义地使生产社会化,而是要真正地、实际上使生产社会化,达到比资本主义更高的生产力水平和人民生活水平质量,过渡到劳动集体的自治,采用更有效的劳动的激励和刺激机制,不断为人的协调和全面的发展创造条件。

苏联人民意识到了进行深刻变革的必要性,但是国家的领导者们拖延通过必要的决议,对决议的实施也没有表现出应有的坚持。因此,困难、问题和不良的趋势在社会中积聚了下来。它们妨碍了社会主义制度优越性的发挥,扭曲了社会主义制度,抑制了发展。这引起了许多人的失望和疑惑。

不考虑这些情况，就不能正确理解我国历史上劳动人民普遍的创造热情同我党坚决予以谴责的30年代和40年代社会主义法制遭到破坏并存这样的矛盾现象。

共产党力求成为工人阶级和所有苏联人民包括最主动的、训练有素的公民的先锋队，拥有忠于社会主义事业的干部，在世界革命运动中拥有崇高的威信。但是，在苏联共产党90年代初的活动中却积聚了严重的负面问题，击毁苏联社会的危机在很大程度上是由党本身的危机造成的。苏联共产党在理论上长期停滞不前。

弗·伊·列宁曾经警告过，不少异己分子、无原则的野心家和投机钻营分子混入了执政党内，这些小资产阶级思想的代表始终是社会主义的特殊危险。

追求党员队伍的数量，缺乏领导干部的更替和年轻化机制削弱了苏联共产党。政治上成熟的党员不能对领导层的活动发挥应有的影响，也没能防止越来越多的党的阶级敌对分子混入党内。对已经发生的进程的危险性估计不足、对权力和意识形态的垄断以及一部分党的领导人的蜕化变质，使苏联共产党变成了"骄傲自大的党"。党的领导人与千百万党员和劳动者之间的鸿沟越来越深。

然而，为争取列宁主义方针和真正的社会主义而进行的斗争从来也没有停止过。苏联在继续前进，其实力和国际威望也在增强。党内的列宁主义者更加强烈地渴望解决最迫切的问题，抑制社会中积聚起来的负面倾向，迈入新的领域。但是，这个愿望被社会主义的叛徒以欺骗的手段利用了。

80年代下半叶，他们口头上假惺惺地宣布了"更多的民主，更多的社会主义！"这一口号，但实际上却展开了消灭它的工作。千方百计损害社会主义基础——公有制的作用，歪曲劳动集体和合作社的作用。在杜绝"影子经济"方面没有采取任何必要的措施。削弱国家的作用、放弃计划原则，导致了国民经济和消费市场的混乱。人为制造的商品"短缺"引发了居民的抗议，大众传媒工具被有意地交到了持资产阶级观点的代表手中。他们使用心理战的方法,向群众灌输大量恶意中伤苏联和俄罗斯历史的信息,对反苏维埃政权和统一的联盟国家的"影子资本"、民族主义者、反人民的力量听之任之。

政治上层乐意利用其地位以攫取全民的财产。当他们的行动遭到要求保存社会主义制度和苏联的真正的共产党员的反抗时,蜕化变质分子就于1991年8—12月实行了反革命政变,禁止了共产党活动。

公开背叛祖国的掌权者们签订《别洛韦日协定》是其培植资本主义、破坏国家顺理成章的步骤。他们粗暴地踩躏人民的神圣意志,人民希望生活在一个统一的多民族国家中,这在1991年3月17日的全联盟公决中就明确地表达出来了。

这些背叛行为的可耻的顶峰是1993年流血的10月——坦克炮轰位于莫斯科的苏维埃大厦,人民代表大会被驱散。这些事件是建立资产阶级国家和确立叛卖国家的体制的序幕。

美国及其盟友、西方的情报机关是我国反苏维埃力量的鼓舞者。在他们的庇护下在我国建立了"第五纵队",在它的领导参与下,完成了反革命的转变,使强加给俄罗斯人民的资本主义得到了巩固并暂时有了稳定的保障。千百万人民对当局的破坏性方针及其有害的政策已经越来越清楚。

资本主义复辟必然产生人剥削人,导致社会的深刻分裂。一方面形成了战略私有者阶级,这一阶级的基础从一开始就是银行投机资本和原料出口资本,它在经济上与西方联系紧密,明显表露出了买办的特征。民族资本尽管以发展本国经济为宗旨,但仍没有丧失其阶级本质。国内以美元计的百万富豪和亿万富豪的数量增多。另一方面,存在大量的受到失业威胁和对未来没有信心的穷苦大众。雇佣劳动和资本之间的对抗性矛盾又回到了俄罗斯。

支撑这种制度的国家机器反映的完全是大资产阶级及其以寡头为代表的上层的利益和意志。国家笼罩在制度性危机之中。资本主义的复辟引起了工农业生产规模急剧下滑,科学、教育和文化衰落。尽管有源源不断的石油美元,但是迄今为止没有任何一个经济部门有真正的发展。人口数量在减少，公民与社会事务的管理相脱节，甚至连资产阶级的民主法则也被践踏，权力机关的选举越来越变成一场闹剧。

富人与穷人、新生的财阀与大多数人民之间的鸿沟在加深，劳动人民丧失了其大部分的社会经济和公民权利。大多数同胞无产阶级化，同时，还在发生着社会分化。相当大一部分劳动者、老战士、退休人员的绝对贫困状况在继续。数以百万计的儿童流落街头，没有学上。地区之间、城市与农村之间的矛盾更加尖锐。

国际冲突的战火尚未平息。俄罗斯人的问题在资本主义复辟的年代变得极其尖锐。现在，俄罗斯人是地球上最大的分裂民族，伟大民族的种族屠杀在毫无顾忌地上演，俄罗斯人的数量在减少。历史形成的文化和语言正被消灭。解决俄罗斯人的问题和争取社会主义斗争的任务就其实质来说是同步的。

国家丧失了在国际舞台上的地位，武装力量战斗力下降。北约肆无忌惮地推进到了我国的边界。俄罗斯联邦变成了世界轮流瓜分的对象，变成了帝国主义国家的原料附庸。

俄罗斯联邦共产党坚信：只有恢复苏维埃制度，走社会主义道路，才能拯救祖国。历史再一次使我国人民面临1917年和1941年那样的抉择：要么是一个伟大的强国和社会主义，要么是国家继续瓦解变为殖民地。这并不是说要回到过去，而是要向前进，走向厘清了过去错误和谬论、完全符合今天现实的革新了的社会主义。

随着制度性危机的加深，人民对当局的愤慨和抵抗与日俱增。被压迫者、生活无保障者受侮辱的感觉与爱国者对强国荣誉被玷污的痛苦汇合在一起，争取国家独立的人民爱国运动在此基础上广泛展开。

在当前条件下，俄罗斯联邦共产党认为自己的任务是把社会阶级运动和民族解放运动联合成为统一的人民阵线，使之具有目标明确的性质。党为争取国家的统一、完整和独立，重建苏联各民族兄弟联盟，公民的福祉和安全、精神和身体健康而奋斗。

俄罗斯共产党人首先要向当代工人阶级宣传自己的思想，更广泛一点说，要向俄罗斯劳动阶级和阶层宣传自己的思想，向那些用自己的劳动创造物质价值和精神价值、为居民生活上提供有意义服务的人宣传自己的思想。共产党人要把这些人看作自己主要的社会基础。

历史经验表明，在动荡的年代，只有当劳动者和全体人民都正确认识到自己的根本利益并坚决去维护它时，我们的祖国才能取得成功。共产党人的义务就是要千方百计促进并领导这一进程。

俄罗斯联邦共产党主张和平过渡到社会主义。同时，就像联合国大会通过的世界人权宣言中所说，政权应当关心人民的需要，使人民"不致迫不得已用起义作为反对暴政和压迫的最后手段"。在我国业已形成的制度实行反人民的政策，它正在为自己挖好坟墓。

在使社会阶级和民族解放斗争活跃的同时，俄罗斯联邦共产党注意到，党有现实和潜在的政治同盟者。即左翼的、社会主义取向的政党和社会同盟、进步的爱国运动，还有工会、工人、农民、妇女、老战士、青年、宗教、教育工作者、创作工作者、生态、反全球化等社会组织，以及所有对劳动人民表现出关心、反对奴役俄罗斯、不以和当局破坏性方针妥协来玷污自己的人。共产党人尊重他们坚持其观点的权利，不强迫他们接受自己的观点。但是在同他们的对话和协作中我们也没有必要隐瞒自己的坚定信念：今天，维护俄罗斯的民族国家利益要同争取社会主义和人民政权的苏维埃形式的斗争有机地结合在一起。我们相信，生活将证明我们是正确的。

三、国家发展的三个阶段

党认为，要和平地达到自己的战略目标，必须分三个阶段。

第一阶段。在这一阶段要解决的任务是建立以俄罗斯联邦共产党为首的劳动人民和广大人民爱国力量的民主政权。为此，共产党员要组织人民群众去争取社会、经济和政治利益，领导劳动人民、老战士和青年去维护自己的合法权利。

党要创造条件去进行各级权力机关的诚实的选举，组成人民信任的政府。

推动政权去消除"改革"的灾难性后果，恢复公民基本的政治和社会经济权利。把那些非法窃取的基本生产资料财产归还给人民，并把它置于国家的监督之下。国有化将为进一步改革创造坚实的经济基础。要杜绝大资本、官吏、黑手党团伙对小商品生产者的掠夺。

权力代表机关和政府要保证国家安全和独立所需的条件，防止"世界新秩序"的创造者们掠夺俄罗斯的自然财富和生产基地的企图，要全力促进被罪恶地肢解的苏联各共和国实现经济和政治一体化。

俄罗斯联邦共产党将积极地恢复和发展直接的人民政权：地方人民代表苏维埃，劳动集体协会，自治、自组织、自卫委员会，并将支持劳动者对执行权力和代表权力实施监督。将把有关完全恢复国家政权的苏维埃制度问题交付全民公决。

第二阶段。在实现政治经济稳定之后，俄罗斯联邦共产党将采取必要的措施，最大限度地保证劳动者越来越广泛地参与国家管理。这必须通过苏维埃、工会、工人自治和其他在实践中产生的直接的人民政权机构来实现。

在经济方面，社会主义经营形式的主导作用将表现得非常明显，这种经营形式在保障人民福利方面是最有效的。在这一阶段，还会保存由生产力水平所决定的多种经济成分。国家将掌握自然资源和战略性生产部门，安排国民经济发展的主要指标规划，编制全额预算，成为国内生产商产品最重要的订货方。人民政权将借助计划和市场机制积极调节经济和社会领域的发展。农业生产将得到国家扶持，消灭臭名昭著的工农业产品"剪刀差"，消灭对乡村及其劳动者的掠夺。党把那些将农产品生产、加工、销售整合起来的大型企业作为农村复兴的基础。逐渐提高劳动人民的生活水平。

第三阶段。主要内容是，进行有效工作，最终形成社会主义的社会关系，保证按其自身原则稳定发展社会主义制度。基本生产资料的公有制形式将占优势，随着劳动和生产实际社会化程度的提高，将逐步确立这种形式在经济中的决定性作用。科学作为社会直接生产力其重要性将表现得更加明显。要在科技革命成果的基础上实行国民经济的改造，要更加充足和广泛地满足人们的需要。政权机关要保证快速地发展教育和文化。

俄罗斯联邦共产党把社会主义看作以公有制为基础，根据劳动的数量、质量和成果分配生活用品的没有人剥削人的自由社会。这是在科学计划和管理、采用知识密集型和资源节约型工艺基础上实现高度劳动生产率和高度生产效率的社会。这是真正人民政权和高度精神文明的、激励个人的创造积极性和劳动者自治的社会。人是社会发展的主要目的和因素。

随着社会主义的发展，人类的历史未来——共产主义确立的必要前提正在形成和成熟。共产主义的特点是其公有化程度要比社会主义条件下高得多，它是一个无阶级的联合体，在那里，每个人的自由发展是所有人自由发展的条件。

四、最低纲领

最低纲领规定了实现党的战略目标的首要措施。这个纲领在最广大的劳动者阶层中已经成熟了。它在全民公决、人数众多的抗议行动、示威游行及集会上都得到了支持。

所以，在当前条件下，俄罗斯联邦共产党认为必须：

——建立劳动人民、人民爱国力量的政权；

——制止对国家的灭绝行为，恢复对多子女家庭的优待，重建普及的幼儿园网络，保障年轻家庭的住房；

——将俄罗斯的自然资源、经济战略部门国有化，这些部门的收入用于所有公民；

——将国家财政储备从国外银行转回俄罗斯，用于经济和社会发展；

——摧毁举行选举时的全面欺诈制度；

——建立真正独立的司法系统；

——实施与贫困作斗争的紧急计划措施，对第一必需品的价格实行国家监督；

——重新审查那些导致公民物质状况恶化和国家自然资源被偷光的法律，首先是有关优惠"货币化"的法律，以及劳动、住房、土地、森林和水的法典，不允许提高退休年龄；

——恢复政府对住房公用设施管理的责任，规定住房公用服务的费用额度不多于家庭收入的10%，不再使人流落街头，扩大国家住房建设；

——增加对科学的拨款，保证学者有体面的工资和从事研究活动的一切必要的条件；

——恢复高标准的普遍的免费中等和高等教育；

——保证医疗保健的普及性和高质量；

——有效发展知识密集型的生产；

——保证国家的粮食和生态安全，扶持农产品生产、加工方面的大规模集体经济；

——确定内债对外债的优先权，对在有害的"改革"中被冲销的居民存款进行补偿；

——实行累进税制，免除低收入公民的税负；

——提高国家管理体制的效率，削减官员人数，扩大劳动集体和工会的权利；

——为发展中小企业活动创造条件；

——保证文化福利人人都可享受，杜绝文化商业化，保护俄罗斯文化，将它作为俄国多民族精神统一的基础，保护国家所有民族的民族文化；

——使社会免受媒体低俗和犬儒主义的宣传，使在法律范围内活动的所有政治力量都能利用国家的大众传媒工具，停止抹黑俄罗斯和苏联历史；

——采取最坚决的措施遏制腐败和犯罪，杜绝人为的破产行为，防止强行侵占行为；

——巩固国家的国防力量，要用立法禁止使用武装力量反对人民，禁

止建立保卫资本家的雇佣军,扩大军人及其护法机关工作人员的社会保障;

——保证俄罗斯的领土完整,保护国外同胞;

——实行国家和民族相互尊重原则上的对外政策,促进联盟国家的自愿恢复。

所有这些,要通过与罪恶的买办资本家政权的顽强斗争才能达到。我们号召所有劳动者都加入到自己未来的创造者和建设者的队伍中来。

五、在思想上和组织上加强俄罗斯联邦共产党

俄罗斯联邦共产党是从俄国社会民主工党—俄国社会民主工党(布)—俄国共产党(布)—全联盟共产党(布)—苏联共产党—俄罗斯苏维埃联邦社会主义共和国共产党发展而来的。俄罗斯联邦共产党是根据俄罗斯苏维埃联邦社会主义共和国共产党和苏联共产党的党员和基层组织的倡议建立的,它继续苏联共产党和俄罗斯苏维埃联邦社会主义共和国共产党的事业,是它们在俄罗斯联邦范围内的合法继承者。俄罗斯联邦共产党从俄罗斯、苏联和世界共产主义运动的以往经验中吸收了一切经过实践检验的成果,成为能对当代发展的最迫切问题作出回答的真正的劳动人民的党。

为争取社会主义、为维护民族国家利益,我们党号召同胞巩固和扩大爱国力量联盟。党将竭尽全力促使工人、农民、人民知识分子和所有劳动者的联盟捍卫俄罗斯的尊严和独立,保证俄罗斯向社会主义迈进。

俄罗斯联邦共产党将千方百计促使广大劳动人民阶层认识到自己的利益所在,认识到劳动者在拯救祖国、使国家转向进步发展之路中的决定性作用。达到这些目标的必要条件是提高劳动人民的政治积极性,吸引他们参加到争取社会主义复兴、俄罗斯的自由和完整、重建联盟国家的全民族运动中来。

党要组织和支持各种议会外斗争和议会内斗争的形式,包括群众性的

抗议行动、罢工及国际人权公约规定的其他的公民抵抗形式。俄罗斯联邦共产党把议会内的斗争看作阶级斗争，在斗争中不允许和当局反人民的方针进行妥协。只有在这种条件下才能使群众性的抗议运动和共产党人的议会内活动有效地联系起来。

俄罗斯联邦共产党是一个未来的党，而未来是属于青年的。党将给按照苏维埃传统建立的共青团员和少先队运动一切可能的援助。

俄罗斯联邦共产党是一个独立的社会组织，承认所有其他共产主义政党的独立性。俄罗斯联邦共产党同这些党的关系建立在共同的阶级利益和政治社会目标、同志情谊、互相帮助和集体主义精神的原则上。党主张克服俄罗斯共产主义运动中的组织涣散状况，在几代俄罗斯和苏联共产党人形成的统一思想道德和政治基础上联合起来。

俄罗斯联邦共产党是共产党联盟——苏联共产党的一员。党认为，巩固这一联盟是在自愿基础上重建联盟国家和统一的共产党的最重要的政治条件。

俄罗斯联邦共产党发展与全世界共产主义党、工人政党和反帝国主义运动的合作。党一如既往地主张，共产党人在国际舞台上要更紧密地合作，采取更一致的行动。

俄罗斯联邦共产党要经常发展、完善自己的活动方式和方法。为了提高对社会进程的政治影响，党认为必须：

——保证俄罗斯联邦共产党在所有对人民至关重要的社会活动领域和组织中有代表出席；

——使反对资本主义制度的议会外和议会内斗争形式相配合，协调活动，最大限度地利用共产党人在代表机构中的议会党团和派别的影响来维护劳动人民的利益；

——完善在劳动集体、自治机关、自组织和自卫机关、工会运动、工人运动、农民运动、爱国运动、创作团体和妇女、青年、老战士、慈善等组织中的政治工作；

——在经济、政治领域，在培养工人、农民和知识分子的阶级自觉、使他们积极进行维护自己权利的斗争中，与各职业联合会互相合作；

——采取行动支持劳动集体、雇佣劳动者、失业人员和老战士的正当要求，建立广泛的俄罗斯联邦共产党拥护者联合组织网络；

——参加联邦和地区的各级权力代表机关和地方自治机关的选举；

——捍卫俄罗斯联邦人的公民权利和自由，保护居住在原苏联各共和国疆域内建立的国家中的同胞的权利和尊严；

——保护祖国历史和文化，保护公民、爱国者和国际主义者的荣誉。

在党内关系方面的首要任务是：

——从思想上和组织上巩固党，首先是巩固党的基础——基层组织；

——在思想上和道义上的一致、批评与自我批评、同志情谊、平等和民主集中制基础上保证党的纪律；

——坚定不移地遵循列宁关于左的和右的机会主义危险的警告，不允许党内存在任何派系和派别活动；

——要不断地更新和充实党员队伍，广泛吸收正在成长的一代加入党的队伍和党的机关，使年轻一代的精力和热情与老一代党员的经验结合在一起，保证政策的继承性。为党的老战士提供支持；

——党内生活民主化，在建立劳动群众的党、杜绝官僚化和领袖至上现象方面开展目标明确的工作，系统更新所有经选举产生的党的机构和领导干部、代表成员；

——创造条件，杜绝出现利用自己在党内的地位达到利己目的、败坏党的声誉的政治上的腐化堕落分子和投机钻营分子；

——对共产党员进行政治教育和政治学习，把先进的社会主义意识灌输到劳动群众中去，对俄罗斯和世界的现实进行科学反思，发展基础性和应用性的社会科学。

俄罗斯联邦共产党的旗帜——红旗。

俄罗斯联邦共产党的党歌——"国际歌"。

俄罗斯联邦共产党的标志——城市、乡村、科学和文化界劳动者联盟的标志——锤子、镰刀和书。

俄罗斯联邦共产党的口号——"俄罗斯、劳动、人民政权、社会主义！"

（本译文采用戴隆斌发表在《当代世界与社会主义》2009年第2期上的译文，并由徐向梅重新进行了校订和增补）

（戴隆斌、徐向梅 译）

公正俄罗斯党章程

2013 年

2009 年 6 月 25 日"公正俄罗斯：祖国·退休者·生活"党第四次代表大会、2011 年 4 月 16 日公正俄罗斯党第五次代表大会、2013 年 10 月 26 日公正俄罗斯党第七次代表大会修改通过。

第一章 总 则

第一条 公正俄罗斯党的法律地位

1. 公正俄罗斯党（以下简称"党"）是一个社会团体，其创立的目的是为了俄罗斯联邦公民以形成和表达其政治意愿的方式参加政治生活、参加社会和政治活动、参与选举和全民公决，以及为了在国家权力机关和地方自治机关代表公民的利益。

2. 公正俄罗斯党的工作以《俄罗斯联邦宪法》为基准，在自愿、平等、自治、合法、公开的原则上展开，并根据联邦宪法性法律、《俄罗斯联邦政党法》及其他联邦法律、《公正俄罗斯党章程》（以下简称"章程"或"党章"）和《公正俄罗斯党纲领》（以下简称"党纲"）作出调整。

3. 在公正俄罗斯党及其分支机构和机关中不得成立党团、党内派系，不得煽动成立有组织的党内小组，本章程以及根据本章程所通过的决议中规定的党及其分支机构的领导机关除外。

4. 根据俄罗斯联邦的法律，党拥有权利并承担义务，自国家注册之日起成为法人，有独立的财产、收支和银行结算账户，有权以自己的名义订立契约、拥有和行使财产权和个人非财产性权利，承担责任，在法庭上充当原告、被告、第三方，以及申请方和利害相关方。党不对其成员的债务负责，党员也不对党的债务负责。

党拥有名章、印记、公文用纸，以及党徽、党旗和其他符合俄罗斯联邦法律的要项。

5. 党的全称为"公正俄罗斯政党"，简称为"公正俄罗斯党"。

6. 党徽为暗红（深红）色组合，包含大写的首字母 CP 和一个穿过四边形的箭头。

在四边形内有"公正俄罗斯"字样，使用大写的白色字体，分成两行。单词"公正"的高度是单词"俄罗斯"的高度的二分之一。

也可使用黑白色式样的党徽。

黑白色式样的党徽与彩色式样的党徽在尺寸和构图上完全一样。

党徽同时也是党的分支机构的徽章，它们与党一样拥有使用党徽的权利，但不得用于经营活动以及把使用权转让给第三方。

7. 党旗是一幅黄色—米黄色色调的直角旗面，在中央部分是用象征手法绘制的招展的旗帜，它由三个水平带组成：上面白色，中间蓝色，下面红色；水平带的高度和整个旗面的高度的比例为：白色占五分之一，蓝色占五分之一，红色占五分之三；在旗面红色的水平带上用黄色大写字母分两行横向书写"公正俄罗斯"字样，还有三个白蓝红水平带沿着党旗底端排列，其中红色水平带上写有"公正俄罗斯"字样。党旗的宽度为长度的二分之一。旗面上部的白色渐变为下部的黄色，有四个狭长的平铺的形状，象征黄白色的云朵，它们每个的宽度是党旗宽度的二十五分之一。

旗帜中央部分的象征图案占整个党旗面积的五分之一。象征图案顶端到党旗顶端的距离为党旗宽度的五分之一。

沿着党旗底端平铺的红色水平带的宽度是党旗宽度的六分之一，其上有用黄色大写字母横向书写的"公正俄罗斯"字样，其字母高度是红色水平带高度的四分之三。沿着红色水平带顶端平铺着蓝色水平带，其宽度是党旗宽度的三十分之一。沿着蓝色水平带顶端平铺着白色水平带，其宽度是党旗宽度的三十分之一。

8. 党在俄罗斯联邦全境内开展活动。

9. 党由各级分支机构组成，包括党的地区分部、地方分部和基层支部，它们按照俄罗斯联邦法律和本章程、根据地区标识在俄罗斯联邦境内成立和活动。

10. 经选举产生的党的常设中央集体领导机关为公正俄罗斯政党中央委员会主席团，它位于俄罗斯联邦莫斯科市。

第二章 党的目标和任务

第二条 党的目标

党为了实现以下目标而成立和开展工作：

（1）在俄罗斯建立一个公正、自由和团结的社会；

（2）帮助实现国家的战略发展任务，即达到俄罗斯联邦公民应有的生活水平和形成一个社会国家、高效国家；

（3）保障俄罗斯联邦公民的社会安全；

（4）参与建构对人民负责的国家权力机关；

（5）协助维护俄罗斯联邦宪法、联邦法律、国际权利法规所保障的公民的合法权利和自由；

（6）促进在俄罗斯建成公民社会制度以及公民文化；

（7）形成社会意见；

（8）表达公民对任何社会问题的看法，让这些看法为社会大众、国家权力机关和地方自治机关知晓；

（9）对公民进行政治教育，在社会上形成政治和权利文化；

（10）推荐候选人、候选人名单参加俄罗斯联邦总统选举、俄罗斯联邦联邦会议国家杜马代表选举、俄罗斯联邦主体最高级别公职人员选举（俄罗斯联邦主体最高国家权力执行机关的领导人），进入俄罗斯联邦主体的国家权力机关中的立法（代表）机关、担任选举产生的地方自治机关的公职人员、进入地方自治代表机关；参与上述选举，以及参与被选举出来的机关的工作。

（11）遵照俄罗斯联邦全民公决法，提出举行全民公决的倡议，组建执行全民公决的倡议组，参与全民公决。

第三条　党的任务

为实现本章程的既定目标，党应解决下列任务：

（1）在公民中开展政治教育、宣传鼓动、信息通报及其他工作，在党的工作的所有方面与社会团体进行互动；

（2）参加社会的政治生活，以保障在俄罗斯联邦实现真正的人民政权，以及建立社会国家及高效国家；

（3）在实现国家和社会之间利益平衡的基础上，促进有利于俄罗斯联邦每一位公民的社会协作体系的形成和发展；

（4）协助团结俄罗斯联邦的社会力量，以保障俄罗斯联邦公民享有体面生活的宪法权利；

（5）进行公开的群众性的组织宣传活动，活动内容在于说明在实现本章程的既定目标和任务方面党的地位；

（6）根据俄罗斯联邦法律参与选举和全民公决；

（7）参与监督选举和全民公决，监督选举委员会和全民公决委员会的工作，包括确认投票数和确定选举和全民公决的结果，按照俄罗斯联邦选举和全民公决法规定的程序参与其他的选举活动；

（8）参与制定国家权力机关和地方自治机关的决议，协助制定立法倡议，按俄罗斯联邦相关法律规定的程序协助俄罗斯联邦主体地区发展纲要的制定。

第三章　党员资格

第四条　党员资格总则

1. 入党属自愿和个人行为。党员参与党的活动，按照本章程拥有权利并承担义务。

2. 年满 18 岁、承认和执行党的纲领和本章程、参与党及其各级组织的工作，根据俄罗斯联邦政党法有权成为政党成员的俄罗斯联邦公民可入党。

3. 发给党员固定格式的党证。

第五条　入党程序

1. 俄罗斯联邦公民的常住地或主要居住地所在的党的地区分部委员会（委员会局）或地方分部委员会做出接收入党的决定。代表大会、中央委员会、中央委员会主席团、地区分部大会（全体会议）、地方分部大会（全体会议）有权通过接收入党的决定，也可委托党及其分部的下级集体领导机关在本章程规定的期限内审查公民的入党申请。

2. 通常，申请入党的俄罗斯联邦公民向自己常住地或主要居住地所在地区分部委员会（委员会局）或地方分部委员会提交书面的个人入党申请。

3. 审查俄罗斯联邦公民的入党申请及对其作出决定的时间自申请交到党的相应的分支机构之日起不得超过两个月。若俄罗斯联邦公民递交入党申请到党中央机关，审查该申请及对其作出最终决定的时间自递交申请之日起不得超过三个月。

若收到俄罗斯联邦公民入党申请的党或其分支机构超出了本章程本条规定的审查时间，相关公民有权递交申请到党的上级领导机关。

4. 自党或其分部的全权机关作出接收入党的决定之日起，党员的权利和义务随之产生。

第六条　党员登记

1. 党中央委员会主席团进行党员总登记。党员总数是党的所有地区分部登记的党员数。

2. 地区分部委员会局进行地区分部党员的登记。党员根据其常住地或主要居住地，只能在一个地区分部登记在册。若党员的常住地或主要居住地发生改变，在其个人书面申请的基础上，从相应的地区分部登记中除名，并计入另一个地区分部登记。地区分部登记的党员数是地区分部下属的所有地方分部党员数和没有计入地方分部而直接登记在地区分部的党员数。

3. 地方分部委员会进行地方分部的党员登记。地方分部登记的党员数是地方分部下属的所有基层支部登记的党员数和没有计入基层支部而直接登记在地方分部的党员数。

若在俄罗斯联邦主体某一区域没有地方分部，党员直接登记在地区分部。若党员的常住地或主要居住地发生改变，在其递交个人书面申请的基础上，从相应的地区分部的登记中除名，并被计入另一个地区分部。

4. 基层支部委员会进行基层支部的党员登记。

若俄罗斯联邦主体的某一区域没有基层支部，党员直接登记在地方分部。

5. 登记的形式和凭证传递的规则由党中央委员会主席团通过的《党员登记形式条例》予以确定。

第七条　党籍的终止和暂停程序

1. 若有以下情况，党员的党籍终止（丧失）：

（1）个人书面申请自愿退党或党员发表终止其党员身份的公开声明；

（2）法庭判定公民无行为能力的决定发生法律效力；

（3）丧失俄罗斯联邦国籍；

（4）该党员公民死亡；

（5）根据本章程规定的程序和理由被从党内除名。

2. 任何党员在书面通知地区分部委员会或委员会局、或他所登记的其他分部、或党中央机关后，可终止党籍。

3. 开除党籍是针对党员的极端处分措施，在党员违反本章程时执行，包括党员未履行本章程规定的党员义务，以及其行为（或不作为）有损党的政治利益和（或）声誉。

4. 党代表大会、党中央委员会、党中央委员会主席团、以及地区分部大会（全体会议）、委员会或委员会局、党员登记地所在的地方分部大会

(全体会议)、委员会或委员会局有权作出开除党籍的决定。

上一级分部的领导机关、党中央委员会主席团、党中央委员会有权开除经选举产生的常设集体领导机关成员或党的分支机构监察机关成员的党籍。党中央委员会主席团有权开除党中央委员会（包括中央委员会主席团）成员、党中央监察委员会成员的党籍。除党代表大会之外的其他机关无权开除党及其分支机构领导机关和监察机关成员的党籍。

可在两个月内向经选举产生的党或其分支机构的上一级常设集体领导机关申诉有关开除党籍的决定。

5. 党籍终止：

（1）根据本章程本条第 1 款第（1）项的规定，自全权机关作出终止党籍的决定之日起；

（2）根据本章程本条第 1 款第（2）—（4）项的规定，自出现相应的法律事实之日起；

（3）根据本章程本条第 1 款第（5）项的规定，自本章程确定的全权机关作出开除党籍决定之日起。

6. 当俄罗斯联邦宪法、联邦宪法法律或联邦法律规定在党员履行某些国家义务或其他义务时不得入党，党员在履行此类义务时其党籍暂停。党员所属地区分部委员会或委员会局、或本章程第五条第 1 款列出的其他机关在该党员提出个人书面申请后，对其作出暂停或恢复其党籍的决定。

在党员递交个人书面申请后，其党籍也可以根据党中央委员会主席团的决定暂停，之后党中央委员会主席团也可在相应的个人书面申请基础上作出恢复其党籍的决定。

党籍恢复时，党龄继续统计。

第八条 党员权利

根据本章程，党员有权：

（1）参加党及党员所登记的分支机构的活动，在审议涉及他本人的本章程第十条所述问题时出席党及其分支机构经选举产生的领导机关的会议；

（2）自由表达意见，讨论任何有关党的工作的问题；

（3）参与制定党及其分支机构的决定，参加党所执行的活动、纲领和计划；

（4）选举和竞选党及其分支机构的领导机关、监察机关和其他机关的任职人员；

（5）受党的保护和支持；

（6）向党及其分支机构的机关提出申请和建议；

（7）获得有关党及其分支机构的工作的信息；

（8）在本章程规定的程序内，对党、党的分支机构及其任职人员的决定和行为进行申诉；

（9）在俄罗斯联邦选举法和本章程规定的程序内，作为党的候选人参加俄罗斯联邦、俄罗斯联邦主体、地方自治区域选任职务的竞选，参加国家权力机关立法（代表）机关代表、地方自治代表机关代表的竞选；

（10）退党。

第九条 党员的义务

根据本章程，党员有义务：

（1）遵守本章程和俄罗斯联邦政党法的法规要求；

（2）协助实现党的纲领目标；

（3）宣传党的理念，促进增强党在社会上的影响力；

（4）个人直接参加所属的党的分支机构的工作；

（5）履行所属党的分支机构的领导机关、监察机关及其他机关、任职人员的决定，以及履行党所有领导机关、监察机关及其他机关、任职人员在本章程规定的职权范围内作出的决定；

（6）关心党在社会上的声誉，不做有损党的政治利益和（或）声誉的行为（或不作为）；

（7）在选举中支持党及其分支机构，支持党及其分支机构推荐的或支持的候选人竞选俄罗斯联邦、俄罗斯联邦主体、地方自治区域的选任职位，支持竞选联邦国家权力机关、俄罗斯联邦主体的国家权力机关、地方自治机关的选任职位的候选人和（或）候选人名单；

（8）若自己的常住地或主要居住地发生改变，在一个月内递交个人书面申请，从所属的党的地区分部委员会局的登记中除名，并记入相应的地区党分部；

（9）根据党中央委员会主席团的决定规定的程序和金额缴纳党费。

第十条　奖励党员及党内处罚

1. 奖励党员可采用感谢信、颁发荣誉奖状的形式，以及采用党中央委员会主席团确定的其他奖励形式。可由党代表大会、党主席、中央委员会、中央委员会主席团、地区分部委员会和委员会局进行奖励。

2. 对党有重大贡献的党员，由党代表大会、中央委员会、中央委员会主席团通过决定，对其授予"公正俄罗斯党荣誉党员"的称号，并颁发纪念章。授予称号、制作和登记纪念章的程序由中央委员会主席团通过的条例予以确定。

3. 若党员违反本章程，包括党员不履行本章程规定的义务，以及做出有损党的政治利益和（或）声誉的行为（不作为），中央委员会、中央委员会主席团、党的地区分部委员会和委员会局、或是地方分部委员会可对其做出以下党内处罚：警告、记过、记大过。对党员的极端处罚措施是开除党籍。开除党籍根据本章程列出的理由和规定的程序进行。

第四章　党的中央领导机关、监察机关及其他机关、任职人员

第十一条　保证党内管理、协调和监督的中央机关及其他机关、任职人员体系

1. 经选举产生的党中央集体领导机关有：党代表大会、党中央委员会、党中央委员会主席团，经选举产生的党的最高任职人员为党主席，他拥有本章程规定的、为保障不同级别的党支部有效开展工作和彼此互动而必需的权限范围。

2. 经选举产生的党中央集体监察机关为党中央监察委员会。

3. 党内设有党代表议院,它根据本章程开展工作。党代表议院委员会和党代表议院委员会主席经党代表大会选举产生。

第十二条　党代表大会

1. 党代表大会(以下简称代表大会)是经选举产生的最高级中央集体领导机关,有权对有关党及其分支机构、机关和任职人员的工作的所有问题作出决定。代表大会有权撤销党及其分支机构的机关或任职人员通过的任何决定,对其修订或补充。

2. 党代表大会可由党中央委员会主席团根据需要召开,但不得少于每两年半一次。根据党代表议院委员会主席的提议,党代表议院也有权召开代表大会。

3. 党中央委员会主席团应根据党主席、党中央监察委员会以决定形式提出的要求,根据党中央委员会规定的党员数的多数票通过的决定,或者根据过半数的地区分部以地区分部大会(全体会议)决定(会议纪要)的形式提出的书面要求,而召开代表大会。

4. 召开代表大会的决定中应确定会议举办日期和地点(城市名称或其他居民点名称)、选举代表大会代表的额度、会议议程。党中央委员会主席团、党代表议院(若根据它的决定召开代表大会)可以通过决定更改代表大会举办的日期和地点(城市名称或其他居民点名称)、会议议程、代表额度。

5. 党中央委员会制定会议议程。若根据党代表议院的决定召开党代表大会,党代表议院委员会主席提出的问题必须包括在会议议程内。

6. 代表大会的与会代表由地区分部大会(全体会议)根据党中央委员会主席团决定规定的代表额度从党员中选举产生。

除规定的代表名额外,党中央委员会主席团、党中央监察委员会成员、党代表议院委员会成员、以及以下党员被选为代表大会代表:

(1) 俄罗斯联邦总统、俄罗斯联邦会议联邦委员会成员和国家杜马代表、俄罗斯联邦政府成员;

(2) 俄罗斯联邦主体的最高级别的公职人员(俄罗斯联邦主体最高国

家权力执行机关的领导）；

（3）俄罗斯联邦主体国家权力立法（代表）机关的主席。

除党中央委员会主席团决定规定的代表名额外，上述人员所属的地区分部大会（全体会议）也可作选举代表大会代表的决定。

7. 通常由党主席宣布大会开幕并担任代表大会的执行主席。根据党主席的提议在代表大会上选举执行主席。若党主席缺席，党代表议院委员会主席有权宣布大会开幕和担任执行主席。若党主席和党代表议院委员会主席缺席，在代表大会上选举执行主席。根据执行主席的提议选举代表大会秘书。

8. 如果有超过半数的俄罗斯联邦主体的地区分部的代表参加代表大会，则此次会议被视为全权代表大会。

若有其他本章程未规定的事宜，由参加全权代表大会的代表投票的多数票作出决定。

9. 若有其他法律或本章程未规定的事宜，投票形式由代表大会决定。

10. 代表大会的决定以代表大会会议纪要的形式形成。代表大会执行主席和秘书在代表大会会议纪要上签字。若有必要以及在法律规定的情况下，党代表大会的个别决定可以党代表大会会议摘要的形式形成。代表大会会议摘要由党主席签署，若主席不在，由党中央委员会主席团的某个成员或党主席以相应的决定形式或委托书形式委托的其他人签署。

11. 所有党员、领导机关及其他机关、选任的党及其分支机构的任职人员应服从代表大会的决定。

第十三条　党代表大会的专属权力范围

代表大会的专属权力范围有：

1. 通过党的章程，以及对其进行修订和补充；
2. 确定党徽和党旗，以及对其进行更改；
3. 通过党纲，以及对其进行修订和补充；
4. 确定党的工作的基本方向；
5. 决定党的重组问题（不少于全权代表大会与会代表数的三分之二的

票数通过决定）；

6. 解决党的撤销问题（不少于全权代表大会与会代表数的三分之二的票数通过决定）；

7. 确定和更改在代表大会上选举出来的党中央委员会成员数；

8. 选举任期为两年半、由代表大会确定人数的党中央委会成员；

9. 确定和更改党中央委员会主席团成员数、党代表议院委员会成员数、党中央监察委员会人员数；

10. 不记名投票选举任期两年半的党主席、党代表议院委员会主席、党中央委员会主席团成员、党中央监察委员会成员；

11. 提前终止党主席、党代表议院委员会主席、党中央委员会主席团成员、党议院委员会成员、党中央委员会成员、党中央监察委员会成员的任期；

12. 为扩大经代表大会选举的中央委员会成员数，或因代表大会提前终止党中央委员会成员的任期，在党中央委员会任期内选举党中央委员会新成员；

13. 为扩大党中央委员会主席团的成员数，或提前终止其成员的任期，在党中央委员会主席团任期内不记名投票选举党中央委员会主席团的新成员；

14. 为扩大党代表议院委员会成员数，在党代表议院委员会任期内以不记名投票方式从代表议院成员中选举党代表议院委员会的新成员；

15. 为扩大党中央监察委员会成员数，或因提前终止其成员的任期，在党中央监察委员会任期内不记名投票选举党中央监察委员会的新成员；

16. 审查和通过党主席、党代表议院委员会主席、党中央委员会、党中央委员会主席团、党代表议院委员会、党中央监察委员会的报告；

17. 根据俄罗斯联邦选举法，以不记名投票方式推荐俄罗斯联邦总统的候选人、俄罗斯联邦会议国家杜马代表的候选人及联邦候选人名单；

18. 根据俄罗斯联邦选举法，召回推荐的俄罗斯联邦总统候选人、俄罗斯联邦会议国家杜马代表的候选人及联邦候选人名单；

19. 授予党中央委员会主席团任命以下人员和提前终止其任期的全权：

（1）在推荐俄罗斯联邦总统候选人时党的全权代表；

（2）在推荐俄罗斯联邦会议国家杜马代表候选人名单时，党的全权代表，包括党负责财务问题的代表，负责财务问题的地区党全权代表；

（3）在推荐俄罗斯联邦主体国家权力立法（代表）机关代表和（或）代表名单，推荐地方自治代表机关的代表（成员），推荐俄罗斯联邦主体、地方自治区域其他选任的职务候选人时，党的全权代表，包括党负责财务问题的代表，负责财务问题的地区党全权代表。

第十四条 党主席

1. 党主席是经选举产生的党的最高级别的任职人员。

2. 党主席由代表大会从党员中以不记名投票方式选举产生，任期两年半。任期届满后党主席的职权保留到代表大会选举出新的党主席为止。同一人不得连续担任党主席职务超过三届。同一人不得同时担任党主席和党代表议院委员会主席。

3. 当党主席的党籍终止或暂停、其自愿解除职权、代表大会通过决定提前结束党主席的任期时，其任期提前结束。

4. 若提前终止党主席的任期，党中央委员会主席团通过决定将由党代表议院委员会主席或党中央委员会主席团的某一成员行使党主席的职权，任期到代表大会选举出党主席为止，以党的名义授予其相应的委托书，委托书由中央委员会主席团的某个成员签署。

5. 若党主席长期缺席，可由其以相应的决定或委托书的书面委托形式由党代表议院委员会主席或某个党中央委员会主席团成员行使党主席权力。

6. 党主席无须委托书在本章程规定的权力范围内领导党，以党的名义开展工作。

7. 党主席可对本章程规定的权力范围内的问题作出决定并签署决定。

8. 若党主席的决定、行使党主席职权的人员的行为违反本章程、以及（或）党纲、以及（或）代表大会的决定，可由代表大会予以撤销。

9. 所有党员、领导机关或其他机关、经选举产生的党及其分支机构（代表大会除外）的任职人员必须服从党主席在本章程规定的权力范围内作出的决定。

第十五条　党主席的权力范围

1. 党主席：

（1）无须委托书对党进行总领导及政治领导，领导党的建设、思想工作和其他符合本章程的党的活动，以党的名义开展活动；

（2）对党、党的领导机关和其他机关、任职人员的工作进行信息分析、鼓动宣传、财务经营、法律、文书、组织技术以及其他方面的保障，安排党的中央机关及其分支机构之间的互动；

（3）审查有关党的战略问题的提案；

（4）发布关于党的内政和外政问题的声明，以党的名义发表官方声明；

（5）向党在俄罗斯联邦会议国家杜马中的党团推荐党团领导（主席）、国家杜马主席、第一副主席、副主席、国家杜马委员会主席的候选人，推荐国家杜马委员会主席、第一副主席、副主席的候选人；

（6）确定及支持与国外政党和其他国外社会团体的国际交流；

（7）向代表大会提交关于代表大会专属权力范围问题的建议；

（8）向代表会议提交关于党代表议院委员会主席、党代表议院委员会成员、中央委员会成员、中央委员会主席团成员、中央监察委员会成员竞选候选人的建议；

（9）领导中央委员会、中央委员会主席团的工作；

（10）向中央委员会提交关于中央委员会成员竞选候选人的提议；

（11）向中央委员会主席团提交关于确立和调整中央委员会主席团秘书的数量及其工作方向、选举中央委员会主席团秘书以及提交选举党的集体工作机关主席候选人的建议；

（12）无须委托书在国家权力机关和地方自治机关代表党，在与社会团体交往、与国际组织、国外组织、俄罗斯组织及其负责人交流、与公民交流，包括在民法和雇佣关系方面代表党；

（13）在本章程规定的权力范围内作出决定，并签署党主席决定，签署代表大会会议纪要摘录、其他符合本章程的文件，使用党的印章、信纸、标志和要项；

（14）以党的名义、经国家注册作为法人的党的地区和地方分部的名义出具委托书；

（15）在银行开设和注销党的结算账户；

（16）有权作为第一签字人签署党的财务文件，包括初始核算（结算）文件；

（17）核算党的资产的收入和支出，作税务和会计核算，按照俄罗斯联邦有关法人的法律规定的程序和期限编制党内会计报表；

（18）通过党的财务预算执行报告；

（19）在本章程规定的权力范围内分配党的资产；

（20）缔结民事法律和劳动合同，完成保障符合俄罗斯联邦法律和本章程的党的工作的其他法律意义上的行为；

（21）将财产划拨到经国家注册作为法人的地区和地方分部名下使其有权管理，确定财产归属和使用的程序；

（22）在法庭上维护党及其分支机构的权利和合法利益；

（23）按照俄罗斯联邦法律规定的程序，通知全权机关有关党纲和党章的修订、党员数、继续党的工作、党参加选举等信息，以及《国家注册法人和个人代表联邦法》第5条第1款所说的有关党的信息更改的事宜；

（24）根据俄罗斯联邦法律规定的程序和期限，在决算期向俄罗斯联邦中央选举委员会提交财产收入与支出的汇编财务报告；

（25）对党中央机关的工作进行总领导，批准《党中央机关条例》、党的分支机构的建立、人员编制和在编人员表，对其修订和补充，确定支付劳动报酬的方法、形式和体系，奖励在编员工和外聘专家，招募和解聘党中央机关的工作人员，或通过决定，向其他人员以党主席名义出具相关委托书，委托其在管理党中央机关的工作方面行使上述职权或部分上述职权；

（26）在任期结束时向代表大会汇报自己的工作，以及汇报中央委员会和中央委员会主席团任期结束时的工作；

（27）行使符合本章程的其他权力，对党的工作的其他问题作出决定，代表大会专属权力范围、中央委员会主席团专属权力范围、中央监察委员会的专属权力范围的问题除外。

2. 党主席在行使有关选举和全民公决的权利时：

（1）组织遴选党推荐的参加俄罗斯联邦总统竞选的候选人、参加俄罗斯联邦会议国家杜马代表竞选的联邦候选人名单；

（2）在俄罗斯联邦法律规定的情况下，认证党推荐的竞选俄罗斯联邦会议国家杜马代表的候选人名单，以及竞选俄罗斯联邦主体国家权力立法（代表）机关和地方自治代表机关的代表的候选人名单；

（3）签署经中央委员会主席团的决定确认、被代表大会列入俄罗斯联邦会议国家杜马代表联邦候选人名单的党员身份的公民名单；

（4）根据俄罗斯联邦法律规定的金额和程序，作出划拨和转账钱款的决定，用于党及其分支机构的选举活动；

（5）行使其他符合本章程的职权，就党参加选举的工作的其他问题作决定，代表大会专属权力范围和中央委员会主席团权力范围的问题除外。

第十六条 党的中央委员会

1. 党的中央委员会（以下简称中央委员会）是选举出来的党的中央政治集体领导机关。

2. 中央委员会的成员由代表大会选举产生，在代表大会闭会期间，由中央委员会按照本章程规定的程序选举产生。

中央委员会的委员由代表大会从党员中选举产生，任期两年半。代表大会上选出的中央委员会成员数根据党主席的提议由代表大会以决定形式予以确定和更改，党主席和党代表议院委员会主席、中央委员会主席团成员根据其职务成为中央委员会成员。代表大会为扩大在代表大会上选出的中央委员会成员数，在中央委员会成员任职的上述期限内，在例行召开的代表大会上可以在中央委员会任期内选举中央委员会新成员。

在代表大会闭会期间，可由中央委员会在自己的会议上从党员中、在党代表大会决定规定的中央委员会成员数内选出中央委员会任期内的中央委员会的新成员。在中央委员会会议上选出的中央委员会成员的数量由中央委员会根据党主席的提议以决定形式予以确定和更改。

上述期限到期后，中央委员会成员的任期保留到代表大会选出新的中央委员会班子为止。中央委员会成员可以经选举开始新的任期。

3. 若中央委员会成员的党籍终止或暂停、自愿解除职权、代表大会作出决定提前终止中央委员会成员的任期，其任期提前终止。因代表大会提前终止中央委员会成员的任期，可在代表大会或中央委员会会议上选出中央委员会任期内的中央委员会新成员。

4. 中央委员会有权决定本章程规定的非党代表大会专属权力范围、非党主席权力范围、非中央委员会主席团权力范围内的党的政治工作的问题。

5. 中央委员会的工作由党主席领导，因职务党主席在中央委员会会议上担任执行主席，若党主席缺席，由党主席以相关决定或委托书形式委托的中央委员会主席团某成员担任执行主席。在党主席缺席的情况下，党代表议院委员会主席也可担任中央委员会会议的执行主席。

6. 中央委员会会议根据需要由党主席召开，但不得少于一年一次，若党主席缺席，党主席以相关决定或委托书形式委托的某中央委员会主席团成员可代为召开。党代表议院委员会主席也有召集中央委员会会议的权利。

7. 召开中央委员会会议的决定也可根据党中央监察委员会决定形式的要求或代表大会规定的中央委员会成员总人数的过半数书面要求予以通过。

8. 召开中央委员会会议的决定中应确定会议举办的日期和地点（城市名称或其他居民点名称）。中央委员会会议举办日期和（或）地点（城市名称或其他居民点名称）可由相关决定予以更改。

9. 中央委员会会议议程由党主席起草，若主席缺席，由党主席以相应决定或委托书形式委托中央委员会主席团某成员起草。党代表议院委员会主席提出的问题必须包括在上述会议议程中。

10. 如果参加中央委员会会议的成员数是代表大会规定的中央委员会成员数的过半，此次会议为全权会议。

中央委员会的决定由中央委员会全权会议上与会人员的多数票投票通过。

11. 中央委员会对本章程规定的权力范围内的问题作出决定。决定和中央委员会的其他文件由党主席签署，若党主席不在，由代表议院委员会主席或党主席以相应的决定或委托书形式委托的中央委员会主席团某成员签署。

12. 若中央委员会的决定不符合本章程、以及（或）党纲、以及（或）代表大会的决定，代表大会可以予以撤销。

13. 所有党员、领导机关和其他机关、选任的党的分支机构的任职人员都应服从中央委员会在本章程规定的权力范围内做的决定。

14. 主席或其书面委托的党中央监察委员会成员有权参加中央委员会的会议，有发言权。

第十七条　党中央委员会的权力范围

中央委员会：

（1）根据本章程规定的权力范围，在代表大会闭会期间决定党的政治活动问题；

（2）确定党纲的优先发展计划和方向；

（3）采纳对党的分支机构在党的战略、实施党纲等主要方面工作的建议；

（4）制定、讨论对国家和社会生活中的最重要的社会政治问题所作的政治决定，并提交代表大会和中央委员会主席团审查；

（5）接受旨在巩固党在社会中的威望方面的申请；

（6）促进发展俄罗斯联邦政党和公民社会制度的互动；

（7）为解决以实现本章程规定的基本目标为方向的任务，建立中央委员会集体工作机关，总结他们的工作经验，审查他们制定的有关党的工作的建议，通过他们工作的条例；

（8）任期结束时，向代表大会提交工作报告；

（9）按照党中央监察委员会以决定形式发出的要求提供必要的文件；

（10）行使符合本章程的其他职权，就与党的政治活动有关的其他问题作决定，专属于代表大会、党主席、中央委员会主席团、中央监察委员会、地区、地方分部和基层支部大会（全体会议）、委员会的权力范围的问题除外。

第十八条　党中央委员会主席团

1. 中央委员会主席团（以下简称主席团）是经选举产生的党的常设中央集体领导机关，在代表会议闭会期间、在本章程规定的权力范围内领导党的工作。

2. 主席团成员由代表会议从党员中无记名投票选举产生，任期两年半。主席团成员数由代表大会根据党主席的提议作出确定和修订的决定，其中党主席、党代表议院委员会主席已进入主席团。因代表大会扩大主席团任期内的成员数，可选举新的主席团成员。上述期限到期后，主席团成员的任期保留到代表大会选出新的主席团班子为止。代表大会可选举新任期内的主席团成员。

3. 若主席团成员的党籍终止或暂停、自愿解除职务、代表大会通过决定提前终止主席团成员的职权，其任期提前终止。因代表大会提前终止主席团成员的任期，可以不记名投票的方式选举主席团任期内的新主席团成员。

4. 如果确定主席团成员的工作违反本章程，和（或）损害党的声誉，和（或）给党带来物质损失，和（或）有损政治利益，和（或）未完成执行党机关或任职人员决定的义务，或其当选违反了本章程规定的程序，其任期可由党中央委员会主席团予以暂停。

5. 主席团有权决定党的工作中的任何问题，本章程规定的代表大会的专属权力范围的问题、党主席权力范围的问题除外。

6. 党主席领导主席团的工作，依其职务在主席团会议上担任执行主席，如果党主席缺席，由党主席以相应决定或委托书的形式委托中央委员会主席团某成员担任执行主席。若党主席缺席，党代表议院委员会主席也有权担任主席团会议上的执行主席。

7. 主席团的会议根据需要由党主席召开，但不得少于两个月一次，若党主席缺席，由党主席以相应决定或委托书的形式委托中央委员会主席团某成员召开。党代表议院委员会主席也有权召开主席团会议。

8. 也可根据中央监察委员会以决定形式的要求，或者根据过半数的代表大会规定的主席团成员的书面要求，通过召开主席团会议的决定。

9. 召开主席团会议的决定中应确定主席团会议举办的日期和地点（城市名称或其他居民点名称）。主席团会议举办的日期和地点（城市名称或其他居民点名称）可由相关决定修订。

10. 党主席起草主席团会议议程，若党主席缺席，由党主席以相应决定或委托书形式委托的中央委员会主席团的某成员起草。党代表议院委员会主席提出的问题必须纳入上述会议的议事日程中。

11. 过半数代表大会规定的主席团成员参加的主席团会议是全权会议。

主席团的决定由参加全权代表大会的主席团成员多数票作出。若有法律或本章程未规定的其他事宜，投票形式由主席团决定。

12. 若出现急需主席团解决的问题，党主席有权决定在不召开会议的情况下在主席团成员中进行意向投票。参加意向投票的所有主席团成员签名的意向投票附在通过的决定后。若举行意向投票，主席团的决定由代表大会规定的主席团成员数的多数票作出。

13. 主席团对本章程规定的自己的权力范围的问题作出决定。主席团的决定和其他文件由党主席签署，若党主席缺席，由代表议院委员会主席、或以党主席的相关决定或委托书形式委托的某个主席团成员签署。

14. 若主席团的决定不符合章程、以及（或）党纲、以及（或）代表大会的决定，可由代表大会撤销。

15. 所有党员、中央机关和其他机关、选任的党的公职人员（代表大会除外）、领导机关和其他机关、选任的党的分支机构的公职人员必须服从主席团在本章程规定的权力范围内通过的决定。

16. 主席或由他书面委托的中央监察委员会成员有权参加主席团的会议，有发言权。

第十九条　党中央委员会主席团的权力范围

1. 党中央委员会主席团：

（1）召开党代表大会，确定和更改会议日期和地点、代表人数，起草会议议程；

（2）为党的既定工作、党的领导机关和其他机关及任职人员提供信息分析、鼓动宣传、财务经营、法律、文书、组织技术及其他方面的保障，安排党中央机关及其分支机构的互动；

（3）确定党的建设的战略及其实现手段；

（4）制定符合代表大会决定的具有社会意义的党的计划；

（5）制定党的思想文件和纲领文件；

（6）形成党的信息政策；

（7）组织和保障对党纲的宣传、解释和学习，执行党的领导机关和其他机关、党的任职人员的决定；

（8）通过实施具体的计划、项目和个别的活动，在生活中推行党的现行政策；

（9）就与其他政党和其他社会团体一起创建非法人的团体、联合会、联盟作出决定；

（10）确立和支持与外国政党和其他社会团体的国际联系，作出参加国际非政府联盟和联合会的决定；

（11）对修订党章和党纲的提议、以及其他本党章规定的代表大会的专属权力方面的问题进行汇总；

（12）确定党员党证的样式；

（13）停止领导机关和其他机关、选任的党的分支机构的任职人员的工作或撤销其决定，如果他们的工作或决定不符合本章程、以及（或）党纲，以及（或）代表大会、党主席、主席团在本章程规定的权力范围内作出的决定，有损党的政治利益和（或）声誉，以及有其他情况；

（14）通过《党代表议院条例》，确定代表议院的形成方法，对其作出修订；

（15）作出符合本章程第二十四条的决定，即把其他人员纳入党代表议院班子，以及终止党代表议院成员的任期，但党代表议院委员会主席、党代表议院委员会成员的任期除外；

（16）形成党的集体工作机关，通过其工作条例；

（17）根据党主席的提议选举现任主席团任期内的党的集体工作机关的代表，听取其工作报告，作出提前终止任期的决定；

（18）通过有关党工作问题的指导方法文件、推荐性文件、标准文件和其他文件，确定组织党内干部和积极分子学习的基本要求；

（19）给出可应用的对本章程规则的必要解释和说明，就统一应用的问题出版可执行的必要指导说明；

（20）审查与党、领导机关和其他机关、党及其各级组织的任职人员相关的投诉与请求，为预审上述投诉和请求可成立临时工作组和（或）常设委员会，批准其工作条例；

（21）作出按照本章程规定的程序成立党的分支机构的决定；

（22）作出缴纳党费、规定党费的缴纳办法和金额的决定，以及决定在党的分支机构间分配收到的党费的办法；

（23）批准和修订党的财政预算和党的日常开支的预算；

（24）行使符合本章程的其他职权，就党的工作的其他问题作决定，代表大会的专属权力范围内的问题除外，党主席、党代表议院委员会主席、中央监察委员会的权力范围内的问题除外。

2. 主席团的专属权力有：

（1）汇总和通过有关修订党章和党纲的提议、以及其他本章程规定属于代表大会专属权力范围的问题的提议，提交代表大会审查；

（2）在提前终止党主席任期的情况下，在本章程规定的程序内就委托党主席的职权给代表议院委员会主席或中央委员会主席团某成员一事作决定，任期直到代表大会选出党主席为止；

（3）根据党主席的提议确定和更改中央委员会主席团秘书人数，确定其工作方向；

（4）根据党主席的提议从中央委员会主席团中选出其任期内的中央委员会主席团秘书，提前终止他们的任期，因决定扩大中央委员会主席团秘书人数或因提前终止中央委员会主席团秘书的任期而按照本章程规定的程序选举中央委员会主席团任期内的新秘书；

（5）审查和通过中央委员会主席团秘书的报告；

（6）通过决定成立有法人权利的地区和地方分部，确定和修订其名称；

（7）通过决定重组和撤销经国家注册有法人资格的地区和地方分部；

（8）根据本章程，以党的名义行使法人权利，履行法人义务；

（9）成立出版社、通讯社、印刷企业、大众信息媒体与成人继续教育机构；

（10）任期结束时向党代表大会提交工作报告。

3. 党中央委员会主席团在行使与选举和全民公决有关的权利时：

（1）汇总有关党推荐候选人的提议，包括俄罗斯联邦总统候选人、俄罗斯联邦会议国家杜马代表候选人和联邦候选人名单、俄罗斯联邦主体高级公职人员（俄罗斯联邦主体最高国家权力执行机关的领导）候选人、俄罗斯联邦主体国家权力立法（代表）机关代表候选人和（或）候选人名单，地方自治代表机关代表（成员）候选人、俄罗斯联邦主体、地方自治区域其他选任职务的候选人；

（2）在本章程规定的程序内，从党推荐的俄罗斯联邦会议国家杜马代表联邦候选人名单、俄罗斯联邦主体国家权力立法（代表）机关代表候选人名单、地方自治代表机关［包括认证的和（或）注册的］代表（成员）候选人名单中排除有以下原因的候选人：

（a）候选人提出个人书面申请；

（b）候选人病重或长期健康状况不佳；

（c）法庭的有效决议裁定候选人无行为能力；

（d）法庭裁定剥夺候选人自由的审判生效；

（e）候选人不能提交根据俄罗斯联邦法律为推荐候选人、注册候选人、认证候选人名单所必须出具的必要形式的文件；

（f）候选人同意推荐他为另一个竞选团体的候选人和（或）加入另一个竞选团体的候选人名单，或候选人声明要自我推荐参加选举；

（g）候选人有违反本章程、和（或）损害党的声誉、和（或）给党带来物质损失和（或）政治利益损失的作为（不作为）；

（h）候选人没有履行党及其分支机构领导机关或其他机关、任职人员制定的党及其分支机构参加选举的相关决定；

（i）根据本章程作出开除候选人党籍的决定；

（j）候选人参加党及其分支机构有关选举的政治工作和其他工作频率极低；

（k）有其他法律规定的原因。

（3）在俄罗斯联邦法律和本章程规定情况下，任命和提前终止全权代表的职权，包括负责财务问题的全权代表的职权；

（4）在俄罗斯联邦选举法规定的情况和程序内，任命和提前终止委托人员的职权；

（5）通过政治支持候选人、候选人名单进入国家权力机关和地方自治机关以及担任其他选任职位的决定；

（6）制定党竞选运动的战略和战术，通过相关计划，安排举行竞选宣传和全民公决的宣传；

（7）制定和通过党的相应的竞选纲领；

（8）向符合俄罗斯联邦选举法和全民公决法的全权机关提交候选人提名供审查，该提名用于任命其为俄罗斯联邦主体选举委员会有投票决定权的成员、其他选举委员会有投票决定权的成员，也提交选举委员会后备成员的候选人供审查；

（9）根据俄罗斯联邦选举法和全民公决法规定的程序，任命和提前终止俄罗斯联邦中央选举委员会成员、俄罗斯联邦主体选举委员会有发言权成员、其他选举委员会有发言权成员的职权；

（10）根据俄罗斯联邦选举法和全民公决法规定的程序，任命观察员进入俄罗斯联邦中央选举委员会、其他选举委员会；

（11）通过决定，根据法律程序分配俄罗斯联邦会议联邦委员会成员的职权给候选人；

（12）如果没有地区分部或地方分部，推荐竞选俄罗斯联邦主体国家权力立法（代表）机关代表、地方自治代表机关的候选人、候选人名单，推荐地方自治机关其他选任职务候选人；

（13）召回主席团按照单席位（多席位）选区和按照统一选举区推荐的候选人以及根据本条第3款第（2）项推荐的候选人名单；

（14）经候选人同意，在法律规定的程序内，更改党推荐候选人的单席位（多席位）的选区；

（15）根据俄罗斯联邦全民公决法，提出举行全民公决的倡议，通过决定成立全民公决倡议小组；

（16）行使符合本章程的其他职权，就党参加选举的工作中的其他问题作出决定，代表大会专属权力范围、党主席权力范围的问题除外。

4. 在行使有关选举和全民公决方面的权利时，主席团的专属权力范围有：

（1）汇总和通过党推荐的候选人，并提交给代表大会审查，包括俄罗斯联邦总统候选人、俄罗斯联邦会议国家杜马代表候选人、候选人联邦名单、俄罗斯联邦主体最高级任职人员（俄罗斯联邦主体国家最高权力执行机关领导人）候选人、俄罗斯联邦主体国家权力立法（代表）机关代表的候选人和（或）候选人名单、地方自治代表机关代表（成员）的候选人和（或）候选人名单、俄罗斯联邦主体、地方自治区域其他选任职位的候选人；

（2）如果宪法（章程）、俄罗斯联邦主体的法律规定选举俄罗斯联邦最高级别公职人员（俄罗斯联邦主体国家最高权力执行机关领导）为俄罗斯联邦主体国家权力机关法律代表，在法律规定程序内向俄罗斯联邦总统提名俄罗斯联邦主体最高级任职人员（俄罗斯联邦主体国家最高权力执行机关的领导人）的候选人；

（3）认证党纳入俄罗斯联邦会议国家杜马代表联邦候选人名单、俄罗斯联邦主体国家权力立法（代表）机关代表的候选人名单、地方自治代表机关代表（成员）的党员—公民名单；

（4）竞选俄罗斯联邦总统、俄罗斯联邦会议国家杜马代表以及其他俄罗斯联邦法律规定的情况下认证候选人的党籍和党内身份；

（5）通过决定允许地区分部成立自己的选举基金会，以便党在竞选俄罗斯联邦会议国家杜马代表时拨款；

（6）若提前终止俄罗斯联邦会议国家杜马某个代表的任期，从代表大会推荐的用于替换空缺代表的同一份联邦代候选人名单中，向俄罗斯联邦中央选举委员会提议另一个注册的候选人获得竞选俄罗斯联邦会议国家杜马代表候选人的资格；

（7）在重选和补选以及其他法律规定的情况下，不记名投票推荐国家权力立法（代表）机关代表的候选人（候选人名单）。

第二十条 党中央委员会主席团秘书

1. 党中央主席团秘书（以下简称主席团秘书）是经选举产生的任职人员，根据中央委员会主席团、党主席的委托开展工作，工作方向由中央委员会主席团在本章程规定的职权范围内确定，通过中央委员会主席团和党主席的决定予以下达。

2. 主席团在其会议上从其成员中选举主席团任期内的主席团秘书。主席团秘书也可根据本章程规定的程序被选出开始新的任期。主席团秘书的数量由主席团根据党主席的提议以决定形式予以确定或修订。如果在主席团会议上增加主席团任期内秘书的数量，可以选举新的主席团秘书。

3. 若主席团秘书的党籍终止或暂停、自愿卸下主席团秘书和（或）主席团成员的职务、代表大会通过提前终止主席团该成员任期的决定、主席团通过提前终止主席团该秘书任期的决定,主席团秘书的任期提前终止。

4. 主席团秘书的工作方向、行使职权的方法由中央委员会主席团决定。

第二十一条 主席团秘书的权力范围

主席团秘书根据中央委员会主席团和党主席的委托:

(1) 在本章程、中央委员会主席团和党主席的决定规定的职权范围内、根据中央委员会主席团确定的方向开展工作;

(2) 履行中央委员会主席团、党主席在相关工作方面的单独委托;

(3) 向中央委员会主席团提交工作报告;

(4) 根据本章程、中央委员会主席团和党主席的决定,在中央委员会主席团确定的程序内行使其他职权,在确定的工作方向框架内作决定。

第二十二条 党中央监察委员会

1. 党的中央监察委员会(以下简称中央监察委员会)是经选举产生的党的常设的中央集体监察机关,向党代表大会汇报工作。

2. 中央监察委员会在工作中受俄罗斯联邦法律、本章程和中央监察委员会的决定通过的《党的监察机关条例》领导。

3. 中央监察委员会监督党及其分支机构的领导机关和其他机关、任职人员遵守党章的情况及其财务经营活动,以及监督党员对党章的遵守情况。

4. 中央监察委员会有权从党员、党中央机关的公职人员和工作人员那里获取有关党的工作的信息,要求党及其支部的任职人员、领导机关和其他机关提供与党的既定工作和财务经营工作相关的文件。

5. 党的公职人员和机关应根据中央监察委员会以决定形式签署的函询提供信息和文件,就其工作和职责作出解释。

6. 中央监察委员会的成员由代表大会以不记名投票方式从党员中选举产生,任期两年半。中央委员会成员、其中包括在党中央机关任职和工作的成员不可被选为中央监察委员会成员。上述任期到期时,中央监察委员会成员的职权保留到代表大会选出新的中央监察委员会成员为止。可由代表大会选出新任期内的中央监察委员会成员。中央监察委员会成员的数量由代表大会根据党主席的提议作出决定予以确定和更改。因代表大会扩大中央监察委员会成员数,可由代表大会选出中央监察委员会任期内的中央监察委员会新成员。

7. 如果中央监察委员会成员的党籍提前终止或暂停、自愿解除职务、代表大会决定提前终止中央监察委员会成员的职务,其任期提前终止。因代表大会提前终止中央监察委员会成员在中央监察委员会任期内的职权,可选出新的中央监察委员会成员。

8. 经选举产生的中央监察委员会任职人员有中央监察委员会主席、中央监察委员会副主席,他们由中央监察委员会成员从中央监察委员会成员中选举产生,任期为中央监察委员会任期。中央监察委员会主席根据党主席的提议选举产生。

9. 若中央监察委员会主席、副主席自愿解除职务,根据章程本条第7款的规定终止职权,中央监察委员会作出提前终止其职权的决定,其职权提前终止。

若提前终止中央监察委员会主席的职权,中央监察委员会副主席代理其职权,直至选出新的中央监察委员会主席为止。

10. 中央监察委员会主席领导中央监察委员会的工作,依其职务担任中央监察委员会会议的执行主席。如果主席缺席,根据他的决定或书面委托,由中央监察委员会副主席担任执行主席。

中央监察委员会主席按照本章程规定的时间和程序向代表大会提交中央监察委员会工作的报告,有权参加中央委员会、中央委员会主席团的会议,有发言权,通过决定派出中央监察委员会成员出差进行检查或解决本章程规定的职权范围内的其他问题,以及给中央监察委员会副主席或成员必要的书面委托。

中央监察委员会副主席执行中央监察委员会主席的命令,就中央监察委员会关于副主席的职责分配决定而分配给他的中央监察委员会工作中的问题和工作方向安排工作，根据中央监察委员会的委托参加中央委员会、中央委员会主席团的会议，有发言权。

11. 中央监察委员会会议根据需要由中央监察委员会主席召集，但不得少于一年一次。如果主席缺席，根据其书面委托可由中央监察委员会副主席召集。

12. 也可根据代表大会规定的中央监察委员会成员数的过半数成员的书面要求召开中央监察委员会会议。

13. 在召开中央监察委员会会议的决定中应确定中央监察委员会会议举办的日期和地点（城市名称或其他居民点名称）。中央监察委员会会议举办的日期和（或）地点可由相关决定取消。

14. 中央监察委员会会议日程由中央监察委员会主席拟定，如果主席缺席和（或）由其书面委托，由中央监察委员会副主席拟定。

15. 如果参加中央监察委员会会议的人数超过代表大会规定的成员数一半，此次会议是全权会议。

中央监察委员会的决定由参加中央监察委员会全权会议的成员的多数票作出。如果有本章程规定之外的情况，投票形式由中央监察委员会确定。

如果有急需中央监察委员会解决的问题，中央监察委员会主席或其委托的中央监察委员会某个副主席有权通过决定在中央监察委员会成员中进行意向投票。符合《党的监察机关条例》的意向投票结果形成会议纪要，参加意向投票的所有中央监察委员会成员签名的意向投票单附在会议纪要后。中央监察委员会的决定由规定的中央监察委员会成员投出的多数意向票作出。

16. 中央监察委员会对本章程规定的自己权力范围内的问题作出决定，决定由中央监察委员会主席签署。若主席缺席，由他书面委托中央监察委员会副主席签署。中央监察委员会对本章程规定的权力范围内的问题起草条例、结论及其他文件，由中央监察委员会主席或其书面委托的中央监察委员会的成员签署。

17. 所有党员、中央机关和其他机关（代表大会除外）、党的任职人员、领导机关和其他机关、党各级组织的任职人员都应遵守中央监察委员会在本章程规定的权力范围内通过的决定，应对其研究和执行。

18. 党主席、党代表议院委员会主席有权参加中央监察委员会的会议，有发言权。

第二十三条　党中央监察委员会的权力范围

中央监察委员会：

（1）监督党、领导机关和其他机关、党及其分支机构选任的任职人员的常规工作和财务经营活动；

（2）根据年度财务总结，对财政预算的执行情况和党的财务经营活动作计划内检查；

（3）对党及其分支机构的工作进行有目的性的检查和计划外的检查；

（4）向中央机关和党主席汇报检查结果；

（5）监督代表大会、中央委员会、主席团和党主席的决定的执行情况；

（6）审查涉及中央监察委员会权力范围内的问题的党员的投诉、请求、建议、来信；

（7）安排、协调和监督党分支机构监察机关及其任职人员的工作，委托他们进行计划外和有目的性的检查；

（8）如果党的分支机构监察机关及其任职人员的决定不符合本章程、中央监察委员会的决定、或中央监察委员会通过的《党的监察机关条例》，撤销其决定；

（9）通过《党的监察机关条例》，以及党的监察机关工作问题方面的指导方法文件、建议性文件、标准文件和其他文件；

（10）任期结束时向代表大会提交中央监察委员会工作报告。

第二十四条　党代表议院

1. 党代表议院（以下简称代表议院）是党的集体协商机构。根据本章程和中央委员会主席团通过的条例，成立代表议院并开展工作。

代表议院由中央委员会主席团从俄罗斯联邦会议国家杜马的代表、俄罗斯联邦会议联邦委员会成员、以及俄罗斯联邦主体国家权力立法（代表）机关的代表、地方自治代表机关的代表中组成，他们的候选人由党的地区分部根据中央委员会主席团通过的条例推举产生，任期两年半。

中央委员会主席团通过代表议院人员组成的决定。根据党中央委员会主席团的决定，其他人员也可进入代表议院。

代表议院委员会成员是任职的代表议院成员。

2. 若有本章程第七条第1款的终止党籍的情况，代表议院成员、代表议院委员会成员和代表议院委员会主席的职权也随之终止。

代表议院成员的职权（代表议院委员会主席的职权除外）可能随着本条第1款规定的作为任职人员职权的终止而终止。

代表议院成员的职权（代表议院委员会主席、代表议院委员会成员职权除外）可根据代表议院委员会主席的提议由党中央委员会主席团终止。

代表议院委员会成员的职权可根据代表议院委员会主席的提议由党中央委员会暂停，如果代表议院委员会成员的活动不符合本章程、和（或）有损党的声誉、和（或）给党带来物质损失和（或）有损政治利益，或其无法完成义务以执行党的机关和任职人员、代表议院的决定，或其被选举过程违反本章程规定的程序，暂停期限直到代表大会通过相关决定为止。

3. 为领导代表议院的工作，代表大会以不记名投票的方式选举任期两年半的党代表议院委员会主席，这是代表议院最高任职人员。上述任期到期后，代表议院委员会主席的职权保留到代表大会选出新的代表议院委员会主席为止。代表议院委员会主席可以由代表大会选举开始新的任期。代表议院委员会主席的职权可由代表大会的决定予以提前终止。同一人不能同时履行代表议院委员会主席和党主席的职权。

4. 代表议院委员会主席：

（1）领导代表议院、代表议院委员会的活动，召开会议，作为其代表；

（2）有权提交代表议院召开党代表大会的决定供审查，党主席缺席宣布开幕的情况下担任会议执行主席；

（3）依其职务进入党中央委员会、中央委员会主席团的班子，有权召开其会议，在党主席缺席情况下担任会议执行主席；

（4）有权向党及其分支机构的机关和任职人员提出首先需上述机关和任职人员审查的建议、请求、声明；

（5）在任期到期时向代表大会提交工作报告，及代表议院委员会在其任期结束时的报告；

（6）行使符合本章程的其他权利。

5. 党代表大会选举党代表议院委员会（以下简称代表议院委员会），它是经选举产生的代表议院的常设集体领导机关。

代表议院委员会成员的人数由党代表大会根据代表议院委员会主席的提议作出确定和更改。代表议院委员会成员由党代表大会以不记名投票形式选举产生，任期两年半。代表议院委员会成员的任期可由党代表大会提前终止。代表议院委员会主席因职务进入代表议院委员会的班子。

在代表大会闭会期间，代表议院委员会的新成员可由代表议院委员会在其会议上从代表议院成员中选举产生，任期为代表议院委员会的任期，代表议院委员会的人数由党代表大会决定。

6. 代表议院委员会就自己权力范围内的问题作出决定。代表议院委员会的决定和其他文件由代表议院委员会主席签署，或经其委托由代表议院委员会某个成员签署。

7. 若代表议院委员会主席的决定、代表议院委员会的决定不符合本章程、和（或）党纲、和（或）代表大会的决定，可由党代表大会撤销。

第二十五条 党中央机关、党的分支机构机关

1. 为保障党及其分支机构经选举产生的集体领导机关和任职人员的日常工作，为履行和检查党及其分支机构领导机关、监察机关和其他机关的决定的执行情况，成立党中央机关、地区和地方分部机关，它们经国家注册为法人，根据党主席通过的《党中央机关条例》和《地区和地方分部机关条例标准》开展工作。

2. 党主席对党中央机关进行总的领导，包括批准其分支机构、员工编制和在编人员表，对其更改或补充，确定工作的程序和方式，确定劳动报酬体系，奖励员工和招募专家，招聘和解雇，或由党主席以其名义出具相关委托书，将领导党中央机关的职权或部分职权委托给他人。

3. 党、经国家注册为法人的地区分部和地方分部有权与各级机关的工作人员缔结定期劳动合同，合同期限不超过相应的选举产生的常设集体领导机关的任期。

第五章 党的地区分部

第二十六条 党的地区分部的总则

1. 党的地区分部（以下简称地区分部）是党的下设分部，在俄罗斯联邦境内成立并开展活动。

2. 地区分部根据主席团的决定成立。在一个俄罗斯联邦主体境内只能有一个地区分部成立并开展活动。包含自治区的俄罗斯联邦主体可以成立统一的地区分部。

地区分部的名称由主席团的决定来确定，主席团也可对其修订。地区分部的全称包括党的全称及所属地区名称。地区分部的简称包括党名的简称和所属地区名称。

3. 地区分部根据俄罗斯联邦的法律在自己活动的领域参加选举。

4. 中央委员会主席团负责地区分部的登记。

第二十七条 地区分部的集体领导机关和公职人员

1. 经选举产生的地区分部集体领导机关有：地区分部大会（全体会议）、地区分部委员会、地区分部委员会局。

经选举产生的地区分部公职人员有：地区分部委员会主席、地区分部委员会局秘书。

2. 经选举产生的地区集体监察机关为地区分部监察委员会。

第二十八条　地区分部大会（全体会议）

1. 地区分部大会（全体会议）是地区分部的最高集体领导机关，对地区分部、其机关和任职人员活动的所有问题有全权作出决定，本章程规定的属党中央机关和任职人员的专属权力范围能作决定的问题除外。地区分部大会（全体会议）有权撤销地区分部的集体机关或任职人员、地区分部所属的地方分部或基层支部通过的任何决定，对其作出修订和补充。

地区分部大会是至少有一个地方分部的地区分部经选举产生的最高集体领导机关。

地区分部全体会议是没有地方分部的地区分部最高集体领导机关。

地区分部全体会议的与会者是在该地区分部登记，在成立地区分部时其常住或主要居住在该俄罗斯联邦主体境内的党员。

2. 地区分部大会（全体会议）根据需要由地区分部委员会召开，但不得少于两年一次。

3. 地区分部委员会应根据党主席、主席团、中央监察委员会、该地区监察委员会以决定形式发出的要求，或登记在该地区分部的过半数党员的书面要求作出召开地区分部大会（全体会议）的决定。

4. 在召开地区分部大会（全体会议）的决定中应确定开会日期和地点（城市名称或其他居民点名称）、选举地区分部大会与会代表的代表人数、会议议程。地区分部大会（全体会议）的日期和地点（城市名称或其他居民点名称）、会议议程可由相关决定作出修订。

5. 如果提前终止和（或）暂停地区分部委员会某个成员（某些成员）的职权导致剩下的成员数不足以举行地区分部委员会全权会议，或地区分部委员会违反了章程本条第 3 款，或主席团撤销了地区分部委员会关于召开地区分部大会（全体会议）的决定，或在成立地区分部委员会选举成员之前，地区分部大会（委员会）可由主席团的决定召集，其中确定会议举办的日期和地点（城市名称或居民点名称），被选举的地区分部大会与会代表的名额，主席团也可通过决定更改地区分部大会（代表会议）举办的日期、代表名额、地点（城市名称或居民点名称），起草会议议程。

6. 地区分部大会的与会代表由该地区分部所属的地方分部大会（全体会议）以及直接在该地区分部登记未计入地方分部的党员会议从该地区登记的党员中选举产生，选举名额由地区分部委员会确定，若有章程本条第5款的情况，由主席团确定。

举行直接在地区分部登记未计入地方分部的党员的会议的程序和会期由地区分部委员会决定，若有本章程第六条的情况，由主席团决定。

7. 地区分部大会（全体会议）通常由地区分部委员会主席主持召开。地区分部大会（全体会议）的代表和秘书由大会（全体会议）从与会代表（会议参加者）中选出。

8. 如果参加地区分部大会的代表超过选出的代表的半数、超过本地区分部登记的党员的半数，此次会议是全权大会。

如果参加地区分部全体会议的党员超过在本地区分部登记，在成立地区分部时其常住或主要居住在该俄罗斯联邦主体境内的党员的半数，此次会议是全权会议。

地区分部大会（全体会议）的决定由参加地区分部全权大会（全体会议）代表（与会者）以多数票形式作出。

9. 若有法律或本章程未确定的其他情况，投票形式由地区分部大会（全体会议）决定。

10. 地区分部（全体会议）的决定以会议纪要的形式形成。地区分部大会（全体会议）的会议纪要由地区分部大会（全体会议）的代表和秘书签署。在必要情况及法律规定的情况下，地区分部大会（全体会议）的个别决定可以会议纪要的摘要形式形成。地区分部大会（全体会议）的会议纪要摘要由地区分部委员会主席签署，若其长期缺席，由地区分部委员会主席相关决定形式或委托书形式委托的地区分部委员会工作处秘书（若他也缺席，由地区分部委员会某个成员）签署。

确认地区分部大会（全体会议）会议纪要的副本为合乎规定的形式时，应在其拟好后七天内提交给主席团。

11. 如果地区分部大会（全体会议）的决定不符合章程、和（或）党纲、和（或）党中央机关的决定、党主席的决定，有损党的政治利益和（或）党的声誉、以及出现其他情况，该决定可由代表大会撤销。

12. 本地区分部登记的所有党员、该地区分部的领导机关或其他机关、任职人员、该地区分部所属的地方分部和基层支部必须遵守地区分部大会（全体会议）在本章程规定的权力范围内通过的决定。

13. 地区分部监察委员会主席或其书面委托的地区分部监察委员会成员如果没被选为该地区分部大会的与会代表，他们有权参加地区分部的大会，有发言权。

第二十九条　地区分部大会（全体会议）的权力范围

1. 地区分部大会（全体会议）的权力范围如下：

（1）根据本章程、党纲和地区分部的决定确定地区分部的优先工作方向；

（2）选举参加党代表大会的与会代表；

（3）确定和更改地区分部监察委员会成员及其委员会成员的人数；

（4）以不记名投票方式选举由主席团推荐的任期两年的地区分部委员会主席候选人，选举委员会成员和地区分部监察委员会成员；

（5）提前终止地区分部委员会的职权（提前与主席团协商一致）、委员会成员和地区分部监察委员会成员的职权；

（6）在通过扩大委员会和地区分部监察委员会成员数的决定时，或提前终止上述机关成员的职权时，不记名投票选举委员会的新成员和地区分部监察委员会的成员；

（7）审查和通过委员会主席、委员会、地区分部监察委员会的报告；

（8）确定地区分部大会（全体会议）的工作程序（通过会议议程）；

（9）行使其他符合本章程的职权，就其他地区分部工作的问题通过决定，党的中央机关及其任职人员权限内的职权除外。

2. 在行使有关选举和全民公决的权利时，地区分部大会（全体会议）的权力范围如下：

（1）审查非某政党党员的候选人资格，该候选人在选举法规定的程序提议加入党及其分支机构推荐的代表候选人名单中，党及其分支机构推荐其为选任职务的候选人；

（2）根据俄罗斯联邦选举法，以不记名投票方式推荐下列人员，包括在重选和补选中：

（a）竞选俄罗斯联邦主体最高级别公职人员（俄罗斯联邦主体国家最高权力执行机关领导人）、竞选俄罗斯联邦主体国家权力机关其他选任职务的候选人时，应事先与主席团协商一致；

（b）竞选俄罗斯联邦国家权力立法（代表）机关代表的候选人和（或）候选人名单，在推荐候选人名单和把他们写入名单时，要提前与主席团协商一致；

（c）竞选地方自治区域领导职务和其他选任职务的候选人，竞选地方自治代表机关代表（成员）的候选人和（或）候选人名单（按照事先与主席团的协商竞选作为地方自治区域的州、边疆区、中央区和共和国中心的领导职务和进入地方自治代表机关）。

（3）根据俄罗斯联邦选举法，在本章程规定的程序内和根据第十九条第3款第（2）项规定的理由，召回地区分部大会（全体会议）推荐的下列候选人：

（a）事先与主席团协商一致后，竞选俄罗斯联邦主体最高级别公职人员（俄罗斯联邦主体国家最高权力执行机关的领导）的候选人、竞选其他俄罗斯联邦主体国家权力机关选任职务的候选人；

（b）事先与主席团协商后，竞选俄罗斯联邦主体国家权力立法（代表）机关代表的候选人名单；

（c）竞选地方自治区域领导或其他选任职务的候选人、竞选地方自治代表机关代表（成员）的候选人名单（竞选州、边疆区、中央区和共和国中心的地方自治区域领导职务或进入其代表机关时，应事先与主席团协商一致）。

（4）任命党的地区分部的全权代表，包括财务方面的全权代表，终止其职权，以及根据法律授予地区分部委员会和（或）委员会局在选举俄罗斯联邦主体国家权力立法（代表机关）、地方自治代表机关，其他俄罗斯联邦主体、地方自治区域选任职务候选人时，任命地区分部全权代表（包括财务方面的全权代表）和终止其职权的职权；

（5）行使其他符合本章程的职权，就地区分部工作中有关地区分部参加选举的其他问题通过决定，党的中央机关及其任职人员权限内的问题除外。

第三十条 地区分部委员会主席

1. 地区分部委员会主席是地区分部选任的最高级别任职人员。

2. 地区分部大会（全体会议）以不记名投票方式选举在该地区分部登记，在成立地区分部时其常住或主要居住在该俄罗斯联邦主体境内且由主席团的决定推荐参加选举的党员为地区分部委员会主席，任期两年。如果上述任期到期，地区委员会主席的职权保留到地区分部大会（全体会议）选出新的地区分部委员会主席为止。同一人不能连续担任地区分部委员会主席超过三届。

3. 如果地区分部委员会主席的党籍提前终止或暂停、自愿解除职务、因常住地或主要居住地搬迁到新地方而从地区分部登记中除名、地区分部大会（全体会议）通过决定提前终止地区分部主席的职权，其职权提前终止。

4. 地区分部委员会主席的职权可由主席团根据一定理由和本章程规定的程序暂停，直至地区分部大会（全体会议）通过相关决定时刻为止。

5. 若提前终止或通过决定暂停地区分部委员会主席的职权，地区分部委员会主席的职权委托给地区分部委员会局秘书。若地区分部委员会局秘书缺席，职权委托给党中央委员会主席团推荐的地区分部委员会的某个成员，以地区分部的名义向其出具相关委托书。委托书根据地区分部委员会的委托由其某个成员或党主席签署。

6. 若地区分部委员会主席长期缺席（公务出差、学习、生病等），由其委托，地区分部委员会主席的职权可由地区分部委员会局秘书（若他缺席，由某个地区分部委员会成员）在地区分部委员会主席以相关的决定或委托书形式委托后行使。

7. 地区分部委员会主席在本章程规定的权力范围内对地区分部的工作进行领导，无须委托书以地区分部的名义开展工作。

8. 地区分部委员会主席就本章程规定的自己权力范围内的问题通过和签署决定及其他地区分部的文件。

9. 地区分部委员会主席的决定若不符合章程、和（或）党纲、和（或）党中央机关的决定、有损党的政治利益和（或）党的声誉，以及其他情况下，可由代表大会、党主席、该地区分部大会（全体会议）予以撤销。

10. 本地区分部登记的所有党员、委员会局秘书、委员会局和本地区分部委员会、本地区分部所属的地方分部和基层支部领导机关和任职人员都应遵守地区分部委员会主席在本章程规定的权力范围内通过的决定。

第三十一条　地区分部委员会主席的权力范围

1. 地区分部委员会主席：

（1）根据本章程对地区分部的工作实现总的领导，无须委托书以地区分部的名义开展工作；

（2）对地区分部、其领导机关和其他机关、任职人员的活动作信息分析、鼓动宣传、财务经营、法律、文书、组织技术和其他方面的保障，组织地区分部、其所属的地方分部和基层支部开展互动，协调他们的工作，以及党的中央机关和任职人员开展互动；

（3）以地区分部的名义发布声明；

（4）向主席团推荐选举地区分部委员会成员参加地区分部委员会局秘书职务竞选的候选人的提议；

（5）向地区分部委员会提议竞选地区分部委员会成员的候选人，以及主席团决定推荐的竞选地区分部委员会局秘书的候选人；

（6）在与组织和任职人员、与公民交流方面，包括在民法劳动法方面，无须委托书在国家权力机关和地方自治机关代表地区分部；

（7）以地区分部的名义出具委托书；

（8）在本章程规定的权力范围内分配地区分部的财产和资金；

（9）在银行开立和注销地区分部结算账户；

（10）有权在地区分部财务文件，包括初始核算文件（结算文件）上作为第一签字人；

（11）在俄罗斯联邦对法人的法律规定的程序和期限内，安排地区分部资金收入和支出的核算，税务核算和会计核算、编制地区分部会计报表；

（12）通过地区分部财政预算的执行报告；

（13）向俄罗斯联邦主体委员会提交地区分部资金收入和支出情况；

（14）任期结束时，向地区分部大会（全体会议）、党主席、主席团提交工作报告；

（15）领导地区分部机关的工作，招聘和解雇分部工作人员；

（16）行使符合本章程的其他职权，就地区分部工作的其他问题作决定，地区分部大会（全体会议）和委员会、监察委员会权力范围的问题除外，党中央机关和任职人员权力范围的问题除外。

2. 地区分部委员会主席在行使有关选举和全民公决的权利时：

（1）遴选推荐为俄罗斯联邦主体、地方自治区域选任职务的候选人、推荐为俄罗斯联邦主体国家权力机关、地方自治机关代表和其他选任职务的候选人；

（2）事先通知相关层级的选举委员会地区分部为参加竞选举行的活动；

（3）在法律规定的情况下，认证地区分部推荐的竞选俄罗斯联邦国家权力立法（代表）机关和地方自治代表机关候选人名单；

（4）在俄罗斯联邦选举法规定的程序和期限内，在公共互联网的信息通讯网上公开以及上传地区分部的竞选纲领；

（5）行使本章程规定的其他职权，就地区分部参加选举工作中的其他问题作决定，地区分部大会（全体会议）和委员会权力范围的问题除外，党中央机关和任职人员的权力范围的问题除外。

第三十二条 地区分部委员会

1. 地区分部委员会是经选举产生的常设的地区分部集体领导机关，在地区分部大会（全体会议）闭会期间在本章程规定的权力范围内领导地区分部的工作。

2. 地区分部委员会的成员由地区分部大会（全体会议）以不记名投票的方式从在本地区分部登记的，在成立地区分部时其常住或主要居住地在该俄罗斯联邦主体境内的党员中选举产生，任期两年。上述届满，地区分部委员会的职权保留到地区分部大会（全体会议）选出新的地区分部委员会班子为止。地区分部委员会成员可以由地区分部大会（全体会议）选举开始新的任期。地区分部委员会成员的数量通常按地区分部委员会主席的提议由地区分部大会（全体会议）确定和更改，地区分部委员会主席因职务是地区分部委员会的成员。因地区分部大会（全体会议）以不记名投票方式扩大地区分部委员会任期内的地区分部委员会成员数，可能选出新的地区分部委员会成员。

3. 如果地区分部委员会成员党籍终止或暂停、自愿解除职务、因常住地或主要居住地搬迁而从地区分部登记中除名、地区分部大会（全体会议）通过决定提前终止地区分部委员会成员的职权，其职权提前终止。因提前终止地区分部委员会成员的职权，地区分部大会（全体会议）可通过不记名投票的方式选出地区分部委员会任期内的地区分部委员会新成员。

4. 地区分部委员会成员的职权可由主席团根据本章程所列的理由和期限予以暂停，直到地区分部大会（全体会议）通过相关决定为止。

5. 地区分部委员会有权决定地区分部工作中本章程所列的不属于地区分部大会（全体会议）权力范围、不属于地区分部委员会主席权力范围、或党的中央机关及其任职人员的权力范围的任何问题。地区分部委员会有权撤销地区分部委员会局通过的任何决定，对其修订和补充。

6. 地区分部委员会主席领导地区分部委员会的工作，因职务担任地区分部委员会会议的执行主席。

7. 地区分部委员会会议根据需要由地区分部委员会主席召开，但不得少于三个月一次。

8. 也可根据党主席、主席团、中央监察委员会、该地区分部监察委员会以决定形式提出的要求、或根据地区分部大会（全体会议）规定的地区分部委员会成员数的过半数书面要求，作出召开地区分部委员会会议的决定。

9. 在召开地区分部委员会会议的决定中应确定会议举办日期和地点（城市名称或其他居民点名称）。举办地区分部委员会会议的日期和（或）地点（城市名称或其他居民点名称）可由相关决定予以更改。

10. 地区分部委员会会议的议事日程由地区分部委员会主席拟定。

11. 如果提前终止或暂停地区分部委员会主席的职权，或地区分部委员会主席违反章程本条第8款的要求，或主席团撤销地区分部委员会主席召开地区分部委员会会议的决定，地区分部委员会会议可由主席团的决定召开，并由其决定会议举办日期和地点（城市名称或居民点名称），并可对其更改，拟定会议议程。

12. 按地区分部大会（全体会议）的规定超过半数的成员参加地区分部委员会会议，此次会议为全权会议。

地区分部委员会的决定由参加地区分部委员会全权会议的多数票作出。如有其他法律或本章程未规定的事宜，投票形式由地区分部委员会决定。

13. 地区分部针对本章程规定的自己权力范围内的问题作出决定。地区分部委员会的决定和其他文件由地区分部委员会主席签署。

14. 地区分部委员会的决定可由代表大会、主席团、该地区分部大会（全体会议）予以撤销，如果该决定不符合章程、以及（或）党纲，以及（或）党中央机关、党主席、该地区分部大会（全体会议）的决定，有损党的政治利益和（或）声誉，以及在其他情况下。

15. 所有本地区分部登记的党员、本地区分部委员会局秘书和委员会局、该地区分部下属的地方分部领导机关和任职人员必须遵守地区分部委员会在本章程规定的权力范围内作出的决定。

16. 主席或其书面委托的地区分部监察委员会的成员有权参加地区分部委员会的会议，有发言权。

第三十三条　地区分部委员会的权力范围

1. 地区分部委员会：

（1）根据本章程规定的权力范围领导地区分部的工作；

（2）对地区分部、地区分部委员会主席、委员会局秘书和委员会局的既定工作作信息分析、鼓动宣传、法律、文书、组织技术和其他方面的保障，安排地区分部、下属的地方分部和基层支部的领导机关和其他机关之间的互动；

（3）组织和保障对党纲的宣传、解释和研究，以及执行党中央机关及其任职人员、地区分部大会（全体会议）的决定；

（4）汇总地区分部登记的党员、地区分部领导机关和其他机关、任职人员就本章程规定的属于地区分部大会（全体会议）的问题的提议；

（5）确定举行直接登记在地区分部没有计入地方分部的党员会议的程序和期限，以选举地区分部大会与会代表；

（6）暂停地区分部下属的地方分部和基层支部领导机关和其他机关、任职人员的工作或撤销其决定、撤销地区分部委员会局的决定，如果这些决定不符合章程，以及（或）党纲，以及（或）不符合党及该地方分部和基层支部所隶属的地区分部领导机关和其他机关、任职人员在本章程规定的权力范围内作出的决定，有损党的政治利益和（或）党的声誉，以及在其他情况下；

（7）就地区分部工作的问题通过指导性、建议性、标准性以及其他文件，确定地区分部在组织干部和积极分子学习方面的基本要求；

（8）审查与地区分部、下属的地方分部和基层支部领导机关和任职人员工作相关的投诉和请求，为了预审查上述投诉和请求可成立临时工作组和（或）常设委员会并通过其工作条例；

（9）根据主席团的要求向主席团提交包括地区分部登记的党员数的信息和地区工作的报告，一年不少于一次；

（10）行使符合本章程的其他权力，就地区分部工作的其他问题通过决定，属于地区分部大会（全体会议）、监察委员会权力范围的问题除外，属于党中央机关及其任职人员的权力范围的问题除外。

2. 地区分部委员会专属权力范围有：

（1）召开地区分部大会（全体会议），确定会议举办的日期和地点（城市名称或其他居民点名称），参会名额和拟定会议议程，更改会议举办的日期和地点（城市名称或其他居民点名称）、会议议程；

（2）提交地区大会（全体会议）审查地区分部登记的党员、地区分部领导机关和其他机关、任职人员提出的属于本章程规定的地区分部大会（全体会议）权限内的问题的提议；

（3）如果暂停、提前终止地区分部委员会主席的职权，在本章程规定的程序内通过决定委任地区分部委员会主席的职权给地区分部委员会局秘书，直到地区分部大会（全体会议）选出新主席为止。如果委员会局秘书缺席，委员会主席的职权委任给党中央委员会主席团推荐的委员会成员，并发给以地区分部名义出具的相关委托书；

（4）根据地区分部委员会主席的提议，确定和更改地区分部委员会局成员的数量；

（5）从地区分部委员会成员中选举地区分部委员会任期内的地区分部委员会局秘书和委员会局成员，提前终止其职权，因通过决定扩大地区分部委员会局的成员数，或因在本章程规定的程序内提前终止地区分部委员会任期内的其成员职权，选举地区分部委员会局新成员；

（6）审查和通过地区分部委员会局秘书和委员会局的报告；

（7）根据本章程以地区分部的名义实现法人权利和履行法人义务；

（8）事先与主席团协商一致后，成立地区和地方的出版社、信息社、印刷企业、大众传媒机构，向主席团报备其名称、工作理念和领导人选；

（9）在任期结束时，向地区分部大会（全体会议）提交工作报告。

3. 地区分部委员会在行使与选举和全民公决有关的权力时：

（1）汇总地区分部登记的党员、地区分部和下属的地方分部领导机关和其他机关、任职人员在推荐竞选俄罗斯联邦主体最高任职人员（俄罗斯联邦主体国家最高权力执行机关领导）候选人、竞选俄罗斯联邦主体国家权力立法（代表）机关代表候选人和（或）候选人名单、竞选地方自治代表机关代表（成员）候选人、俄罗斯联邦、地方自治区域其他选任职务候选人方面的提议；

（2）从地区分部推荐的竞选俄罗斯联邦国家权力立法（代表）机关的候选人（事先与主席团协商一致）名单中、从竞选地方自治代表机关代表（成员）的候选人名单（进入州、边疆区、中央区和共和国中心的地方自治代表机关要事先与主席团协商一致）中［包括认证过的名单和（或）按照本章程规定的程序、根据第19条第3款第（2）项规定的原因注册的名单］删除候选人；

（3）在法律规定的情况下和程序内，任命和终止地区分部全权代表的职权，包括财务方面的全权代表的职权；

（4）如果地区分部在俄罗斯联邦选举法规定的程序内推荐候选人和（或）候选人名单，任命地区分部委托人和提前终止其职权；

（5）在俄罗斯联邦选举法规定的情况下，通过决定支持（保障）地区分部推荐候选人竞选俄罗斯联邦主体和地方自治区域选任职务的候选人、竞选俄罗斯联邦主体国家权力立法（代表）机关和地方自治代表机关代表的候选人和（或）进入候选人名单；

（6）通过决定政治支持竞选俄罗斯联邦主体最高级职务人员（俄罗斯联邦主体国家最高权力执行机关领导）的候选人、竞选俄罗斯联邦国家权力立法（代表）机关代表的候选人（事先与主席团协商一致）、竞选地方自治代表机关代表（成员）的候选人、竞选地方自治区域领导职务或其他选任职务、在自荐的程序内作为候选人参加选举的候选人（按照事先与主席团的协商竞选州、边疆区、中央区和共和国中心的城市的市长职务）；

（7）制定地区分部相关的选举纲领并通过；

（8）提交任命候选人为有投票权的地方自治区域选举委员会成员、任命其为有投票权的中央区、区域和区段选举委员会成员的提议，以及进入区段委员会后备候选人的提议供符合俄罗斯联邦选举法和全民公决法的全权机关审查；

（9）在俄罗斯联邦选举法和全民公决法规定的程序内，任命俄罗斯联邦主体选举委员会成员（事先与主席团协商一致），有发言权的地方自治区域选举委员会成员、有发言权的中央区、区域、区段选举委员会成员，以及提前终止其职权；

（10）在俄罗斯联邦选举法和全民公决法规定的程序内，任命观察员进入俄罗斯联邦主体选举委员会、地方自治区域选举委员会、区段选举委员会和全民公决委员会；

（11）在本章程规定的程序内，根据第19条第3款第（2）项列出的理由，召回地区分部推荐的候选人、竞选俄罗斯联邦主体国家权力立法（代表）机关的注册候选人（与主席团事先协商一致）、竞选单席位（多席位）选区的地方自治代表机关代表（成员）的注册候选人（按照事先与主席团的协商作为州、边疆区、中央区和共和国中心的地方自治区域的候选人）；

（12）在法律规定的情况下和程序内，事先与主席团协商一致后，取得地区分部根据单席位（多席位）选区推荐的候选人的同意后，更改作为地区分部推荐候选人依据的单席位（多席位）选区；

（13）根据俄罗斯联邦全民公决法，提议举行俄罗斯联邦主体的全民公决（事先与主席团协商一致）、地方全民公决，通过决定成立全民公决倡议小组；

（14）行使符合本章程的其他职权，就地区分部涉及选举工作的其他问题通过决定，属于地区分部大会（全体会议）的权力范围、党中央机关及其任职人员的权力范围的问题除外。

4. 在行使涉及选举和全民公决的权利时，地区分部委员会的专属权力范围有：

（1）提交地区分部登记的党员、地区分部和下属的地方分部机关和任职人员推荐的竞选俄罗斯联邦主体最高任职人员（俄罗斯联邦主体最高国家权力执行机关领导)、竞选俄罗斯联邦国家权力立法(代表)机关的代表、竞选地方自治代表机关的代表(成员)、俄罗斯联邦主体、地方自治区域其他选任职务的候选人的提案供地区分部大会(全体会议)审查;

(2) 以不记名投票方式推荐地区分部在重选和补选中竞选俄罗斯联邦主体国家权力立法(代表)机关的代表(候选人资格事先与主席团协商一致)、竞选地方自治代表机关代表(成员)(按照事先与主席团的协商进入作为地方自治区域的州、边疆区、中央区、共和国中心的地方自治代表机关)的候选人,在本章程规定的程序内、并根据第十九条第3款第(2)项列出的理由召回上述候选人;

(3) 如果在相关区域没有地方分部,以不记名投票方式推荐竞选地方自治代表机关代表(成员)的候选人和(或)候选人名单、竞选地方自治区域领导职务和其他选任职务的候选人(按照事先与主席团的协商担任作为地方自治区域的州、边疆区、中央区、共和国中心的领导职务和进入地方自治代表机关)的候选人;

(4) 如果本条第4款第(3)项规定情况下,在本章程规定的程序内,根据第十九条第3款第(2)项列出的理由,召回地区分部推荐的竞选地方自治代表机关代表(成员)的候选人名单、竞选地方自治区域领导职务和其他选任职务的候选人(是指担任州、边疆区、中央区、共和国中心的领导职务和进入地方自治代表机关,按照与主席团事先的协商);

(5) 认证竞选俄罗斯联邦主体选任职务的候选人、竞选地方自治代表机关代表和地方自治机关其他选任职务的候选人的党籍文件和党内身份的文件;

(6) 认证地区分部纳入竞选俄罗斯联邦主体国家权力立法(代表)机关代表、竞选地方自治代表机关代表(成员)的候选人名单的党员公民名单;

(7) 如果候选人被拒绝获得代表议席或提前终止俄罗斯联邦主体国家权力立法(代表)机关、地方自治代表机关代表的职权,向相关选举委员会提议其他注册的候选人进入同一候选人名单以填补空缺。填补俄罗斯联邦国家权力立法（代表）机关、作为州、边疆区、中央区、共和国中心的地方自治代表机关代表议席空缺的候选人资格，应事先与主席团协商一致。

第三十四条　地区分部委员会局秘书

1. 地区分部委员会局秘书是选任的地区分部任职人员，根据地区分部委员会主席的委任在本章程和地区分部委员会主席的决定规定的权力范围内开展工作。

2. 地区分部委员会在其会议上选出任期两年、由主席团和地区分部委员会局的决定推荐的地区分部委员会成员。地区分部委员会局秘书因职务进入地区分部委员会局。地区分部委员会局秘书可由地区分部委员会选举开始新的任期。

3. 如果地区分部委员会局秘书的党籍终止或暂停、其自愿解除职务、因常驻地或主要居住地搬迁从地区分部登记中除名、地区分部大会（全体会议）通过决定提前终止其职权，其职权可提前终止。

4. 地区分部委员会局秘书的职权可由主席团根据本章程规定的理由和程序予以暂停，直到地区分部委员会作出相关决定为止。

第三十五条　地区分部委员会局秘书的权力范围

地区分部委员会局秘书根据地区分部委员会主席的委任：

（1）在党员之间、下属的地方分部和基层支部之间就地区分部委员会主席分配给他们的地区分部工作的问题和方向安排工作；

（2）根据地区分部委员会主席以相应的决定形式或委托书形式作出的委任，领导地区分部委员会和（或）委员会局的工作，签署其决定，包括地区分部委员会主席缺席的情况下；

（3）在本章程和地区分部委员会主席决定规定的权力范围内签署相关文件，包括根据地方分部委员会主席出具的委托书签署文件，使用地区分部的印章和信纸、党的标志和其他要素；

（4）向地区分部委员会主席和委员会、党主席、主席团提交工作报告。

第三十六条　党的地区分部的委员会局

1. 地区分部委员会局是经选举产生的地区分部集体领导机关。

2. 地区分部委员会局的成员由地区分部委员会在其会议上从其党员中选举产生。可在本章程规定的程序内选出新任期内的地区分部委员会局的成员。地区分部委员会局的成员数通常是根据地区分部委员会主席的建议，由地区分部委员会的决定予以确定和更改，其中地区分部委员会主席和委员会局秘书因职务是地区分部委员会局的成员。因扩大地区分部委员会局在其任期内的成员数，可选举地区分部委员会局的新成员。

3. 如果地区分部委员会局成员的党籍终止或暂停、地区分部委员会局和（或）委员会成员自愿解除职务、因常住地和主要居住地搬迁从地区分部登记中除名、地区分部大会（全体会议）通过决定提前终止地区分部委员会成员的职权，其职权提前终止。因提前终止地区分部委员会局成员在地区分部委员会局任期内的职权，可选出新的地区分部委员会局成员。

4. 地区分部委员会局成员的职权可由主席团根据本章程规定理由和程序予以暂停，直到地区分部委员会作出相关决定为止。

5. 地区分部委员会局在地区分部委员会会议闭会期间以其名义行使管理职能或其他职能，审查和决定本章程规定的地区分部委员会权力范围内地区分部委员会工作中的任何问题，属于本章程规定的地区分部委员会专属范围的问题除外，以及执行代表大会、党主席、该地区分部大会（全体会议）和委托银行的决定。

6. 地区分部委员会主席领导地区分部委员会局的工作，并因职务担任地区分部委员会会议的执行主席。

7. 地区分部委员会局的会议根据需要由地区分部委员会主席召开，但不得少于一月一次。

8. 根据党主席、主席团以决定形式提出的要求，或根据地区分部委员会决定规定的地区分部委员会局成员数的过半数成员的书面要求，应通过决定召开地区分部委员会会议。

9. 在召开地区分部委员会会议的决定中应确定会议举办日期和地点

（城市名称或其他居民点名称）。可通过相关决定修订地区分部委员会局会议举办的日期和（或）地点（城市名称或其他居民点名称）。

10. 地区分部委员会局会议的议事日程由地区分部委员会主席拟定。

11. 如果提前终止或暂停地区分部委员会主席的职权，或地区分部委员会主席违反了章程本条第 8 款的要求，或主席团撤销地区分部委员会主席召开地区分部委员会局会议的决定，地区分部委员会局会议可由主席团的决定召开，决定中确定会议举办日期和地点（城市名称或其他居民点名称），也可由主席团对其修订，拟定会议议程。

12. 若参加地区分部委员会局会议的人数超过地区分部委员会决定规定人数的半数，此次会议是全权会议。

地区分部委员会局的决定由参加全权会议的成员的多数票作出。如果有其他法律或本章程未规定的事宜，投票形式由地区分部委员会局确定。

13. 地区分部委员会局针对本章程规定的自身的职权问题作出决议。决议或其他地区分部委员会局的文件由地区分部委员会主席签署。

14. 若地区分部委员会局的决议不符合章程和（或）党纲、以及（或）党的中央机关、党主席、大会（全体会议）和本地区分部委员会的决议，有损党的政治利益和（或）党的声誉，及其他原因，可由代表大会、主席团、大会（全体会议）和本地区分部委员会取消。

15. 该地区分部登记的所有党员、该地区所属的地方分部和基层支部的领导机关及任职人员有义务遵守地区分部委员会局在本章程规定的权力范围内通过的决议。

16. 主席或其书面委任的地区监察委员会成员有权参加地区分部委员会局的会议，有发言权。

第三十七条　地区分部委员会局的权力范围

地区分部委员会局就下列问题进行审议并作出决议：

（1）执行代表会议、党主席、中央委员会、主席团、大会（全体会议）和地区分部委员会的决议；

（2）履行管理职能和本章程规定的地区分部委员会权力范围内的所有

职能，本章程规定的地区分部委员的专有权力范围除外。

第三十八条 地区分部监察委员会

1. 地区分部监察委员会（以下简称监察委员会或监察委）是地区分部经选举产生的常设集体监察机关，有义务向地区分部大会（全体会议）和党中央监察委员会汇报工作。

2. 监察委的活动应符合俄罗斯联邦法律、本章程和中央监察委员会的决议。

3. 监察委根据本章程、中央监察委员会决议通过的《党的监察机关条例》开展活动。

4. 中央监察委员会有权从该地区分部所登记的党员处获取地区分部活动的相关信息，要求地区分部任职人员、领导机关和其他机关出示有关地区分部的章程和财务经营活动的文件。

5. 地区分部的任职人员、经选举产生的集体机关有义务根据中央监察委员会经决议下达的书面要求提供信息和文件，就其活动和职责作出说明。

6. 监察委就本章程规定的权力范围内的问题作出决议。

7. 该地区分部登记的所有党员、任职人员、地区分部及所属的地方分部和基层支部的领导机关和其他机关必须遵守监察委在本章程规定的权力范围内作出的决议，对其进行必要的分析研究并执行。

8. 委员会主席和地区分部委员会局秘书有权参加监察委的会议，有发言权。

9. 主席团可依据某种原因并按照本章程规定的程序暂停监察委委员的职权，直到地区分部大会（全体会议）通过相应决议为止。

第三十九条 地区分部监察委员会的权力范围

监察委员会：

（1）对地区分部、其领导机关和其他机关、选任的任职人员、以及该地区分部所属的地方分部和基层支部的法定活动和财务经营活动进行监督；

（2）根据年度财务总结，对地区分部财政预算执行情况和财务经营工作的完成情况作计划内的检查；

（3）对地区分部、地区分部下属的地方分部和基层支部的工作作整体检查和计划外检查；

（4）向地区分部领导机关和其他机关、委员会主席、以及委托进行检查的机关通报检查结果；

（5）检查对中央机关和任职人员、地区分部领导机关和其他机关、任职人员的决定的执行情况；

（6）审议本地区登记的党员的投诉、请求、提议、来信中涉及监察委员会权力范围的问题；

（7）任期结束时向中央监察委员会和地区分部大会（全体会议）提交监察委的工作报告。

第四十条　暂停地区分部经选举产生的集体领导机关成员和任职人员的职权

地区分部委员会主席、委员会局秘书、委员会成员、委员会局成员、监察委员会成员的职权可由主席团暂停，如果确定其工作或决定不符合本章程，以及（或）有损党的声誉，以及（或）给党带来物质损失和（或）侵害党的政治利益，或其未能履行义务执行党的机关和任职人员的决定、地区机关的决定，或其被选举的过程违反了本章程规定的程序，暂停期限直到相关的地区分部大会（全体会议）或委员会通过相关决定为止。如果主席团通过决定暂停地区分部委员会和（或）委员会局成员职权和（或）提前终止其职权的决定导致剩下的成员数不足以举行地区分部委员会和（或）委员会局全权会议，主席团应通过决定召开地区分部大会（全体会议），或委托相关地区分部委员会或委员会局作出召开该会议的决定，或相应地作出召开地区分部委员会会议的决定。

第六章　党的地方分部

第四十一条　党的地方分部总则

1. 党的地方分部（以下简称地方分部）是党的下设分部，在一个俄罗斯联邦主体的一个或几个区、城市、其他居民点和（或）其部分的领域内成立并开展活动，各地方分部的边界由中央委员会主席团、地区分部委员会或委员会局在该地区分部工作地域内划定。地方分部活动的地域不能包括其他地方分部活动的地域或部分地域。地方分部属于在包含地方分部活动区域的俄罗斯联邦主体开展活动的地区分部。

2. 有法人权利的地方分部根据主席团的决定成立。不构成法人的地方分部根据主席团、相关地区分部委员会和委员会局的决定（取得主席团的预先同意）成立。

成立地方分部的决定应包含地方分部工作地域界限的信息。

地方分部的名称在其成立的决定中确定，可以对其更改。地方分部的全称包括党名的全称和所属区域的名称。地方分部的简称包括党名的简称和所属区域的名称。

3. 地方分部在自己工作的地域参加符合俄罗斯联邦法律的选举。如果在地方自治区域没有地方分部，或在地方自治区域建有一个以上的地方分部并开展工作，则在该地方自治区域开展工作的地区分部或政党参加选举。

4. 地区分部委员会局对所属的地方分部进行登记。

第四十二条　地方分部的集体领导机关和任职人员

1. 经选举产生的地方分部集体领导机关有：地方分部大会（全体会议）和地方分部委员会。

地方分部委员会主席是经选举产生的地方分部任职人员。

2. 地方分部监察委员会是经选举产生的地方分部集体监察机关。

第四十三条　党的地方分部大会（全体会议）

1. 地方分部大会（全体会议）是地方分部的最高级集体领导机关，有权对地方分部、其机关和任职人员工作的所有问题作出决定，本章程规定属于党及其地区分部的领导机关和其他机关以及任职人员权限内的问题除外。地方分部大会（全体会议）有权撤销经选举产生的地方分部集体机关和任职人员、该地方分部所属的基层支部所作的任何决定，对其作出修订和补充。

地方分部大会是至少有一个所属基层支部的地方分部经选举产生的最高集体领导机关。

地方分部全体会议是没有基层支部的地方分部经选举产生的最高集体领导机关。

地方分部全体会议的参加者是该地方分部登记、在成立地方分部时居住在地方分部工作地域的党员。

2. 地方分部大会（全体会议）根据需要由地方分部委员会召集，但不得少于两年一次。

3. 地方分部委员会应根据党主席、主席团、中央监察委员会、该地方分部所属的地区分部委员会主席、委员会、委员会局和监察委员会、该地方分部的监察委员会形成《决定》的要求，或根据过半数的该地方分部登记的党员的书面要求，作召集地方分部大会（全体会议）的决定。

4. 在召集地方分部大会（全体会议）的决定中应确定该大会（该全体会议）举办的日期和地点（城市名称和其他居民点名称）、参加地方分部大会与会代表选举的代表名额、会议日程。大会（全体会议）的举办日期和地点（城市名称或其他居民点名称）、会议日程计划可由相关决定予以修订。

5. 如果提前终止和（或）暂停地方分部委员会成员的职权导致剩下的成员数不足以召开地方分部委员会的全权会议，或地方分部委员会违反章程本条第 3 款的要求，或地方分部委员会关于召集地方分部大会（全体会议）的决定由主席团撤销，或在地方分部委员会成立时选举其成员，地方分部大会（全体会议）可由主席团、该地方分部所属的地区分部委员会或委员会局的决定召集，他们确定会议举办日期和地点（城市名称或其他居民点名称）、参加地方分部大会与会代表选举的代表名额，以及可以更改会议举办日期和地点（城市名称和居民点名称），起草会议日程计划。

6. 地方分部大会的与会代表由该地方分部下属的基层支部全体大会和直接在该地方分部登记但不计入基层支部的党员会议选举产生，代表名额由地方分部委员会规定，如果有章程本条第 5 款的情况，由主席团、该地方分部所属的地区分部委员会和委员会局规定。

直接在该地方分部登记但不计入基层支部的党员会议的举办程序和会期由地方分部委员会的决定予以确定，如果有章程本条第 5 款的情况，由主席团、该地方分部所属的地区分部委员会和委员会局的决定予以确定。

7. 按照惯例，地方分部大会（全体会议）由地方分部委员会主席宣布开幕。地方分部大会（全体会议）的执行主席和秘书在上述大会（上述全体会议）上从与会代表（参会者）中选举产生。

8. 如果参加地方分部大会的代表是该地方分部登记的党员数过半，此次会议是全权大会。

如果参加地方分部全体会议的党员数是该地方分部登记的党员数的过半，此次会议是全权会议，如果是成立地方分部的全体会议，则要居住在该地方分部工作领域内的党员数过半。

地方分部大会（全体会议）的决定由参加全权地方分部大会（全体会议）的代表（与会者）的多数票作出。

9. 如果有其他法律或本章程未规定的事宜，投票形式由地方分部大会（全体会议）确定。

10. 地方分部大会（全体会议）的决定以会议纪要的形式形成。地方分部大会（全体会议）的会议纪要由地方分部大会（全体会议）执行主席和秘书签署。在必要情况下和在法律规定的情况下，地方分部大会（全体会议）的个别决定以会议纪要摘要的形式形成。地方分部大会（全体会议）会议纪要摘要由地方分部委员会主席签署，如果主席缺席，由地方分部委员会某成员或地方分部委员会主席以相关决定形式委托的某人签署。

地方分部大会（全体会议）会议纪要的副本以应有的形式认证，应在其形成后七日内发送给地方分部所隶属的地区分部委员会。

11. 如果地方分部大会（全体会议）的决定不符合章程、以及（或）党纲、以及（或）党中央机关、党主席、地方分部所属的地区分部大会（全体会议）的决定，有损党的政治利益和（或）党的声誉，以及其他情况下，可由代表大会、主席团、地方分部所属的地区分部大会（全体会议）、委员会和委员会局撤销。

12. 所有该地方分部登记的党员、该地方分部和其下属的基层支部的领导机关和任职人员都应遵守地方分部大会（全体会议）在本章程规定的权力范围内作出的决定。

13. 如果主席或根据其书面委任的地方分部监察委员会成员没有被选为该地方分部大会的与会代表，他们有权参加地方分部大会，有发言权。

第四十四条　地方分部大会（全体会议）的权力范围

1. 地方分部大会（全体会议）的权力范围有：

（1）根据本章程、党纲以及党及地方分部所属的地区分部中央机关和其他机关的决定，确定地方分部工作的优先方向；

（2）从该地区分部登记的党员中选举参加地区分部大会的代表；

（3）确定和更改地方分部委员会成员数和监察委员会成员数；

（4）选举任期两年的地方分部委员会主席，该职务的候选人由地方分部、地方分部委员会成员和监察委员会成员组成的地区分部委员会推荐；

（5）提前终止地方分部委员会主席的职权（事先与该地方分部所隶属的地区分部委员会协商一致）以及地方分部委员会成员和监察委员会的成员的职权；

（6）因为通过决定扩大地方分部委员会成员数或因为提前终止其成员在上述机关职权期限内的职权，选举地方分部委员会新成员和监察委员会成员；

（7）审查和通过地方分部委员会主席、委员会和监察委员会的报告；

（8）确定地方分部大会（全体会议）的工作程序（通过规程）；

（9）行使符合本章程的其他职权，就地方分部工作的其他问题通过决定，属于党及地方分部所隶属的地区分部的领导机关和其他机关、任职人员的权力范围的问题除外。

2. 在行使与选举和全民公决有关的权利时，属于地方分部大会（全体会议）权力范围的有：

（1）按照俄罗斯联邦选举法以不记名投票方式推荐（包括在重选和补选中）竞选地方自治区域领导职务和其他选任职务的候选人、推荐竞选地方自治代表机关代表的候选人和（或）候选人名单，其候选人资格事先与地区分部委员会或委员会局协商一致（按照事先与主席团的协商竞选作为地方自治区域的州、边疆区、中央区和共和国中心的领导职务和进入地方自治代表机关）；

（2）审查非某政党成员、在俄罗斯联邦选举法律规定的程序内被提名加入地方分部推荐的地方自治代表机关代表（成员）候选人名单中的候选人资格；

（3）在本章程规定的程序内、以及根据第十九条第3款第（2）项规定的理由，在预先与地区分部委员会或委员会局协商一致后，召回地方分部大会（全体会议）推荐的符合俄罗斯选举法、竞选地方自治区域领导职务和其他选任职务的候选人、竞选地方自治代表机关代表（成员）的候选人名单（按照事先与主席团的协商竞选作为地方自治区域的州、边疆区、中央区和共和国中心的领导职务和进入地方自治代表机关）；

（4）任命地方分部全权代表，包括财务方面的全权代表，终止其职权，以及在举行地方自治代表机关选举、其他地方自治区域选任职务选举时，根据法律授予地方分部委员会任命地方分部全权代表和终止其职权的权利，包括财务方面全权代表的权利；

（5）行使符合本章程的其他职权，就地方分部参加选举的其他问题通过决定，属于党及地方分部所隶属的地区分部领导机关和其他机关权力范围的问题除外。

第四十五条　地方分部委员会主席

1. 地方分部委员会主席是经选举产生的地方分部最高级别的任职人员。

2. 地方分部大会（全会）选举由地区分部委员会或委员会局推荐的在该地方分部登记、在地方分部建立时居住在该地方分部工作地域的党员为地方分部委员会主席，任期两年。任期届满，地方分部委员会主席的职权保留到地方分部大会（全体会议）选举出新的地方分部委员会主席为止。地方分部委员会主席可以由地方分部大会（全体会议）选举开始新的任期。

3. 若地方分部委员会主席的党籍终止或暂停、自愿解除职务、因搬到新的居住地从地方分部登记中除名、地方分部大会（全体会议）通过决定提前终止地方分部委员会主席的职权，其职权提前终止。

4. 地方分部委员会主席的职权可由主席团、地方分部所在的地区分部委员会或委员会局有根据地、按照本章程规定的程序予以暂停，直到地方分部大会（全体会议）通过相关决定为止。

若提前终止地方分部委员会主席的职权或通过暂停其职权的决定，地方分部委员会通过决定，让地方分部委员会的某个成员担任地方分部委员会主席的职务，任期直到地方分部大会（全体会议）选出地方分部委员会主席为止。

5. 地方分部委员会主席在本章程规定的权力范围内领导地方分部的工作。

6. 地方分部委员会主席对本章程规定的权力范围内的问题作出决定，并签署决定和其他地方分部的文件。

7. 如果地方分部委员会主席的决定不符合章程、和（或）党纲、和（或）党中央机关、党主席、地区分部大会（全体会议）、委员会主席、委员会、委员会局、地方分部大会（全体会议）的决定、有损党的政治利益和（或）党的声誉、以及其他情况下，可由代表会议、党主席、主席团、地方分部所属的地区分部大会（全体会议）、委员会主席、委员会和委员会局、该地方分部大会（全体会议）予以撤销。

8. 所有本地方分部登记的党员、该地方分部委员会、该地方分部所属的基层支部的领导机关和任职人员都应遵守地方分部委员会主席在本章程规定的权力范围内作出的决定。

第四十六条　地方分部委员会主席的权力范围

1. 地方分部委员会主席：

（1）根据本章程，对地方分部的工作进行总领导；

（2）对地方分部的工作、地方分部委员会的工作进行信息分析、鼓动宣传、法律、文书、组织技术及其他方面的保障，安排地方分部和下属的基层支部之间的互动，协调它们的工作，以及与党中央机关和任职人员之间的互动；

（3）以地方分部的名义发布声明；

（4）任期结束时，向地方分部大会（全体会议）、地方分部所属的地区分部委员会主席、委员会提交工作报告；

（5）行使符合本章程的其他权力，对地方分部工作的其他问题作决定，属地方分部大会（全体会议）、委员会、监察委员会权力范围的问题除外，属党及地方分部所属的所属地区分部领导机关和其他机关及任职人员的权力范围的问题除外；

（6）在地方分部经国家注册为法人的情况下，无须委托书以地方分部名义开展工作，以地方分部名义出具委托书，安排对地方分部财产收入和支出的核算、税收和会计核算，在俄罗斯联邦有关法人的法律规定的程序和期限内编制地方分部会计报表。

2. 地方分部委员会主席在行使有关选举和全民公决的权利时：

（1）组织遴选推荐为选任职务和地方自治代表机关（成员）的候选人；

（2）预先通知相关级别的选举委员会关于地方分部举行的与参加地方自治选举相关的活动，保障相关级别的选举委员会的代表可以参加上述活动；

（3）在法律规定的情况下，认证地方分部大会（全体会议）推荐的参加地方自治代表机关代表（成员）选举的候选人名单；

（4）向（地方分部）选举团体财务问题方面的全权代表出具（签署）委托书；

（5）行使符合本章程的其他权利，对地方分部工作中涉及地方分部参加选举的其他问题作决定，地方分部大会（全体会议）和委员会的权力范围的问题除外，党的领导机关和其他机关及任职人员、地方分部所属的地区分部的权力范围的问题除外。

第四十七条 党的地方分部委员会

1. 地方分部委员会是经选举产生的地方分部常设的集体领导机关，在地方分部大会（全体会议）闭会期间在本章程规定的权力范围内领导地方分部的工作。

2. 地方分部委员会成员由地方分部大会（全体会议）从本地方分部登记的任期两年的党员中选举产生。在成立地方分部时，从该地方分部工作领域居住的党员中选出。上述任期到期时，地方分部委员会成员的职权保留到地方分部大会（全体会议）选出新的地方分部委员会班子为止。地方分部委员会成员可以由地方分部大会（全体会议）选出开始新的任期。地方分部委员会成员的数量由地方分部大会（全体会议）确定和更改，通常由地方分部委员会主席提议，地方分部委员会主席因职务是地方分部委员会成员。因地方分部大会（全体会议）扩大地方分部委员会任期内的成员数量，可由地方分部委员会选出新的成员。

3. 如果地方分部委员会成员终止或暂停党籍、自愿解除职务、地方分部大会（全体会议）通过决定提前终止地方分部委员会成员的职权，其职权提前结束。因地方分部大会（全体会议）提前终止地方分部委员会成员在地方分部委员会任期内的职权，可选出新的地方分部委员会成员。

4. 地方分部委员会成员的职权可由主席团、地方分部所隶属的地区分部委员会或委员会局根据本章程列出的理由和期限予以暂停，直到地方分部大会（全体会议）通过相关决定为止。

5. 地方分部委员会有权决定地方分部工作中的、本章程未列出的地方分部大会（全体会议）权力范围、地方分部委员会主席或领导机关、其他机关、任职人员的权力范围、及地方分部所隶属的地区分部的权力范围的任何问题。

6. 地方分部委员会主席领导地方分部委员会的工作，因职务担任地方分部委员会会议的执行主席。

7. 地方分部委员会会议根据需要由地方分部委员会主席召开，但不得少于三个月一次。

8. 也可根据党主席、主席团、中央监察委员会、地方分部所隶属的地区分部委员会、委员会局、监察委员会的要求，以及根据该地方分部监察委员会以决定形式表达的要求，或根据地方分部大会（全体会议）规定的地方分部委员会成员数的过半数成员的书面要求召开地方分部委员会会议。

9. 在召开地方分部委员会会议的决定中应确定会议举办的日期和地点（城市名称和居民点名称）。地方分部委员会会议举办的日期和（或）地点（城市名称和居民点名称）可由相关决定予以更改。

10. 地方分部委员会会议的议事日程由地方分部委员会主席拟定。

11. 如果提前终止或暂停地方分部委员会主席的职权，或地方分部委员会主席违反章程本条第8款的要求，或主席团、地区分部委员会（委员会局）撤销地方分部委员会主席召开地方分部委员会会议的决定，地方分部委员会会议可由主席团、地方分部所隶属的地区分部委员会或委员会局召开，并由其决定会议举办日期和地点（城市名称或其他居民点名称），也可由其更改，拟定会议议程。

12. 如果参加地方分部委员会会议的人数超过地方分部大会（全体会议）决定规定的人数的一半，此次会议为全权会议。

地方分部委员会的决定由参加全权会议的地方分部委员会成员的多数票通过。其他法律和本章程未规定的事宜，投票形式由地方分部委员会确定。

13. 地方分部委员会就本章程规定的自己权力范围内的问题作出决定。地方分部委员会主席签署地方分部委员会的决定及其他文件。

14. 地方分部委员会的决定可由代表大会、主席团、地方分部所属的地区分部大会（全体会议）、委员会和委员会局、以及该地方分部大会（全体会议）予以撤销，如果该决定不符合章程，以及（或）党纲，以及（或）党中央机关、党主席、地区分部所隶属的地区分部大会（全体会议）、委员会和委员会局，有损党的政治利益和（或）党的声誉，以及有其他情况时。

15. 所有该地方分部登记的党员、该地方分部下属的基层支部的领导机关和任职人员均应遵守地方分部委员会在本章程规定的权力范围内通过的决定。

16. 主席或其书面委托的地方分部监察委员会成员有权参加地方分部委员会会议，有发言权。

第四十八条　地方党分部委员会职权范围

1. 地方分部委员会：

（1）在本章程规定的权力范围内对地方分部的工作进行领导；

（2）对地方分部、地方分部委员会主席的既定工作作信息分析、鼓动宣传、法律、文书、组织技术以及其他方面的保障，安排地方分部领导机关和地方分部所属的基层支部的互动；

（3）安排和保障宣传活动，解释和学习党章，履行党及地方分部所隶属的地区分部的领导机关和其他机关及任职人员、地方分部大会（全体会议）的决定；

（4）召开地方分部大会（全体会议），确定会议举办日期和地点（城市名称或其他居民点名称），与会代表名额，拟定会议议程，更改会议举办的日期和地点（城市名称或其他居民点名称）、会议议程；

（5）汇总和通过本章程规定的属于地方分部大会（全体会议）权力范围的问题的提议，并提交地方分部大会（全体会议）审查；

（6）如果提前终止地方分部委员会主席的职权，在本章程规定的程序内通过决定由地方分部委员会某成员行使其职权；

（7）汇总本章程规定的属于地方分部大会（全体会议）权力范围的问题的提议，如果通过则提交地方分部大会（全体会议）审查；①

（8）就选举参加地方分部大会与会代表一事，确定直接登记在地方分部不计入基层支部的党员会议举办程序和会期；

（9）暂停或撤销地方分部下属的基层支部领导机关、选任的任职人员的决定，如果该决定不符合章程，以及（或）党纲，以及（或）党的领导机关、其他机关、任职人员在本章程规定的权力范围内的决定，有损党的政治利益和（或）声誉，以及有其他情况时；

（10）审查与地方分部、下属的基层支部领导机关和任职人员工作相关的投诉与请求；

（11）在地方分部所隶属的地区分部委员会局制定的程序内，通报地方分部登记的党员数；

（12）任期结束时向地方分部大会（全体会议）提交工作报告；

（13）行使符合本章程的其他职权，就地方分部工作中的其他问题作决定，属于地方分部大会（全体会议）和监察委员会权力范围的问题除外，属于党及地方分部所隶属的地区分部领导机关和其他机关及任职人员权力范围的问题除外。

2. 地方分部委员会在行使与选举和全民公决相关的权利时：

（1）汇总推荐竞选地方自治代表机关代表（成员）、领导或其他选任职务的候选人和（或）候选人名单，若推荐人选获批，提交给地方分部大会（全体会议）审查；

（2）确认地方分部写入地方自治代表机关代表（成员）候选人名单的党员的公民身份；

（3）根据与地区委员会或委员会局的事先协商，从地方分部推荐的地方自治代表机关（州、边疆区、周边区、共和国中心的地方自治代表机

---

① 与本条本款第（5）项内容几乎相同，原文如此。

关——按照事先与主席团的协商）代表（成员）候选人名单中排除候选人，包括按照本章程规定的程序认证过的和（或）注册的候选人，及根据第十九条第 3 款第（2）项列出的理由的候选人；

（4）按照法律规定的情况和程序，任命和提前终止地方分部全权代表的职权，包括财务问题方面的全权代表；

（5）在地方分部按照俄罗斯联邦选举法规定的程序推荐候选人和（或）候选人名单时，任命和提前终止委任的地方分部人员的职权；

（6）在俄罗斯联邦选举法规定的情况下通过决定支持（保障）地方分部推荐候选人竞选地方自治区域领导人职务和其他选任职务，推荐竞选地方自治代表机关代表（成员）的候选人和（或）候选人名单；

（7）事先与地区分部委员会或委员会局协商一致后，通过决定政治支持竞选地方自治代表机关代表（成员）的候选人、竞选地方自治区域领导人职务和其他选任职务、在自荐程序内推荐的候选人（按照事先与主席团的协商竞选作为州、边疆区、中央区和共和国中心的城市市长）；

（8）制定相关的地方分部选举纲领并通过；

（9）提交任命候选人为有投票权的地方自治区域选举委员会成员和事先与地区分部委员会或委员会局协商一致后的有投票权的区域选举委员会成员、有投票权的区段选举委员会成员的提案，以及区段选举委员会后备候选人的提案，供符合俄罗斯联邦选举法和全民公决法的全权代表机关审查；

（10）在俄罗斯联邦选举法和全民公决法规定的程序内，任命有发言权的地方自治区域选举委员会成员和事先与地区分部委员会或委员会局协商一致后的有发言权的区域选举委员会成员、有发言权的中央区选举委员会（地方自治选举方面）成员、有发言权的区段选举委员会成员，以及提前终止其职权；

（11）在俄罗斯联邦选举法和全民公决法规定的程序内，任命进入地方自治区域选举委员会和中央区选举委员会、进入区域选举委员会、区段选举委员会和全民公决委员会的观察员；

（12）在本章程规定的程序内以及根据第十九条第3款第（2）项规定的理由，在预先与地区分部委员会或委员会局协商一致后，在本条第2款第（13）项的情况下，在单席位（多席位）选区召回地方分部推荐的候选人、竞选地方自治代表机关代表而注册的候选人（按照事先与主席团的协商进入作为地方自治区域的州、边疆区、中央区和共和国中心的地方自治代表机关）；

（13）在与地区分部委员会和委员会局事先协商一致后，以不记名投票方式推荐竞选地方自治区域领导职务和其他选任职务的候选人、竞选地方自治代表机关代表的候选人和（或）候选人名单，包括参加重选和补选（进入领导职务和进入作为州、边疆区、中央区和共和国中心的地方自治代表机关——按照事先与主席团的协商）；

（14）在本章程规定的程序内以及根据第十九条第3款第（2）项规定的理由，在预先与地区分部委员会或委员会局协商一致后，在本条第2款第（13）项的情况下，召回竞选地方自治区域领导人职务和其他选任职务的候选人，召回竞选地方自治代表机关代表的候选人（竞选作为地方自治区域的州、边疆区、中心区和共和国中心领导职务和地方自治代表机关代表——按照事先与主席团的协商）名单；

（15）根据俄罗斯联邦全民公决法，在与地区分部委员会或委员会局事先协商后，提议举行地方全民公决，通过决定成立地方全民公决倡议组；

（16）认证竞选地方自治机关职务的候选人、竞选地方自治代表机关代表的候选人、竞选地方自治机关其他选任职务候选人的党籍和党内身份的文件；

（17）按事先与地区分部委员会或委员会局的协商（在推荐候选人到州、边疆区、中央区和共和国中心的地方自治代表机关时要与主席团协商一致），根据法律规定的程序更改地方分部推荐候选人时所依据的单议席（多议席）选区，要取得候选人的同意；

（18）如果候选人拒绝获得代表证或提前终止地方自治代表机关的职

权，向负责代表人资格的相关选举委员会建议其他注册的代表竞选同一代表人名单以补足空出的代表名额——事先要与地区分部委员会或委员会局协商一致（州、边疆区、中央区、共和国中心的地方自治代表机关要与主席团事先协商一致）；

（19）行使符合本章程的其他职权，就地方分部参加选举的其他问题作决定；属于大会（全体会议）、党和地方分部所隶属的地区分部领导机关和其他机关及任职人员的权力范围的问题除外。

第四十九条 党的地方分部检查委员会

1. 地方分部检查委员会（以下简称检查委员会）是经选举产生的地方分部常设的集体监察机关，向地方分部大会（全体会议）、相关的地区分部监察委员会汇报工作。

2. 检查委员会在工作中受俄罗斯联邦法律、本章程、中央监察委员会和相关的监察委员会的决定领导。

3. 检查委员会根据本章程和中央监察委员会通过的《党的监察机关条例》开展工作。

4. 检查委员会有权从地方分部登记的党员那里获取与地方分部工作相关的信息，要求地方分部的任职人员和领导机关出示与地方分部的既定工作和财务经营活动相关的文件。

5. 针对检查委员会以《决定》形式提出的书面请求，地方分部的任职人员和机关应提供与其工作和职责相关的信息和文件，作出解释。

6. 检查委员会就本章程规定的权力范围内的问题作出决定。

7. 所有本地方分部登记的党员、地方分部的任职人员和领导机关、地方分部所属的基层支部都应遵守检查委员会在本章程规定的权力范围内作出的决定，应对其了解并执行。

8. 地方分部委员会主席有权参加检查委员会的会议，有发言权。

9. 检查委员会成员的职权可由主席团、地区分部委员会或地区分部委员会局根据一定理由和本章程规定的程序予以暂停，直到地方分部大会（全体会议）作出相关决定为止。

第五十条　党的地方分部检查委员会的权力范围

检查委员会：

（1）监督地方分部、其领导机关和选任的任职人员、以及地方分部所属基层支部的既定工作和财务经营工作；

（2）根据年度财务的结果，对注册为法人的地方分部的财政预算执行情况和财务经营活动的开展情况作计划内检查；

（3）对地方分部、地方分部下属的基层支部的工作作整体检查和计划外检查；

（4）向地方分部领导机关和其他机关、委员会主席、以及受委托作检查的机关汇报检查结果；

（5）监督党中央机关和任职人员、地方分部所属的地区分部领导机关和其他机关及任职人员、地方分部领导机关和任职人员的决定的执行情况；

（6）审查地方分部登记的党员涉及检查委员会权力范围内问题的投诉、请求、建议、来信；

（7）任期结束时，向相应的地区监察委员会和地方分部大会（全体会议）提交检查委员会工作报告。

第五十一条　暂停地方分部经选举产生的集体领导机关任职人员的职权

地方分部委员会、委员会成员和检查委员会成员的职权可由主席团、地方分部所隶属的地区分部委员会或委员会局予以暂停，如果发现他们的工作或决定违反本章程、以及（或）有损党的声誉、以及（或）给党带来物质损失和（或）政治利益损失，或其未完成履行党和（或）地方分部所隶属的地区分部的机关和任职人员、地方分部的决定，或由于其被选举过程违反本章程规定的程序。暂停期限直到地方分部大会（全体会议）通过相关决定为止。如果主席团、地区分部委员会或委员会局通过决定暂停地方分部委员会成员的职权和（或）提前终止其职权，剩下的成员数不足以召开地方分部委员会全权会议，主席团、地方分部所隶属的地区分部委员会和委员会局应通过决定召开地方分部大会（全体会议），或委托相关地区分部的委员会或委员会局作出召开该会议的决定。

第七章　党的基层支部

第五十二条　党的基层支部总则

1. 党的基层支部（以下简称基层支部）是在俄罗斯联邦主体境内成立和开展活动的党的分支机构，其活动边界由地区分部委员会或委员会局在某地方分部活动地域的范围内决定。基层支部活动的区域不能包括其他基层支部的活动区域或部分活动区域。基层支部从属于在包含基层支部活动区域的领域开展活动的地方分部。

2. 基层支部根据相关地方分部委员会的决定（事先与相关地区分部委员会或委员会局协商一致）成立。

成立基层支部的决定应包括基层支部活动区域边界的信息。

基层支部的名称在其成立的决定中确定，该决定可修订。基层支部的全称包括明确所属领域的党的全称。基层支部的简称包括明确所属领域的党名的简称。地方分部有权给下属基层支部冠以号码。如果基层支部被冠以号码，该号码包含在基层支部的名称之中。

基层支部开展工作不构成法人。

3. 地方分部委员会对下属的基层支部进行登记。

第五十三条　基层支部的集体领导机关和任职人员

1. 经选举产生的基层支部的集体领导机关有：基层支部全体会议和基层支部委员会。基层支部主席是经选举产生的基层支部任职人员。

2. 经选举产生的基层支部监察机关的职能由基层支部监察员行使。

第五十四条　基层支部全体会议

1. 基层支部全体会议是基层支部最高集体领导机关，有全权就基层支部的工作、其机关和任职人员的所有问题作出决定，按照本章程属于领导机关和其他机关、党及其地区和地方分部的任职人员权力范围内决定的问题除外。基层支部全体会议有权撤销选任的基层支部集体机关和任职人员的任何决定，对其作出修订和补充。

2. 基层支部委员会在必要时召集基层支部全体会议，但不得少于两年一次。

3. 基层支部委员会应根据党主席、主席团、中央监察委员会，该基层支部所隶属的地区分部委员会主席、委员会、委员会局、监察委员会，以及该基层支部所隶属的地方分部委员会主席、委员会和检查委员会，该基层支部的监察员的要求，或者根据过半数该基层支部登记的党员的书面要求，作出召集基层支部全体会议的决定。

4. 在召集全体会议的决定中应确定该全体会议举办的日期和地点（城市名称或其他居民点名称）、会议议程计划。基层支部全体会议的举办日期和地点（城市名称或居民点名称）、会议议程计划可由相关决定作出修订。

5. 如果提前终止和（或）暂停基层支部委员会成员的职权导致剩下的成员数不足以召开基层支部委员会全权会议，或者因为基层支部委员会违反章程本条第3款，或在基层支部委员会成立时选举其成员之前，基层支部全体会议可根据该基层支部所隶属的地区分部委员会或委员会局、地方分部委员会的决定召开，他们应确定会议举办的日期和地点（城市名称或其他居民点名称），拟定其议事日程。

6. 基层支部全体会议的与会者是在该基层支部登记并在成立基层支部时居住在该基层支部工作区域的党员。

7. 基层支部主席或由基层支部主席、基层支部所隶属的地区分部和地方分部领导机关及任职人员委托的党员宣布基层支部全体会议开幕。

8. 如果参加基层支部全体会议的人数是在该基层支部登记且在成立基层支部时居住在该基层支部工作区域的党员的过半数，该会议是全权会议。

基层支部全体会议的决定由参加全权会议的多数票通过。

9. 投票形式由基层支部全体会议确定。

10. 基层支部全体会议的决定由会议纪要形式形成。基层支部全体会议会议纪要由基层支部全体会议执行主席和秘书签署。在必要和法律规定的情况下，基层支部全体会议的单独决定可由会议纪要摘录形式形成。基层支部全体会议会议纪要摘录由基层支部主席或基层支部主席以相应决定形式委托的其他人员签署。

以应有形式认证的基层支部全体会议会议纪要副本应在其形成后七日内发给基层支部所隶属的地方分部委员会。

11. 如果基层支部全体会议的决定不符合本章程、以及（或）党纲、以及（或）党中央机关、党主席、基层支部所隶属的地区分部和地方分部的委员会局、领导机关的决定，有损党的政治利益和（或）声誉，以及其他情况下，基层支部全体会议的决定可由代表大会、主席团、基层支部所隶属的地区分部和地方分部经选举产生的领导机关予以撤销。

12. 所有该基层支部登记的党员、该基层支部领导机关和任职人员都应遵守基层支部全体会议在本章程规定的权力范围内作出的决定。

第五十五条　基层支部全体会议的权力范围

基层支部全体会议的权力范围有：

（1）根据本章程、党纲和基层支部所隶属的地区分部和地方分部的领导机关和其他机关所作的决定，确定基层支部工作的重点方向；

（2）从该基层支部登记的党员中选举参加地方分部大会的代表；

（3）确定和更改基层支部委员会成员的数量；

（4）选举任期两年的基层支部主席，其候选人由基层支部所隶属的地方分部委员会推荐，选举基层支部委员会成员、基层支部监察员；

（5）提前终止基层支部主席、基层支部委员会成员、基层支部监察员的职权；

（6）因通过决定扩大基层支部委员会成员数或因提前终止其成员在基层支部委员会任期内的职权，选举基层支部委员会新成员；

（7）审查和通过基层支部主席、委员会和监察员的报告；

（8）确定基层支部全体会议的工作程序（通过工作规程）；

（9）行使符合本章程规定的其他职权，就基层支部工作的问题通过决定，属于党、基层支部所隶属的地区分部和地方分部领导机关和其他机关、任职人员权力范围的问题除外。

第五十六条　基层支部主席

1. 基层支部主席是基层支部选任的最高级任职人员。

2. 基层支部全体会议选出由地方分部委员会决议推荐的在本基层支部登记的且在成立基层支部时居住在该基层支部工作区域的党员为任期两年的基层支部主席。任期届满后基层支部主席的职权保留到基层支部选出新的基层支部主席为止。基层支部主席可以由基层支部全体会议选出开始新的任期。

3. 如果基层支部主席的党籍终止或暂停、自愿解除职务、因居住地搬迁从基层支部登记中除名、基层支部全体会议通过决定提前终止基层支部主席的职权，其职权提前终止。

4. 基层支部主席的职权可由基层支部所隶属的地区分部委员会或委员会局和地方分部委员会根据本章程列出的理由和规定的期限予以暂停，直到基层支部全体会议作出相关决定为止。

5. 基层支部主席在本章程规定的权力范围内领导基层支部的工作

6. 基层支部主席对本章程规定的自己权力范围内的问题作出决定并签署。

7. 如果基层支部主席的决定不符合章程和（或）党纲，以及（或）党中央机关、党主席、基层支部所隶属的地区分部委员会主席、委员会、委员会局的决定，基层支部所隶属的地方分部领导机关和任职人员、该基层支部全体会议的决定，有损党的政治利益和（或）党的声誉以及在其他情况下，可由代表大会、党主席、主席团、大会（全体会议）、委员会主席、基层支部所隶属的地区分部委员会和委员会局、基层支部所隶属的地方分部领导机关和任职人员、该基层支部的全体会议予以撤销。

8. 该基层支部登记的所有党员和基层支部委员会都应遵守基层支部主席在本章程规定的权力范围内作出的决定。

第五十七条　基层支部主席的职权范围

基层支部主席：

（1）根据本章程对基层支部的活动进行全面领导；

（2）对基层支部、基层支部委员会的活动作出信息分析、宣传鼓动、法律、文书、组织技术及其他方面的保障，安排基层支部和党以及基层支部所隶属的地区和地方分部的领导机关、其他机关、任职人员之间的互动，协调基层支部所登记的党员之间的工作；

（3）以基层支部的名义发布声明；

（4）向基层支部全体会议、基层支部所隶属的地方分部委员会主席和委员会提交任期结束时的工作报告；

（5）遴选推荐为选任职务和地方自治代表机关代表（成员）的候选人；

（6）组织基层支部所登记的党员参加竞选活动；

（7）在本章程规定的职权范围内作出并签署基层支部主席的决定、基层支部全体会议纪要、其他符合本章程的基层支部的文件，使用党的印章、信纸和标识以及基层支部的要素；

（8）行使本章程规定的属于基层支部委员会权力范围内的职权，在因为按照本章程没有选举基层支部委员会而在基层支部不存在基层支部委员会的情况下就其职权范围内的问题作出基层支部主席的决定；

（9）行使符合本章程的其他职权，就基层支部工作的其他问题作决定，属于基层支部全体会议、监察员、党以及基层支部所隶属的地区分部和地方分部的领导机关、其他机关及任职人员权力范围内的问题除外。

第五十八条　基层支部委员会

1.基层支部委员会是选任的基层支部常设集体领导机关，在本章程规定的权力范围内，在基层支部两次全体会议之间的时间领导基层支部的活动。

成立基层支部时，如果在该基层支部登记、居住在该基层支部工作区域的党员数没有超过二十名党员，可以不选举基层支部委员会。此时本章程规定的基层支部委员会权力范围内的职权由基层支部主席行使，他对自己权力范围内的问题作出决定。

2. 基层支部委员会成员由基层支部全体会议从在该基层支部登记基层支部成立时居住在该基层支部工作区域的党员中选举产生，任期两年。任期届满，基层支部委员会成员的职权保留到基层支部全体会议选出新的基层支部委员会的班子为止。基层支部委员会成员可以由基层支部全体会议选举开始新的任期。基层支部委员会成员的数量由基层支部全体会议根据基层支部主席的提议作出决定予以确定和更改，基层支部主席因职务进入基层支部委员会。因基层支部全体会议扩大基层支部委员会任期内的成员数，可选举基层支部委员会的新成员。

3. 如果基层支部委员会成员的党籍终止和暂停、自愿解除职务、因搬迁到新居住地从基层支部登记中除名、基层支部全体会议通过决定提前终止基层支部委员会成员的任期，其任期提前终止。因基层支部全体会议提前终止基层支部委员会成员基层支部委员会任期内的职权，可选出新的基层支部委员会成员。

4. 基层支部委员会成员的职权可由基层支部所隶属的地区分部委员会或委员会局、地方分部委员会根据本章程列出的理由和程序予以暂停，直到基层支部全体会议作出相关决定为止。

5. 基层支部委员会有权决定基层支部工作中本章程没有纳入基层支部全体会议权力范围、没有纳入基层支部主席、或党和基层支部所隶属的地区和地方分部领导机关及其他机关、任职人员的权力范围的任何问题。

6. 基层支部主席领导基层支部委员会的工作，因职务在基层支部会议上担任执行主席。

7. 基层支部委员会会议根据需要由基层支部主席召开，但不得少于三个月一次。

8. 可根据党主席、主席团、中央监察委员会、基层支部所隶属的地区分部委员会主席、委员会、委员会局和监察委员会的要求，基层支部所隶属的地方分部委员会主席、委员会和检查委员会的要求，该基层支部监察员的要求，或根据基层支部全体会议规定的基层支部委员会过半数人的要求作出召开基层支部委员会会议的决定。

9. 召开基层支部委员会会议的决定中应确定会议举办的日期和地点（城市名称或其他居民点名称）。基层委员会会议举办的日期和（或）地点（城市名称或其他居民点名称）可由相关决定予以修订。

10. 基层支部委员会会议议程计划由基层支部主席起草。

11. 如果提前终止或暂停基层支部主席的职权，或基层支部主席违反章程本条第 8 款的要求，或地区分部委员会（委员会局）或地方分部委员会撤销了基层支部关于召开基层支部会议的决定，基层支部委员会的会议可由基层支部所隶属的地区分部委员会或委员会局、地方分部委员会的决定予以召开，并确定会议举办的日期和地点（城市名称或其他居民点名称），可对其更改，起草会议议程。

12. 如果基层支部委员会会议上参加人数为基层支部全体会议决定规定的成员数的过半，此次会议是全权会议。

参加基层支部委员会全权会议的成员多数票通过决定。投票形式由基层支部委员会决定。

13. 基层支部委员会对本章程规定的权力范围内的问题作出决定。基层支部的决定和其他文件由基层支部主席签署。

14. 如果基层支部委员会的决定不符合章程和（或）党纲，和（或）党中央机关的决定，党主席，该基层支部所隶属的地区分部大会（全体会议）、委员会和委员会局、该基层支部所隶属的地方分部大会（全体会议）和委员会，该基层支部全体会议的决定，有损党的政治利益和（或）党的声誉，以及其他情况下，可由代表大会、主席团、基层支部所隶属的地区分部大会（全体会议）、委员会和委员会局、基层支部所隶属的地方分部大会（全体会议）和委员会、以及该基层支部全体会议予以撤销。

15. 所有在该基层支部登记的党员必须服从基层支部委员会在本章程

规定的权力范围内作出的决定。

16. 基层支部监察员有权参加基层支部委员会会议，有发言权。

第五十九条　基层支部委员会的职权范围

基层支部委员会：

（1）根据本章程规定的职权范围对基层支部的活动进行长期领导；

（2）对基层支部、基层支部主席的活动作出信息分析、鼓动宣传、法律、文书、组织技术和其他方面的保障，安排地区分部和党及基层支部所隶属的地区和地方分部的领导机关、其他机关和任职人员的互动，协调基层支部登记的党员的工作；

（3）组织和保障宣传活动、解释和研究党纲、执行党及其地区和地方分部（包括基层支部、基层支部全体会议）的领导机关和其他机关及任职人员的决定；

（4）汇总在基层支部登记的党员有关本章程规定属于基层支部全体会议权限内的问题的提案，若提案得到认可，则提交基层支部全体会议进行审议；

（5）组织基层支部登记的党员参加竞选；

（6）审查涉及基层支部活动的申诉和请求，可以组成临时工作组来预先审查上述申述和请求，确定其活动状态；

（7）根据地区分部委员会局和含基层支部的地方分部委员会的要求向其提供信息，包括在基层支部登记的党员数；

（8）行使符合本章程规定的其他职权，就基层支部工作的其他问题作出决定，属于基层支部全体会议和监察员职权范围的问题除外，属于党以及基层支部所隶属的地区分部和地方分部领导机关和其他机关及任职人员的职权范围的问题除外。

第六十条　党的基层支部的监察员

1. 基层支部的监察员行使基层支部监察机关的职能，向基层支部全体会议和相应的地方分部监察委员会汇报工作。

2. 基层支部监察员的工作受俄罗斯联邦法律、本章程和中央监察委员会的决议、相应的监察委员会和检查委员会的决定领导。

3. 基层支部监察员经选举产生,并根据本章程和中央监察委员会通过的《党的监察机关条例》开展活动。

4. 基层支部监察员有权从在本基层支部登记的党员处获取与基层支部工作相关的信息,要求基层支部委员会和主席出示与基层支部既定工作相关的文件。

5. 基层支部委员会和主席有义务针对基层支部监察员以《决定》形式提出的书面要求提供与其工作和职责相关的信息和文件,作出解释。

6. 基层支部监察员对本章程规定的自己权力范围内的问题作出决定。

7. 该基层支部登记的所有党员、基层支部委员会和主席均应遵守基层支部监察员在本章程规定的权力范围内作出的决定,应对其作出必要的了解并执行。

8. 监察员的任期可由基层支部所隶属的地区分部委员会或委员会局、地方分部委员会根据一定理由和本章程规定的程序予以暂停,直到基层支部全体会议通过决定为止。

第六十一条 基层支部监察员的权力范围

基层支部监察员:

(1) 监督基层支部、基层支部委员会和基层支部主席的既定工作;

(2) 对基层支部的工作作专门的和计划外的检查;

(3) 向基层支部委员会和主席,以及委托进行检查的机关汇报检查结果;

(4) 监督领导机关和其他机关、党及基层支部所隶属的地区和地方分部的任职人员、基层支部全体大会和主席的决定的执行情况;

(5) 审查基层支部登记党员针对属于基层支部监察员权力范围内问题的投诉、请求、提议、来信;

(6) 在其任期结束时向相关的监察委员会和基层支部全体会议提交工作报告。

第六十二条 暂停经选举产生的基层支部集体领导机关成员和任职人员的职权

如果基层支部主席、委员会成员、基层支部监察员的工作或决定不符合本章程、以及（或）破坏党的声誉、以及（或）使党遭受物质损失、以及（或）有损党的政治利益，或其未执行党和（或）基层支部所属的地区分部和（或）地方分部机关和任职人员的决定，或其被选举不符合本章程规定程序，其职权暂停到基层支部全体会议作出相关决定为止。如果地区分部委员会或委员会局、或地方分部委员会作出关于暂停基层支部成员职权的决定导致剩下的成员数不足以举行基层支部全权大会，基层支部所隶属的地区分部委员会或委员会局、或地方分部委员会应作出召开基层支部全体会议的决定，或委托相关地方分部的委员会作出召开该会议的决定。

第八章 国家权力立法（代表）机关或地方自治代表机关中的党团和党的其他代表团体

第六十三条 俄罗斯联邦联邦会议国家杜马中的党团

1. 由党推举选为联邦候选人名单中俄罗斯联邦联邦会议国家杜马中的代表，为实现党的竞选纲领和选民的委托而开展工作，在俄罗斯联邦联邦会议国家杜马中成立党团（以下简称国家杜马中的党团）。

2. 国家杜马中的党团工作根据《关于俄罗斯联邦联邦会议联邦委员会成员地位和国家杜马代表地位的联邦法》、《俄罗斯联邦政党法》、国家杜马的章程、其草案得到党主席认可的国家杜马中的党团条例开展工作。

国家杜马中党团名称应包含党的名称。

3. 国家杜马中的党团根据党主席的提议从成员中选出国家杜马中本党团的领导，根据俄罗斯联邦联邦会议国家杜马的章程推举竞选俄罗斯联邦国家杜马主席、副主席、俄罗斯联邦联邦会议国家杜马委员会主席及副主席的候选人。

4. 当国家杜马中的党团代表在实现竞选党纲和本章程规定的目标和任务的工作中,经选举产生的党及各级组织的集体领导机关和任职人员有义务提供协助。

第六十四条 在俄罗斯联邦主体的国家权力立法(代表)机关中、在地方自治代表权力机关中的党团和党的其他代表团体

1. 根据相应地区或地方分部的决定,从党或其分支机构按照统一选举区提出的候选人名单中选举出来的俄罗斯联邦主体的国家权力立法(代表)机关的代表、地方自治代表机关的代表、以及党或其分支机构根据单席位(多席位)选举区提出的候选人代表,为组织实施党和(或)其分支机构的竞选纲领以及选民委托的活动,在俄罗斯联邦主体国家权力立法(代表)机关、或地方自治代表机关中成立党团或党的其他代表团体(以下同时提到时称为"党的代表团体")。

2. 党的代表团体在俄罗斯联邦主体的国家权力立法(代表)机关或地方自治代表机关中开展活动应遵照相应俄罗斯联邦主体的法律,或者俄罗斯联邦主体国家权力立法(代表)机关或地方自治代表机关的章程或其他文件、《党的代表团体条例》(其草案应与相关地区或地方分部委员会协商)。

3. 俄罗斯联邦主体的国家权力立法(代表)机关或地方自治代表机关中的党团的名称应包含党的名称,其他代表团体经党的相应地区或地方分部同意有权使用党的名称。

4. 不是其他政党党员、已被选入政党候选人名单但该政党因为被撤销或重组而终止活动的俄罗斯联邦主体国家权力立法(代表)机关或地方自治代表机关中的代表可以通过自荐的方式被选举进入党的代表团体。

5. 党的代表团体根据相应地区或地方分部委员会的提议,从自己团体中选举党的代表团体的领导人,推举俄罗斯联邦主体国家权力立法(代表)机关或地方自治代表机关中的领导职务的候选人以及根据上述机关的章程或其他法令而选出的其他职务的候选人。

6. 党的相应地区、地方分部和基层支部经选举产生的集体领导机关和任职人员应该协助党的代表团体中的代表在实施党和（或）其分支机构的竞选纲领目标和任务的活动中履行职能。

第九章　党的财政经营活动

第六十五条　党的资产

1. 俄罗斯联邦法律和本章程规定的保障党的活动的任何必要资产均归党所有。

2. 党是党的资产的所有者，包括其分支机构资产的所有者。党员无权占有党的资产。

3. 党的资产仅为实现本章程和党的纲领规定的目标和任务而使用。

第六十六条　党的分支机构的资产

1. 经国家注册拥有法人资格的地区和地方分部有权管理其名下的资产，有自主结算权利。

2. 经国家注册拥有法人资格的地区和地方分部有义务以其支配的资产为自己的债务担保，当该资产不足时，党有义务承担附加责任。

第六十七条　党的资金来源

党的资金来自：

（1）根据俄罗斯联邦法律提供的联邦预算资金；

（2）党在联邦法律规定的程序内接受的个人及法人的捐款；

（3）党及其经国家注册作为法人的地区分部和地方分部举办活动的所得，以及党的经营活动的收入；

（4）党及其经国家注册作为法人的地区分部和地方分部根据俄罗斯联邦法律和本章程进行的民法交易所得；

（5）党费。缴纳党费是所有党员的义务。党中央委员会主席团作出缴纳党费的决定。党中央委员会主席团确定党费的金额、缴纳党费的办法、所得党费在各级分部之间的分配；

（6）其他不违法的收入。

第六十八条　党的收支计划和日常支出预算

1. 党中央委员会主席团确定及更改党的收支计划及日常支出预算。

2. 地区分部委员会主席确定及更改地区分部的收支计划及日常支出预算。

3. 地方分部的工作拨款在相关的地区分部的收支计划和日常支出预算的框架内进行。经国家注册作为法人的地方分部的收支计划由地区分部委员会主席确定及更改，若主席缺席和（或）根据其委托，在地区分部委员会主席出具相关委托书的基础上，由地区分部委员会局秘书予以确定及更改。地方分部的日常支出预算由地方分部委员会主席确定及更改。

4. 由党主席确定及更改党及其分支机构资金使用的报表程序。

第六十九条　捐款

1. 捐给党及其地区分部的钱款按照联邦法律规定的程序通过非现金转账的形式。按照联邦法律规定的程序自然人可通过现金转账的形式向党及其地区分部捐款。

2. 若捐款非钱款形式，党或地区分部按照俄罗斯联邦法律对其进行估价。

3. 党及其地区分部可按照联邦法律规定的程序在一年内获得同一个法人和同一个自然人一定限额和一年内总限额之内的捐款。

4. 党及其地区分部无权接受外国、国外法人和自然人、无国籍人员、列入联邦法律规定名单的其他来源的捐款，以及通过非法程序到账、或超出联邦法律规定的金额的捐款，若接收这些捐款，党及其地区分部在联邦法律规定的期限内应归还捐款人，若无法归还，则转入（划拨）到俄罗斯联邦的收入中。

第七十条　党的资金分配

党的资金存在在俄罗斯联邦境内注册的信贷组织（银行）的账户上。

党、经国家注册作为法人的党的地区分部和地方分部各有权拥有一个账户。

第七十一条 党的企业经营活动

1. 为实现本章程和党纲制定的目标和任务创造财务和物质条件，党及其经国家注册为法人的地区和地方分部有权进行下列形式的企业活动：

（1）为宣传自己的观点、目标、任务以及公布其工作的结果，进行信息活动、广告活动、出版和印刷活动；

（2）生产和销售有党的象征物和（或）名称的纪念品，以及生产和销售出版物和印刷品；

（3）销售和出租党所有的动产和不动产。

2. 党、经国家注册作为法人的地区和地方分部的企业活动所得的收入不得在党员之间再分配，应仅用于本章程规定的目的。

第七十二条 党的财务报告

1. 党、经国家注册有法人资格的党的地区和地方分部的经营活动反映在编制的党的财务报表以及其地区和地方分部的财务（会计）报表中。

2. 党、经国家注册有法人资格的党的地区和地方分部进行税务和会计考核，按照俄罗斯联邦有关法人的法律规定的程序和期限编制会计报表。

3. 经国家注册作为法人的党及其地区分部、地方分部按照俄罗斯联邦法律规定的程序和期限提供财产收入和支出信息。

4. 经国家注册为法人的地区和地方分部向俄罗斯联邦相应的选举委员会提交俄罗斯联邦中央选举委员会规定的印刷体和机读版决算期资产收入和支出报告后，不晚于三天内向党主席发送报告副本。选举筹备阶段和进行阶段的支出应独立核算。

5. 经国家注册作为法人的地区和地方分部按照各自财务经营活动的结果自行纳税，自行向国家职能机关提交相关报表。

第七十三条 党的物质责任

1. 党主席或党的其他物质责任人员按自己权力范围内的问题就党的财

务活动承担物质责任。

2. 地区分部委员会主席或地区分部其他物质责任人员按自己权力范围内的问题就地区分部的财务活动承担物质责任。

3. 地方分部委员会主席或地方分部其他物质责任人员按自己权力范围内的问题就地方分部的财务活动承担物质责任。

第十章 最后条款

第七十四条 党的建立和党的名称总则

党是通过改造的形式将全俄政治社会组织"俄罗斯地区党"改造为政党"俄罗斯地区党"进而重组而建立的。

2004 年 2 月 15 日的第三次非常代表大会上"俄罗斯地区党"政党更名为"祖国"政党。

2006 年 10 月 28 日的第七次非常代表大会上"祖国"政党更名为"公正俄罗斯：祖国/退休者/生活"政党。

2009 年 6 月 25 日的第四次代表大会上"公正俄罗斯：祖国/退休者/生活"政党更名为"公正俄罗斯"政党。

第七十五条 本章程和党纲的修订程序

1. 根据参加全权代表会议的多数票通过的决定对本章程或党纲进行修订和补充。

2. 本章程的修订和补充应在联邦法律规定的程序内进行国家注册。党纲的修订和补充应按照联邦法律规定的程序和期限通知联邦职权机关。

第七十六条 党及其分支机构重组的程序

1. 党的重组根据俄罗斯联邦法律、遵照参加全权代表大会的不少于三分之二的代表投票决定、遵照俄罗斯联邦法律和本章程规定的程序进行。

2. 党的分支机构的重组按照俄罗斯联邦的法律，根据代表会议、主席团遵照本章程规定的程序通过的决议进行。分支机构无权自行作出重组的决定。

3. 若党重组，党的资产的转移按照俄罗斯联邦法人重组的民法规定的程序进行。

第七十七条 撤销党及其已经国家注册为法人的地区和地方分部的程序，终止党其他分支机构工作的程序

1. 根据俄罗斯联邦法律和本章程规定的程序，若全权代表大会上不少于三分之二的与会代表通过决议，或俄罗斯联邦高级法院按照俄罗斯联邦法律规定的程序作出决议，党可被撤销。

2. 经国家注册为法人的地区和地方分部可在如下情况下被撤销：

（1）根据代表会议的决议；

（2）根据主席团的决议；

（3）在联邦法律规定的情况下根据法庭的决议；

（4）党被撤销。

经国家注册为法人的地区和地方分部无权擅自决定自身的撤销。

3. 撤销党及其经国家注册为法人的地区和地方分部按照俄罗斯联邦法律撤销该类法人资格的法律规定的程序进行。

4. 若党撤销，其资产在完成债务清算后：

（1）用于本章程和党纲规定的目标，如果撤销党是代表会议的决定；

（2）转入俄罗斯联邦的收入，如果撤销党是俄罗斯联邦高级法院的决定。

5. 不具备法人资格的地方分部的活动可在如下情况下终止：

（1）主席团下达决议；

（2）联邦法律规定的情况下由法庭裁决；

（3）党或其相应的地区分部撤销。

地方分部无权自行决定终止活动。

6. 基层支部的活动可在如下情况下终止：

（1）地区分部主席团、委员会或委员会局下达决议；

(2) 联邦法律规定的情况下由法庭裁决；

(3) 党及其相应的地区或地方分部撤销，或相应的地方分部终止活动。

基层支部无权自行决定终止活动。

（原文来源于俄罗斯党官方网站 http://www.spravedlivo.ru）

（汪隽 译）

公正俄罗斯党纲领（摘译）

（2009年6月25日公正俄罗斯党第四次代表大会通过）

我们认为，无论从整个世界的发展趋势考虑，还是从我们民族的精神传统出发，未来俄罗斯只能选择社会主义的方案，新社会主义，21世纪社会主义。

我们的纲领是以现代社会主义世界观的价值为基础的。这就是公正、自由和团结。

我们明确提出，"公正俄罗斯党"的意识形态同右翼政党和自由主义政党是有区别的，他们捍卫少数富豪的利益并把公民的未来完全寄托在市场的自发势力上。我们社会主义者同他们不一样，我们不顺应市场，而是自己创造未来。

我们也不接受另一个极端——国家官僚社会主义。我们要向前看，而不是向后看。

我们要为所有人建立安全和公正的社会，因此对我们来说，人是最重要的因素。

我们的目标是现实的、民主的和高效率的社会主义。

社会主义和世界

社会主义是在20世纪大部分时间里对市场极端主义的一种替代选择。

最近几十年，世界发生了巨大变化，并且还在继续变化着。后工业时代让位于信息时代。

此外，技术的蓬勃发展并没有让世界变得更加公正、自由、团结，千百万人沦落到贫困的境地，社会不公正进一步加剧。

全球化进程更鲜明地暴露出资本主义的野蛮本质。全球化市场的自发势力引发新的不公正现象，这个市场的"看不见的手"日益变成一只铁拳。世界经济空间被划分成富裕的中心和贫困的周边地区。富国越来越富，穷国越来越穷。很多国家变成跨国集团的原料附庸国。

穷国和富国之间的巨大反差使它们之间产生冲突，并且出现了国际恐怖主义这样的变态现象。

早在20世纪中叶，垄断组织操纵下的现代市场的无效率性就已显现出来。资本越来越投机，资金同生产没有关系，却越滚越多。数以亿计的美元在全世界范围内寻找发财的机会。这个世界建立在金融投机之上。自由主义"杰作"的顶峰就是世界金融危机以及随之而来的经济衰退。这是最近25年来的第三次大规模经济危机。

对我们党来说，现代国际金融体系的灾难性质早就是显而易见的。世界虚拟资本的融资规模已经面临崩溃危险，殃及很多国家的实体经济部门。

现在，即使是最正统的自由市场的信徒们也开始使用社会民主主义的语言讲话了。国家干预经济的必要性已经无须讨论。问题在于，如何使国家对经济的调节作用更加有效率。

今天我们生活的时代不只是发生变革，而是更换时代。金融、经济、社会和生态问题应该成为统一的、先进的政治计划的组成部分，而人的利益在这个计划中是最重要的。

我们在这个时代不仅看到严重的威胁，而且看到巨大的潜力。实现这些潜力需要积极利用国家资源来稳定市场，放弃自由主义的思想体系。因此，旧的世界体系的唯一替代方案只能是以社会为导向的经济，即服从社会发展利益的经济。

只有社会主义政党和社会民主主义政党能够将现代全球化进程置于社会监督之下，捍卫普通人的社会利益和自己国家的民族利益。只有他们能够建立更公正和更安全的社会。这样的社会能够把人的利益放在最重要的位置上。

社会主义不是需要改变现实的抽象计划。它需要解决的迫切现实问题是：社会经济生活实现人道主义化，保证对地球自然资源潜力的利用进行社会监督，尊重公民的权利和自由，为当代人和后代人改善生活。

社会主义所依靠的是人类巨大的文化和历史经验、每个国家的民族历史和精神遗产、人民的社会首创精神。

社会进步、公正和稳定的发展——这就是我们的未来！

社会主义和俄罗斯

我们坚信，自由主义改革家们奠定的改革模式是完全行不通的，是不可能在俄罗斯经济制度中占据主要地位的。最近20年，国家实际上在原地踏步，失去了绝大多数的发展机会。建立起来的经济制度并不能有效解决任何社会任务，每走一步都导致人的异化。

我们党非常关心国家的事态发展，关心俄罗斯社会和每个人所面临的那些威胁和要求。

社会分化达到危险的程度。四分之一的居民生活在贫困线以下。亿万人民对明天的生活没有信心。

从1992年起，国家的死亡人数就高于出生人数。人的资源不仅在数量上，而且在质量上不断衰竭。

这不仅仅是需要立即解决的问题，而且是对我们社会和国家、我们的文化和文明的巨大威胁。

20世纪90年代的经验充分证明，社会经济制度不能像超市里的物品一样进行挑选，它永远是社会及其传统制度、意识形态和文化自身发展的结果。

不应该追赶或模仿别人，而应该找到自己的发展道路。俄罗斯具有自己明显的、有竞争力的优势，应该学会利用这些优势。我们应该有超前的意识，明确认识我们的民族利益并能够对此加以保护。

我们认为，社会主义是俄罗斯社会自觉的、长期的选择。社会主义思想已经在俄罗斯人民精神和道德价值体系中扎根。

我们的目的是发展俄罗斯社会主义思想，它不仅符合 21 世纪的任务，而且符合我们民族的精神价值和我们的文化。

我们理解的新社会主义是同分析十月革命的经验紧密联系在一起的。我们不放弃本国的历史，无论它多么复杂，多么矛盾。只有依靠苏联的经验，才能继续前进。

放弃苏联社会主义——这首先意味着放弃空想。消失的不是社会主义，而是命令式经济、行政化市场、国有经济比重过大、平均主义分配方式、一党政治体制、对伟大领袖的恐惧。

毫无疑问，苏维埃国家成功地连续完成了三次工业化，建成了很多大型基础设施综合体，创建了世界上最好的教育体制，实现了杰出的科研和文化规划。

经过几代人的努力，苏联人民终于在最短的时间内克服了经济技术落后于西方的状况，把我们国家提升为超级大国。

对苏维埃社会首先需要弄清楚，哪些是人为地靠强力手段建立的空想结构，哪些是国家的社会文化特点，哪些是伟大的构想和崇高的希望，哪些需要留给历史学家，哪些需要带给未来。

苏联社会主义虽然建立起来，但没有解决一系列最重要的问题：社会公正如何同生产效率联系起来，各族人民的民族自决权如何同保证国家的政治统一和完整相结合。

我们在自己的纲领中将回答这些问题。

保持几代人生活道路和经验的连续性、学会用积极和批判的态度思考国家的伟大历史——这是我们充满信心地前进的基础。

我们的目标是社会主义。

新社会主义

新社会主义这是信息社会、知识社会很有前途的社会经济模式。它继承了人类文明过去的全部经验，其中包括市场的经验以及最新的技术、社会纲领、民主原则和自由。

在信息社会，教育是人类发展的基础条件。因此，新社会主义把自由地获取知识作为提高人民生活水平、巩固个性权利的主要条件。

我们提出的战略目标是实现国家的知识、文化和经济的领袖地位。我们认为，这是我们人民生活繁荣和安全的保障。

新社会主义这是由人民选举产生和得到人民信任并在严格的民主监督之下运转的充满活力的政权。这意味着国家应对本国公民的生活繁荣承担责任，而公民也应对自己国家的效率承担责任。不是人民为国家而存在，而是国家为人民而存在，国家应该保证人民的合法权利不受侵犯。

为国家服务——这首先意味着为人民服务。

国家最重要的任务——不允许社会任何一部分人凌驾于其他人之上。

新社会主义积极利用国家来保留人民的精神传统和价值，捍卫民族文化和语言。

强大的俄罗斯国家——这是我们实现统一的未来和保持我们民族团结的保障。

我们认为自己的任务是，在国家建设过程中不能忽视人及其面临的问题和需要，我们将用法律明文规定国家政权对人的社会责任。

新社会主义，这就是我国人民自由地和负责任地选择本国发展道路。

不应该再划分正确的或不正确的社会主义，因为不存在实现社会主义计划的统一意识形态，只有将世界社会主义运动联合在一起的价值。

欧洲社会民主党人把主要注意力放在用民主原则替代私有的市场经济上。

拉丁美洲国家和中国在国家资本主义框架内实现社会主义的原则。

我们选择自己的道路！

我们俄罗斯的社会主义计划应该包括苏联时期所有的正面经验：建设大型基础设施，落实科技计划，发展社会福利和文化。

新的社会主义模式还应该学习欧洲国家执政的社会党和社会民主党在经济和社会政策方面的所有经验。我们将利用世界社会主义运动的政治文化成就，我们将赢得人民的信任并争取议会多数。

新社会主义要求国家实行积极的社会政策，保证本国公民的社会安全。基础性社会保障包括：最低工资和退休金不能低于法定的社会保障标准，所有人享受免费医疗，所有人接受免费教育，拥有获得社会保障住房的权利，按照标准支付公共事业服务，人民拥有自由接受文化遗产的权利。

这里谈的不是国家施舍，而是对国家主要财富——人的爱护。

苏联的命运鲜明地证明，如果国家不履行自己对人民的义务，那么人民也会放弃自己对国家的责任。

新社会主义是以社会为取向的市场经济。

市场同社会主义理想并不对立。竞争是公正的一个最重要部分。社会主义从根本上扩大了人们从事商业活动的可能性，激励个人发挥创造性和从事实业活动的积极性。

如今最强烈反对竞争、反对公正的游戏规则和政权透明度的恰恰是同寡头结盟的官僚权贵们。

社会利益应该高于资本利益。如果资本忽视其活动的社会后果，那么它就没有权利存在下去。

新社会主义不接受毫无限制的市场自发势力，要求重新分配控制市场的权利——从寡头们的手中转移到公民社会和国家的手中，消除扭曲的市场关系。

我们认为自己的任务是，巩固公民社会制度，使其成为制约国家过度干预和市场无限制统治的现实力量。

不能将市场关系运用到所有社会中。我们赞成市场经济，但不主张市场社会！如果将市场关系运用到经济以外的领域，就会破坏社会的道德风气，使人们相互冲突和仇视。人民和政权之间也不能有市场——这是贪污腐败。社会政策绝不能由私有化市场主宰。基础科学和前卫的高科技领域也不应该受市场影响。民族文化也不应按市场原则生存。

新社会主义主张所有制形式多样化。任何所有制形式，只要奉公守法和有竞争能力，都有存在的权利。

我们社会主义者认为，社会化不是消灭私有化制度，而是从政治上调节所有权，国家对财产的占有、分配和利用进行监督。

毫无疑问，国家的自然资源和文化遗产应该是人民的财产。

新社会主义同民主制有不可分割的联系，并且只能依靠民主程序发展。

我们党特别重视巩固民主参与的所有形式，这可以使公民有机会对决策过程和国家的有关事务施加影响。

我们主张由代表民主制转变为参与民主制！由议会制转变为人民公决！

新社会主义有助于发展所有形式的自我管理，扩大地区和地方政权机构在解决严峻现实问题时的参与程度。

新社会主义将推动公民社会制度的发展，激励社会主动性，使人们能够采取积极的态度捍卫自己的利益。

新社会主义将在同左翼政党和工会组织的紧密协作中得到发展。

新社会主义是人类适宜的生存环境，是对周围环境的保护态度。在全世界范围内，正是左翼政党把保护环境提高到国家政策的层次。

我们的纲领是经过慎重考虑的、十分现实的国家未来发展道路，是恢复国家的世界强国地位的道路。

伟大的国家应该有伟大的目标。

只有新社会主义即21世纪社会主义不仅在理论上，而且在实际中能够回应俄罗斯面临的现实威胁和挑战。

我们为公正的俄罗斯而奋斗！

我们为我们祖国的社会主义未来而奋斗！

我们的价值——公正、自由、团结

我们的世界观和党纲是以公正、自由和团结的基本价值为基础的。

社会主义是向公正社会不断前进的运动。

公正是所有人都平等地享受政治权利和自由，根据人的劳动贡献和能力分配福利的制度，拥有体面生活的权利。

公正同对人的任何歧视都是不相容的。人的尊严不取决于他的出身、出生地、物质状况或年龄。

公正意味着对那些犯法的人仍然要进行制裁。

对公正的追求牢固地扎根于俄罗斯人的民族意识中，扎根于通过文化、传统、历史记忆一代代传下来的价值体系中。

国家的直接责任是保证公正。国家民主制度发展的目的就在于实现政治和社会公正。离开这个目的，民主只能是一个普通的口号。

我们认为，社会公正遭到破坏是国家发展的主要障碍。

我们反对一种傲慢的论断，即用对市场关系的适应能力来衡量人的成就。我们坚信，人的潜能不是在严酷的生存条件下发掘出来的，而是在有组织的、以公正为基础的经济和社会关系中展现出来的。

此外，我们并不认为通往社会公正的道路是由国家不断增加开支来铺就的。我们反对平均主义。公正——是机遇的平等，而不是获取福利的平等。这种平等首先是通过传授知识来保证的。社会应该创造条件，使人民能够自己帮助自己。

应该通过合理的国家政策在工资和税收、平等接受教育、医疗体系、居民低收入阶层的社会救助等方面消除富人和穷人之间的差距。

我们坚决拥护社会公正，在每个地区、每个城市和农村为社会公正而斗争！

公正的思想对我们来说不是政治口号，而是主要目的。我们用公正的思想核对了我们党纲的每一行字。因此，我们党的最终目的和今天应该解决的具体问题之间没有、也不可能有差别。

党认为，公正的思想能够激发亿万俄罗斯人的自我意识和自尊心，能够将他们联合在通往未来的道路上。

自由在社会主义传统中被理解为是人对现实的掌控，是一些人不能压迫和剥削另一些人。自由要求克服屈辱性的依附、克服贫穷和恐惧。

自由扩大了人的自我决定的可能性以及捍卫自己公民地位的权利。这不仅是社会发展的目的，而且是建立真正的公民社会的手段。

没有公正的自由永远是少数人的自由。这种自由是庸俗的利己主义。

我们并不认为，仅仅解放市场的力量就能达到自由。社会保障是个人自由的必要前提条件。自由意味着对社会安全充满信心。

只有在实现了人的社会权利的地方，个人才能够充分利用自己的政治权利。

人的自由同他对周围环境的个人责任是分不开的。忽视别人权利的自由就会滋生专横。

自由只有在法治国家里，在拥有公平对待所有公民的严格的司法制度的情况下才能够实现。只有现实的法律保障能够使人摆脱暴力、屈辱、危险、欺骗和政权的专横，保证言论和政治选举的自由。

我们认为，自由和公正是国家发展和复兴的尺度，是社会政治生活繁荣的标准。

团结是现代社会生存和发展的最重要的条件，是社会关系人道化的基础。

分裂成富人和穷人，由于不可调和的社会矛盾而变得四分五裂、不团结和不负责任的社会是没有前途的。

只有团结的社会才能够建立起真正的社会化国家，才能够保证人民过上体面的生活。

社会主义思想是联合的思想。这个思想不是让人们对立，而是让人们团结。社会主义是真正的、不会引起人们对生活的恐慌的、团结的社会。

很多世纪以来，俄罗斯始终存在着互助和团结的文化传统、集体活动的道德标准。如今在全球化的世界中，我们只有加强合力，才能找到自己的位置。

市场的自发势力让人们互相对立、互相仇恨，分化成不同的阵营。这是如今俄罗斯残缺不全和四分五裂的原因。人们不应该丧失共同的目标、共同的历史感和个人对国家命运的关心。

团结人民是我们国家最重要的任务。

完整的俄罗斯所面临的主要威胁不是敌人的阴谋，而是日益扩大的社会不平等、社会失去团结的状况。

把团结理解为一种责任，就能够使国家决策体制更有效率，就能够加强地方政权和地方自治。没有整个社会的团结和支持，国家不可能克服腐败、犯罪、恐怖、酗酒、吸毒等社会恶习。

实现团结和社会协作的原则，需要建立稳定的国家和社会制度，制定和调整劳动关系。

我们号召所有认为自己是俄罗斯公民的人，所有珍惜祖国未来的人，实现政治团结。

公正、自由、团结，这就是我们的主要价值。我们任何时候都不会放弃这些价值！实现这些价值是俄罗斯恢复强国地位的保证。

我们的目的——使生活公正。

我们的选择——社会主义的未来。

（本文发表在《当代世界与社会主义》2009年第6期）

（路彪 摘译）

俄罗斯自由民主党章程

[俄罗斯自由民主党2001年12月13日第十三次代表大会(莫斯科)通过,经第十五、第十六、第十七、第二十一、第二十二、第二十五、第二十七次代表大会修改]

莫斯科

2013

全称:俄罗斯自由民主党

简称:自民党

"自民党"和"俄罗斯自由民主党"的名称具有相同的法律效力,相同的含义,能在党的所有文件上使用,包括公文用纸、印章和选票。

自民党拥有党的标志,是长宽比例为2∶3的蓝色长方形,其中心印有党的简称"ЛДПР"这四个黄色字母。

自民党拥有党徽,是一个等腰三角形状镶金边的深蓝色盾牌,盾牌尖端朝下,两边是弧形,上部的两角被切割成扇形,盾牌上印有黄色(金色)的俄罗斯地图。地图上旭日东升,光芒四射,光线长短不一。在太阳背景上还有一只展翅翱翔的灰色雄鹰。在党徽的下部有对称的螺旋形黄底金边纽带。纽带上印有"自由"(СВОБОДА)、"爱国"(ПАТРИОТИЗМ)和"法律"(ЗАКОН)字样。在盾牌上部边的下面,平行于该边印有立体的"ЛДПР"四个字母,以深蓝色为底,表面为黄色(金色)。党徽表面的所有文本,均采用"Impact"字体。(如右图)

自民党拥有党旗,是固定在杆上的蓝色长方形旗帜,长宽比例为2∶3,其中心印有党的俄文缩写

"ЛДПР"这四个黄色字母。

自民党拥有党歌,由三段组成。

政党现行领导机关名称和常驻办公地点:自民党最高委员会,俄罗斯联邦莫斯科市。

党是通过改组并以革新全俄社会政治组织"俄罗斯自由民主党"的形式而创建的,是其合法继承者。

1. 总纲

1.1 政党"俄罗斯自由民主党"是自愿的社会联合组织,其宗旨是通过形成和表达俄罗斯联邦公民的政治意愿促使他们参与社会政治生活,参与社会和政治行动,参与选举和全民公决,在国家权力机关和地方自治机关中代表公民的利益。

1.2 自民党的活动以俄罗斯联邦宪法为基础,根据联邦宪法性法律、联邦《政党法》以及其他联邦法律和本章程进行调节。

1.3 自民党的活动以自愿、平等、自治、合法和公开的原则为依据。

1.4 自民党在俄罗斯联邦全境开展自己的活动。

2. 自民党的目标和任务

2.1 自民党的基本目标是:

——形成社会舆论;

——对公民进行政治教育和培养;

——表达公民对社会生活任何问题的意见并将这些意见传达给社会大众和国家权力机关;

——在俄罗斯联邦主体最高公职人员(俄罗斯联邦主体国家最高执行权力机关的领导人)选举中,在国家立法(代表)权力机关和地方自治代表机关的选举中推荐候选人,参加上述机关的选举及其工作;

——推荐俄罗斯联邦总统的候选人和地方自治机关首脑的候选人,参加上述经选举产生的职位的选举。

2.2 根据现行法律,为达到自民党的章程目标,确定下述任务:

——参加国家立法（代表）权力机关和地方自治代表机关的工作；

——参加选举活动，推荐符合现行法律的俄罗斯联邦总统、俄罗斯联邦联邦会议国家杜马各联邦选区代表候选人，推荐议员及国家权力机关和地方自治机关其他经选举产生的职位的候选人；

——参加筹备和实施符合现行法律规定程序的俄罗斯联邦和俄罗斯联邦主体的全民公决；

——参与监督选举、全民公决以及选举委员会、全民公决委员会的工作，参与在俄罗斯联邦选举和全民公决法律规定程序下的其他选举活动；

——组织和开展独立的公共社会学调查；

——与各社会组织和国家机构在实现自民党目标方面开展所有合法形式的合作；

——开展青年工作，与相关的具有爱国倾向的青年组织合作，吸引他们制定和实施自民党的青年政策，支持青年倡议，促进赞同自民党目标和任务的政治上积极的公民形成青年干部轮替；

——宣传自民党纲领和章程中所述的目标和任务，宣传自民党在社会和国家生活中重要问题上的立场，按俄罗斯联邦法律所确定的程序开展选举前宣传活动；

——自民党根据法律确定的程序与相关的宗教团体合作，包括为解决有关信仰自由、信教自由以及建立宗教团体的法律问题而进行合作。宗教团体的成员与其他公民有同等权利参与自民党的活动；

——协调在俄罗斯联邦联邦会议国家杜马、俄罗斯联邦主体国家立法（代表）权力机关、地方代表机关中的议员团和议员的活动。

2.3 自民党的主要任务是通过宪法手段建立社会取向的法治国家，实施多种成分的经济并保障公民权利和自由的实现。

3. 自民党的权利和义务

3.1 自民党有权根据俄罗斯法律规定的程序：

——自由传播党的活动信息，宣传自己的观点、目标和任务；

——参与制订国家权力机关和地方自治机关的决定，包括涉及党的利益问题的决定；

——参加根据俄罗斯联邦法律进行的选举和全民公决；

——建立党的地区分部、地方分部和基层支部，包括具备法人权利的分部，作出改组和取消这些分部的决定；

——组织和召集会议、集会、示威、游行、巡查和其他公开活动；

——成立出版社、通讯社、印刷企业、大众媒体、成人继续教育机构；

——按照规定的程序利用国家和地方大众媒体；

——可同其他政党和其他社会联合组织建立不形成法人的联合体和联盟；

——维护自己的权利，捍卫党员的合法利益；

——同国外的政党和其他社会联合组织建立和保持国际联系，加入国际联盟和联合会等组织；

——开展符合俄罗斯联邦法律和本章程的经营活动；

——在法律规定的程序下，与其他依法注册的以共同形成地方代表机关代表选举的候选人名单为活动目的（目的之一）、建立起联合组织或联盟的非政党社会联合组织签订书面协议。

自民党有权开展俄罗斯联邦法律规定的其他活动。

3.2 自民党有下述义务：

——在自己的活动中遵守俄罗斯联邦宪法、联邦宪法性法律、联邦法律、俄罗斯联邦其他法令法规以及本章程；

——每三年一次向全权机关提交继续活动的信息，指出自民党的党员数量和现行领导机关的常驻办公地点，以及自民党地区分部的信息，指出这些分部中自民党的党员数量和地区分部现行领导机关的常驻办公地点；

——每三年一次向俄罗斯联邦中央选举委员会提交综合财务报告；

——准许全权机关的代表参加政党及其地区分部和其他分支机构举行的公开活动（包括代表大会、代表会议或全体会议）；

——向组织相应级别选举的选举委员会预先通报与推荐议员及国家权

力机关和地方自治机关其他经选举产生的职位的候选人（候选人名单）有关的活动的情况，准许相应级别的选举委员会代表参加上述活动；

——每三年一次向全权机关提交政党、地区分部和其他分支机构（包括竞选联盟）推荐的议员及国家权力机关和地方自治机关其他经选举产生的职位的登记候选人的数量信息，以及已在选举委员会登记的代表候选人名单的信息。上述信息以经相应级别的选举委员会确认的选举结果的记录副本形式提交；

——向全权机关通报变更联邦法律《法人和个体经营者国家注册法》第 5 条第 1 款所规定的信息；

——每季度向俄罗斯联邦中央选举委员会，自民党地区分部向其注册所在地的俄罗斯联邦主体选举委员会提交政党、政党地区分部和政党其他注册分支机构的资金收支；

——履行俄罗斯联邦法律规定的政党的其他义务。

4. 入党条件

4.1 入党是自愿的、个人的行为。

4.2 年满 18 岁，遵守党的章程，承认党的纲领的俄罗斯联邦公民可以成为党员。

4.3 外国公民、无国籍者和法院认定无行为能力的俄罗斯联邦公民，无权成为自民党党员。

4.4 自民党接收党员建立在俄罗斯联邦公民提交个人书面申请并填写最高委员会规定样本的申请表的基础上。

自民党地区分部、地方分部和基层支部根据公民常住地或主要居住地接收申请书和申请表。俄罗斯联邦公民在向自民党的相应机关提交完成的申请书和规定样式的申请表后，在地区分部的协调委员会通过相应决定时，就被接收为自民党党员。地区分部协调委员会关于接收俄罗斯联邦公民为自民党党员的决定由协调委员会最近的一次会议通过。

在个别情况下，自民党中央机关可接收申请书和申请表。在这种情况下，俄罗斯联邦公民在最高委员会作出相应决定时就被接收为自民党党员。

4.5 发给自民党党员最高委员会确定样式的党证和党徽。

党证、党徽的制作，其颁发、使用和保存由最高委员会通过的《党证条例》和《党徽条例》确定。

4.6 自民党党员参加政党的活动，拥有党章规定的权利并履行其义务。

积极参加党内活动不少于15年的自民党党员，根据最高委员会的决定可被授予"自民党老战士"的称号和党的纪念章。积极参加党内活动10年以上的自民党党员，可被授予"自民党荣誉勋章"。《自民党荣誉勋章条例》由最高委员会通过。

获得"自民党老战士"称号的自民党党员有权被自民党代表、地区分部协调员和自民党中央机关的工作人员优先接待。

可对自民党党员给予表彰，授予荣誉证书、奖状和纪念章作为精神鼓励。

4.7 自民党党员拥有下述权利：

——在政党、地区分部和其他分支机构的领导机关、监察机关及其他机关中拥有选举权和被选举权；

——获得政党及其领导机关活动的信息；

——以缴纳党费的形式给予自民党财务支持，或通过其他手段给予物质支持；

——在国家权力机关和地方自治机关的选举中寻求党的支持；

——获得咨询、法律等援助，在规定的程序下利用自民党的影响捍卫自己的合法权利和利益；

——独立选择参与党的活动的形式；

——参加党举行的集会、游行及其他社会政治活动，出席党的代表会议、代表大会和全体会议；

——就党的机关的决定和行动以书面申请和建议的方式向自民党领导机关和监察机关申诉；

——通过向接收其入党的机关递交书面申请可自由退党。

4.8 党的拥护者：

——党的拥护者不是党员；

——年满 18 岁，支持党的纲领性目标和实际活动，给予党任何协助，不反对现行法律和本章程的俄罗斯联邦公民被认为是党的拥护者；

——党的拥护者可由党推荐参选国家权力机关和地方自治机关的经选举产生的职位，在这种情况下，党的拥护者有权支持党进行选举运动。

发给自民党的拥护者经党的最高委员会确定样式的证件。

4.9 自民党党员有下述义务：

——遵守本章程，在自己的活动中遵循党纲；

——以自己的活动促进实现党的纲领性目标和任务；

——不以党的名义作出有悖于党的领导机关决定的声明；

——执行自民党的领导、监察等机关的决定；

——全力支持党及其分支机构参加选举；

——参加党的活动；

——一旦被选入代表（执行）权力机关和地方自治机关，每半年一次向推荐该名自民党党员参加选举的主体机关提交自己的活动报告；

——如果变更常住地或主要居住地，以及变更其他个人信息，应在一个月内通知其登记所在的政党地区分部；

——支持自民党及其分支机构参加选举，支持候选人竞选俄罗斯联邦、俄罗斯联邦主体和地方自治机关的经选举产生的职位，支持自民党及其分支机构推荐或支持的候选人和（或）候选人名单竞选议员和联邦国家权力机关、俄罗斯联邦主体国家权力机关及地方自治机关其他经选举产生的职位。

4.10 自民党党员的个人（初始）登记在地区分部以最高委员会规定的形式进行。自民党党员的综合登记由党的中央机关进行。

4.11 自民党党员在提交个人书面申请的基础上可以自愿退党。申请可递交给党员常住地和主要居住地的基层、地方或地区分部。撤销党员登记的决定由之前通过接收该公民加入自民党的决定的机关作出。

4.12　在下述情况下终止党员资格：

——公民死亡；

——丧失俄罗斯联邦国籍；

——加入其他政党；

——法院认定公民无行为能力的决定生效。

4.13　自民党党员有下述情况之一可被开除出党：

——违反自民党党章；

——党员公开表达不赞同自民党的竞选纲领或者党纲，不赞同最高委员会和党的其他领导机关对于某些问题的观点；

——有诋毁自民党党员名誉和给党带来精神损失的行为；

——提交不实的或虚假的个人信息；

——违反俄罗斯联邦现行法律；

——给自民党造成物质损失；

——出卖自民党的利益；

——对集体领导机关作出的开除党员的决定的正确性不产生疑义的其他行为；

开除出党的决定由地区分部（包括通过地方分部或基层支部的报告）协调委员会作出。

开除党的地区和地方分部的领导人的决定需要在地区分部协调委员会会议上作出并由自民党最高委员会批准。

在特殊情况下，开除出党的决定可由自民党最高委员会作出。

可在一个月内向党的上级机关申诉开除出党的决定。

被开除出自民党的俄罗斯联邦公民在将其开除的决定生效的三年内不得再次加入自民党。

在特殊情况下，提前接收开除出党的俄罗斯联邦公民加入自民党的决定可由最高委员会作出。

4.14　自民党党员在担任联邦法律不允许履职人员留在政党内的国家公职或其他公职时暂时中止党员资格。

暂时中止和恢复自民党党员资格的决定在个人提出书面申请的基础上由地区分部协调委员会作出。在恢复自民党党员资格时，可保留不间断党龄。

因其他原因暂时中止自民党党员资格不被允许。

5. 自民党的领导机关和监察机关

5.1 自民党的领导机关是代表大会、最高委员会和自民党主席。

自民党的监察机关是中央监察委员会。

5.2 选举符合条件的党员组成自民党的领导机关和监察机关，同一人不能连续担任党的集体领导机关（监察机关）的同一领导职位超过两届。

5.3 自民党的最高领导机关是代表大会，根据最高委员会的决定召开，每四年不少于一次。选派代表大会代表名额分配、举行代表大会日期和议程由最高委员会确定。

5.4 非例行代表大会由自民党主席发起或应自民党三分之二的地区分部的要求召开。

5.5 代表大会拥有下述权限：

5.5.1 通过自民党的章程和纲领并提交修改和补充；

5.5.2 选举自民党主席、自民党最高委员会、自民党中央监察委员会以及提前终止其全权；

5.5.3 补选自民党最高委员会和中央监察委员会成员以达到党的代表大会确定的人数；

5.5.4 推荐俄罗斯联邦总统候选人；

5.5.5 根据最高委员会提出的候选资格，推荐俄罗斯联邦联邦会议国家杜马议员候选人联邦级名单；

5.5.6 推荐国家权力机关和地方自治机关经选举产生的职位的候选人；

5.5.7 在俄罗斯联邦联邦会议国家杜马进行选举时，通过组建联盟的决定；

5.5.8 研究政党改组或取消的问题；

5.5.9 通过《最高委员会条例》和《中央监察委员会条例》；

5.5.10 批准党的标志、党旗、党徽和党歌，并对其提出修改和补充；

5.5.11 召回推荐的俄罗斯联邦总统候选人，召回推荐的俄罗斯联邦联邦会议国家杜马议员候选人联邦级名单；

5.5.12 在代表大会审议所推荐的候选人联邦级名单问题时，对那些党的地区分部代表会议（全体会议）作出的符合俄罗斯联邦法律和本章程规定程序的决定所支持的、被建议列入俄罗斯联邦联邦会议国家杜马议员候选人联邦级名单的非某政党党员的候选人与其他候选人同等审议；

5.5.13 在进行联邦选举时任命自民党的全权代表，包括财政问题方面的全权代表；在俄罗斯联邦总统选举、俄罗斯联邦联邦会议国家杜马和其他联邦国家权力机关代表选举时，任命和终止自民党代理人的全权；

5.5.14 在本章程规定的程序下，通过有关党的其他活动问题的决定。

5.6 如果在半数以上的俄罗斯联邦主体中形成的党的地区分部的代表参与代表大会的工作，则代表大会被认为合法有效。

5.7 选举自民党领导机关和监察机关，推荐俄罗斯联邦总统候选人，推荐议员及国家权力机关和地方自治机关其他经选举产生的职位的候选人（候选人名单）的决定，经与会代表的无记名投票多数通过。

代表大会权限中的其他问题的决定，经与会代表公开投票多数通过。

5.8 自民党改组和取消的决定，经与会代表的三分之二的票数通过。

5.9 在代表大会休会期间，最高委员会是自民党的领导机关。最高委员会在代表大会上选举产生，任期四年，人数由党代表大会确定。

最高委员会成员在自民党代表大会选出最高委员会时起的十日内在其成员中选举主席。最高委员会主席主持自民党集体领导机关的工作并执行所通过的决定。

5.10 最高委员会负责组织自民党代表大会决定的执行，讨论和通过自民党有关迫切问题的决定，审议干部问题和党内其他组织问题。

5.11 最高委员会通过下述决定：

5.11.1　建立、改组和取消党的地区分部；

5.11.2　接收党员，在特殊情况下开除党员，提前接收开除出党的俄罗斯联邦公民再次入党；

5.11.3　确定党证和党徽的样式；

5.11.4　确定自民党拥护者证件的样式；

5.11.5　确定自民党嘉奖品、奖励品的样式；

5.11.6　在协调委员会缺席的情况下，同时根据代表会议（全体会议）日程、举行时间、代表会议代表产生的名额分配和程序举行非例行地区代表会议（全体会议）；

5.11.7　确定自民党地区分部协调员候选人，并推荐其进入自民党地区分部协调委员会；

5.11.8　撤销自民党地区分部现协调员的职务，同时提前解散协调委员会，任命自民党地区分部代理协调员，指定非例行地区代表会议召开时间、日程和代表会议代表产生的名额分配；

5.11.9　在现行法律规定的情况下，向俄罗斯联邦总统提交符合联邦《政党法》的俄罗斯联邦主体最高公职人员（俄罗斯联邦主体国家最高执行权力机关领导人）职位的候选人建议，在自民党地区分部缺席（取消）的情况下推荐俄罗斯联邦主体国家立法（代表）权力机关代表候选人；

5.11.10　自民党参加俄罗斯联邦主体国家权力机关和地方自治机关的选举；

5.11.11　提名自民党地区分部代表会议（全体会议）推荐的议员及俄罗斯联邦主体国家权力机关、作为俄罗斯联邦主体行政中心的地方代表机关和经选举产生的其他地方机关其他经选举产生的职位的候选人（候选人名单），以及按统一选区向地方分部会议（代表会议）提名作为俄罗斯联邦主体行政中心的地方代表机关和经选举产生的其他地方机关的候选人（候选人名单）；

5.11.12　从俄罗斯联邦联邦会议国家杜马议员的联邦级候选人名单中删除候选人；

5.11.13 从俄罗斯联邦主体国家立法（代表）权力机关和地方自治机关代表候选人名单中删除候选人，召回根据单席位（多席位）选区推荐的俄罗斯联邦主体国家立法（代表）权力机关和经选举产生的其他机关代表、地方自治机关代表以及俄罗斯联邦主体和地方机关经选举产生的职位的候选人；

5.11.14 召回俄罗斯联邦主体执行权力机关和地方机关经选举产生的首脑的候选人；

5.11.15 建议任命俄罗斯联邦中央选举委员会和俄罗斯联邦主体选举委员会有表决权的成员候选人人选，任命或终止俄罗斯联邦中央选举委员会有发言权的成员的全权，任命或终止在举行联邦选举（全民公决）时的自民党全权代表和代理人的全权；

5.11.16 建议任命地方、选区、区域和投票站选举委员会有表决权的成员候选人人选，在自民党地区分部缺席（取消）或自民党地区分部协调委员会缺席（取消）的情况下任命或终止地方、选区、区域和投票站选举委员会有发言权的成员的全权，在自民党相应的地方分部缺席（取消）的情况下，任命或终止投票站选举委员会有发言权的成员的全权；

5.11.17 提名代表大会推荐的俄罗斯联邦联邦会议国家杜马议员候选人名单，推荐俄罗斯联邦联邦会议国家杜马复选和补选议员候选人。这些决定经与会代表的无记名多数票通过；

5.11.18 向俄罗斯联邦中央选举委员会建议补充俄罗斯联邦联邦会议国家杜马空缺代表席位的候选人人选（在俄罗斯联邦联邦会议国家杜马议员的全权提前终止的情况下）；

5.11.19 任命负责党的财政活动的财政全权代表；

5.11.20 撤销地区分部协调委员会、地区分部协调员的决定；

5.11.21 创建俄罗斯联邦联邦会议国家杜马议员选举的自民党地区分部选举基金；

5.11.22 批准自民党联邦级选举竞选纲领，并保证其颁布；

5.11.23 任命最高委员会全权代表。最高委员会全权代表的权利、义务和活动程序由最高委员会批准的《最高委员会全权代表条例》确定；

5.11.24　建议任命有表决权的成员候选人人选，任命为领导俄罗斯境外投票站选举委员会的活动而建立的区域选举委员会有发言权的成员，任命在俄罗斯境外选举投票站、全民公决投票站组建的上述区域选举委员会、投票站选举委员会观察员；

5.11.25　倡议举行俄罗斯联邦主体全民公决、地方全民公决；

5.11.26　设立出版社、通讯社、印刷企业、成人继续教育机构和大众媒体。

根据本章程，最高委员会通过《自民党荣誉徽章条例》和以《中央监察委员会条例》为基础的《监察机关条例》。

最高委员会拥有自民党章程条款的解释权。

5.12　开除和召回第5.11.13，5.11.14，5.11.15项指出的人员的理由是：

5.12.1　候选人公开或在大众媒体上表达不赞同自民党党纲或竞选纲领，不赞同最高委员会或自民党主席对于某些问题的观点；

5.12.2　候选人放弃参加选举前运动（征集签名、挑选代理人等）或选举运动（拒绝与选民见面，拒绝参加"圆桌会议"及其他鼓动宣传活动等）；

5.12.3　有诋毁党员名誉和给党带来精神损失的行为；

5.12.4　在俄罗斯联邦联邦会议国家杜马候选人联邦级名单、俄罗斯联邦主体国家立法（代表）权力机关单席位（多席位）选区候选人名单形成的阶段，在推荐国家权力机关和地方自治机关其他经选举产生的职位的候选人时，提交不实的或虚假的个人信息；

5.12.5　开除符合本章程第4.13款的自民党党员；

5.12.6　违反现行选举法，违背自民党章程的要求，违背自民党领导机关和中央机关的决定；

5.12.7　候选人患严重疾病或有持续性的健康问题；

5.12.8　法院已生效的判决认定候选人无行为能力；

5.12.9 法院已生效的判决认定候选人死亡；

5.12.10 候选人提交个人书面申请。

5.13 最高委员会会议应在必要时举行，但每三个月不少于一次。最高委员会会议的组织和召开程序由自民党代表大会批准的《最高委员会条例》确定。

5.14 如果与会的最高委员会成员超过半数，则最高委员会被认为合法有效。如果半数以上与会的最高委员会成员投赞成票，则决定通过。投票形式和程序由最高委员会确定。

自民党所有组织和党员都应该执行最高委员会的决定。

推荐俄罗斯联邦主体最高公职人员（俄罗斯联邦主体国家最高执行权力机关领导人）选举的候选人、俄罗斯联邦主体国家立法（代表）权力机关和地方代表机关的代表候选人（候选人名单）、地方自治机关其他经选举产生的职位的候选人的决定，经无记名投票通过。

最高委员会的决定由其主席签名，并加盖自民党公章确认。

5.15 自民党主席由自民党代表大会选举产生，任期四年，是最高委员会成员。他促进巩固自民党在俄罗斯社会政治生活中的作用和地位，促进加强国家的威望。

5.16 自民党主席拥有以下全权：

5.16.1 确定自民党活动的策略和基本方向；

5.16.2 代表自民党发表官方声明；

5.16.3 向代表大会建议最高委员会成员和中央监察委员会成员选举的候选人人选；

5.16.4 建立和维持与国外政党和其他社会联合组织的国际联系；

5.16.5 证明俄罗斯联邦联邦会议国家杜马议员联邦级候选人名单无误；

5.16.6 无须委托即可代表党与国家权力机关、地方自治机关、社会联合组织及其他联盟组织，与国内外大众媒体，与公民发展相互关系，包括民法关系和劳动关系；

5.16.7　以自民党名义授予委托书；

5.16.8　根据党的财政情况及党的需求，任命自民党中央机关领导人，确定自民党中央机关编制；

5.16.9　签署自民党代表大会记录、记录摘录和自民党代表大会决定；

5.16.10　向全权机关提交自民党继续活动的信息，指出自民党的党员数量和现行领导机关的常驻办公地点，以及党的地区分部的信息，指出这些分部中自民党党员数量和地区分部现行领导机关的常驻办公地点；

5.16.11　根据俄罗斯联邦法律确定的程序，向全权机关提交联邦法律《法人和个体经营者国家注册法》第5条第1款规定的信息的变更；

5.16.12　组织向俄罗斯联邦中央选举委员会提交政党综合财务报告；

5.16.13　行使不属于自民党其他机关特殊权限的其他职权。

5.17　自民党中央机关是自民党最高委员会的执行机关，它进行当前的党建工作、党的意识形态工作和依法开展的经营活动，制定自民党在这些问题上的活动计划；允许自民党地区分部和其他注册组织担负起自己物质上的责任；为自民党的最高委员会和党主席准备建议和意见。

5.18　中央监察委员会由自民党代表大会选举产生，任期四年，人数由代表大会确定。中央监察委员会对自民党财政支出及其财产的正确使用进行监督，并解决党内的争议和纠纷。

中央监察委员会的职权范围如下：

5.18.1　对自民党及其组织分支的财政和经营活动进行核查，每年不少于一次；

5.18.2　根据最高委员会决定确定的程序和期限清点自民党的财产；

5.18.3　对自民党地区分部的活动进行有目的的和计划外的检查；

5.18.4　审查最高委员会、自民党地区分部代表会议（全体会议）和自民党地区分部协调委员会通过的决定是否与本章程相符；

5.18.5　研究自民党党员就最高委员会、自民党地区分部代表会议（全体会议）和自民党地区分部协调委员会的决定的申诉（申请），包括就开除出党和拒绝接收入党问题的申诉；

5.18.6　协调自民党地区分部监察委员会的活动并给予业务帮助。

中央监察委员会在其工作中遵循自民党代表大会批准的《中央监察委员会条例》。

6. 自民党的组织结构

6.1　自民党按地域特征建立：根据现行法律和本章程建立地区分部并注册，可以建立地方分部并在必要时注册，可以建立基层支部并在必要时注册。

6.2　自民党地区分部的最高领导机关是代表会议，代表会议至少两年举行一次。

根据最高委员会的决定建立自民党地区分部时，对于在俄罗斯联邦相应主体常住地或主要居住地注册、在自民党中央机关总体登记中的党员来说，最高领导机关是全体会议。举行全体会议的议程、日期、选派代表的程序由自民党最高委员会确定。

6.3　代表会议的职权是：

6.3.1　组织执行自民党领导机关的决定；

6.3.2　确定地区分部活动的基本方向；

6.3.3　按照代表会议（全体会议）确定的数量选举（补选）地区分部协调委员会和监察委员会；

6.3.4　经与最高委员会、中央监察委员会协商开除地区分部协调委员会和监察委员会成员；

6.3.5　批准协调委员会和监察委员会的报告；

6.3.6　选举自民党代表大会代表；

6.3.7　向俄罗斯联邦主体国家立法（代表）权力机关推荐自民党最高委员会提出的代表候选人（候选人名单），向俄罗斯联邦主体国家权力机关推荐自民党最高委员会提出的其他经选举产生的职位的候选人（候选人名单）；

6.3.8　推荐地方自治机关代表和其他经选举产生的职位的候选人（候选人名单）；

6.3.9 根据最高委员会的协议通过关于召回俄罗斯联邦主体国家立法（代表）权力机关代表、俄罗斯联邦主体国家权力机关和地方自治机关其他经选举产生的职位的候选人（候选人名单）的决定；

6.3.10 根据俄罗斯联邦选举法任命全权代表。

6.4 如果半数以上进入地区分部的地方分部代表参加代表会议的工作，则代表会议合法有效。

选派代表会议代表的名额分配和程序、举行代表会议的议程和日期由协调委员会经与自民党中央机关协商确定。

如果不少于总体登记50%的党员参加地区分部全体会议的工作，则地区分部全体会议合法有效。

6.5 代表会议休会期间自民党地区分部的领导机关是协调委员会。

6.6 协调委员会由党员组成，经代表会议（全体会议）无记名投票选出，任期两年。该委员会为完成党的地区分部注册向俄罗斯联邦主体联邦全权执行权力机关提供必要信息，根据俄罗斯联邦《政党法》的要求提供有关地区分部活动的全部必要信息。

协调委员会在代表会议休会期间组织党的建设、意识形态和经济工作。如果协调委员会半数以上成员参加其工作，则认为协调委员会合法有效。

除在复选和补选中推荐国家权力机关和地方自治机关的候选人（候选人名单）的决定以外，其他决定经公开投票多数通过。关于上述问题的决定经无记名投票多数通过。

协调委员会可以下设党的地区分部机关。

6.7 可以根据代表会议的决定将地区分部协调委员会成员开除出协调委员会。必要时代表会议有权通过关于补选协调委员会成员以达到代表会议确定的人数的决定。

在根据自民党最高委员会的决定免除党的地区分部协调员职务的情况下，根据自民党党章5.11.8项，最高委员会有权提前解散地区分部协调委员会和监察委员会。

新一届地区分部协调委员会和监察委员会的选举由地区分部非例行代表会议进行。

代表会议应在协调员被解职之时起六个月内召开。

自党的地区分部协调员解职至举行地区代表会议期间，根据自民党章程5.11.8项，分部由自民党地区分部代理协调员领导。

新协调员应在选出新一届协调委员会后一周期限内选出，新协调员候选人由自民党最高委员会提出。

6.8 协调委员会向相应的地方分部推荐地方自治机关代表和其他经选举产生的职位的候选人（候选人名单）。如果没有地方分部，那么协调委员会经无记名投票自行通过关于候选人（候选人名单）的决定。

6.9 地区分部协调委员会根据地区分部协调员符合俄罗斯联邦法律的提议通过决定提名任命投票站、区域、选区选举委员会和地方选举委员会有表决权的成员候选人，任命或终止选举委员会有发言权的成员以及俄罗斯联邦相应主体的全权代表、代理人和选举观察员的全权。

6.10 协调委员会通过下述决定：

6.10.1 在举行会议（代表会议）之前，但不超过三个月的期限内任命地方分部或基层支部代理协调员；

6.10.2 根据地区分部协调员的本人申请解除其全权；

6.10.3 接收入党、开除出党和撤销党内登记；

6.10.4 授权地方分部协调员提议任命或终止投票站选举委员会有表决权和发言权的成员的全权，以及任命地方和区域选举委员会有发言权的成员、代理人和选举观察员的权利；

经与自民党中央机关协商：

6.10.5 建立地方分部和基层支部，进行（或不进行）国家注册；

6.10.5.1 在复选和补选中推荐非俄罗斯联邦主体行政中心的市级地方自治机关代表和其他经选举产生的职位的候选人（候选人名单）；

经与最高委员会协商：

6.10.6 在复选和补选中推荐国家权力机关和作为俄罗斯联邦主体行

政中心的市级地方自治机关代表和其他经选举产生的职位的候选人（候选人名单）；

6.10.7 变更俄罗斯联邦主体国家立法（代表）权力机关代表选举中候选人（注册候选人）最初被提名的单席位（多席位）选区；

6.10.8 将单席位（多席位）选区提出的俄罗斯联邦主体国家立法（代表）权力代表候选人从统一名单中除名和召回；

6.10.9 召回俄罗斯联邦主体地方自治机关代表和其他经选举产生的职位的候选人；

6.10.10 在有关法律规定的情况下［和在提前中止俄罗斯联邦主体国家立法（代表）权力机关代表全权的情况下］，向俄罗斯联邦主体选举委员会推荐候选人以填补俄罗斯联邦主体国家立法（代表）权力机关和地方自治代表权力机关代表委任资格的空缺；

6.10.11 免去地方分部或基层支部协调员的职务；

6.10.12 任命俄罗斯联邦主体选举委员会有发言权的成员。

在按本章程规定的程序解散协调委员会的情况下，直到选出新的协调委员会之前，协调委员会根据本章程6.8款、6.10.1、6.10.4、6.10.5、6.10.6、6.10.7、6.10.11、6.10.12项和6.14款第6段规定的全权以及党的建设和意识形态工作的全权由最高委员会实现。

6.11 根据最高委员会的提议，党的地区分部协调员在协调委员会行使全权时期在协调委员会上经多数选举产生，与自民党中央机关保持经常性的相互联系并对以下事项负有个人责任：准确、及时执行自民党党主席、最高委员会和中央机关的命令和指示，实施地区分部的财务活动，合理使用党的资金，及时向俄罗斯联邦主体选举委员会提供有关政党地区分部资金的收支信息，按照俄罗斯联邦法律规定的程序和期限实施地区分部的税务核算和提交会计报表，保护党的财产，维持总部运转，参加竞选活动。

地区分部协调员可向协调委员会递交申请，自愿放弃全权。协调委员会应在最近一次会议上接受该申请，解除协调员的职务并在不超过一个月的期限内任命代理协调员。

协调员有权：

（1）无须委托在国家权力机关和其他机构、组织中代表地区分部，以地区分部的名义提出建议和要求；

（2）以地区分部的名义签署文件，包括发放全部活动的委托书；

（3）实际管理地区分部的财产。

地区分部协调员对实施政党地区分部财务活动及其结果负责。

除经与最高委员会协商外，协调员有权以地区分部的名义与国有、商业或其他组织签署一切财务合同。

因在组织党的、财务或经营工作中违反最高委员会的决定可以解除地区分部协调员的职务，并在党的非例行代表会议举行之前任命地区分部代理协调员。

地区分部代理协调员拥有选举出的地区分部协调员的一切全权并负有同样的责任。

6.11.1 在协调委员会通过与本章程规定、自民党领导和监察机关决定相矛盾的决定的情况下，最高委员会可以通过决定将其解散。在这种情况下组织和举行地区分部选举新的协调委员会的非例行代表会议的职责由地区分部协调员承担。

代表会议应在协调委员会解散之日起六个月内召开。再次选出协调委员会时地区分部协调员让出自己的全权。

6.12 地区分部监察委员会在代表会议（全体会议）上从经中央监察委员会同意的党的地区分部成员中无记名投票选出，任期两年。

地区分部监察委员会成员不得担任自民党地区、地方分部或基层支部协调员。

地区分部监察委员会每年不少于两次对党的地区分部的财务和经营活动进行检查，以及审议党的地方（基层）分部的冲突情况并在自己的工作中遵守最高委员会批准的《党的监察机关条例》。监察委员会在党的地区分部代表会议上汇报自己的工作。

下述情况下地区分部监察委员会成员的全权被提前终止：

（1）自愿放弃自己的全权；

（2）地区分部代表会议通过决定提前终止全权；

（3）终止党员资格；

（4）在其他地区分部登记。

由于提前终止地区分部监察委员会成员的全权，在监察委员会行使全权的期限内可以选举新的成员以达到地区分部代表会议上确定的人数。

6.13 经与自民党中央机关协商，自民党地区分部协调委员会可以决定建立地方分部和基层支部并注册。

它们宣传自民党的思想，接收新成员的申请书和申请表，支持自民党候选人竞选议员和其他经选举产生的职务。

地方分部在其会议上有权根据协调委员会的提议推荐相应地方自治机关经选举产生的职位的候选人。

6.14 超过地方（基层）分部25%的成员在场时，分部会议被认为合法有效。会议根据需要举行，但每年不少于两次。

地方分部会议根据地区分部协调委员会的提议推荐地方自治机关代表和其他经选举产生的职位的候选人。

除推荐地方自治机关代表和其他经选举产生的职位的候选人的决定以外，其他决定经公开投票多数通过。

关于推荐地区分部协调委员会提出的地方自治机关代表和其他经选举产生的职位的候选人的决定经无记名投票通过。

地方分部协调员由地方分部会议（代表会议）根据地区分部协调委员会的提议选出，任期一年。同一人不能连续担任地方分部协调员职务超过两届。

连任地方分部协调员一职需与自民党中央机关协商。

地方分部协调员有如下权利：

（1）无须委托在国家权力机关和其他机构、组织中代表地方分部，以地方分部的名义提出建议和要求；

(2) 以地方分部的名义签署文件,包括发放全部活动的委托书;

地方分部协调员对自民党地方分部进行财务活动及其结果负责。

因在组织党的、财务或经营工作中违反协调委员会的决定可以解除地方分部协调员的职务,并在举行地方分部非例行会议(代表会议)之前任命地方分部代理协调员。

地方分部代理协调员拥有选举出的地方分部协调员的一切全权并负有同样的责任。

根据地区分部协调委员会的决定在地方分部协调员下可以建立由三人组成的地方分部执行机关——地方分部委员会。地方分部委员会成员由地方分部会议从自民党党员中选出并向其汇报工作情况。协调员组织地方分部委员会的工作,在地方分部委员会成员之间分配职务,委派任务。

如果地方分部拥有基层支部,允许通过在基层支部会议上推荐代表的形式举行地方分部代表会议。地方分部代表会议举行的地点、日期、选派代表的名额分配和程序由地区分部协调委员会决定。如果半数以上进入地方分部的基层支部代表参加地方分部代表会议的工作,则地方分部代表会议被认为合法有效。基层支部协调员由基层支部全体会议根据地区分部协调委员会的提议选出,任期一年。

基层支部由自民党地区分部协调委员会经与自民党中央机关协商建立。自民党基层支部的最高领导机关是全体会议。如果超过自民党基层支部25%的成员参加基层支部代表会议,则基层支部代表会议被认为合法有效。基层支部全体会议的决定以与会者的简单多数票形式通过并形成记录。

基层支部协调员无须委托在国家权力机关和其他机构、组织中代表基层支部,以基层支部的名义提出建议和要求。

6.15 关于选举自民党地区分部领导和监察机关,以及推荐议员和国家权力机关和地方自治机关其他经选举产生的职位的候选人(候选人名单)的决定,经参加代表会议工作的代表多数无记名投票通过。

关于其他问题的决定经参加代表会议工作的代表多数公开投票通过。

与本章程和自民党领导机关的决定相矛盾的自民党地区分部代表会议（全体会议）、地方分部会议（代表会议）、基层分部会议的决定自通过之时起作废并不得采用。

6.1 自民党在国家立法（代表）权力机关和地方代表机关的议员团

6.1.1 被选入国家立法（代表）权力机关和地方自治代表机关中的自民党党员议员按照法律规定的程序建立自民党党团或其他议员团以协调自己的活动，实现党的竞选纲领。

自民党在国家立法（代表）权力机关中的非党团的议员团根据最高委员会的决定建立，自民党在地方自治代表机关中的非党团的议员团根据相应的地区分部协调委员会的决定建立。

6.1.2 按照法律规定，非自民党党员的议员可以进入自民党在俄罗斯联邦联邦会议国家杜马的议员团或自民党在国家立法（代表）权力机关和地方代表机关中的议员团。

其他政党党员的议员根据其与最高委员会协商的决定可以进入自民党在国家立法（代表）权力机关的议员团，根据其与协调委员会一致的决定可以进入自民党在地方自治代表机关的议员团。

6.1.3 根据自民党最高委员会或地区分部协调委员会的决定，允许自民党党员议员参加俄罗斯联邦主体国家立法（代表）权力机关、地方自治代表机关中的其他议员团。

6.1.4 自民党议员团在其活动中遵守俄罗斯联邦法律、本章程、自民党纲领、有关竞选纲领以及党通过的各项条例。

自民党在国家立法（代表）权力机关的议员团必须履行自民党最高委员会和党主席的决定，自民党在地方自治代表机关的议员团还必须履行自民党地区分部协调委员会的决定。

6.1.5 自民党在国家立法（代表）权力机关和作为俄罗斯联邦主体行政中心的地方代表机关中建立的议员团根据最高委员会符合国家立法（代表）权力机关、地方代表机关章程的提议选举议员团领导人，自民党在其他地方代表机关中建立的议员团根据协调委员会符合地方代表机关章程的提议选举议员团领导人。

6.1.6 议员必须履行自民党议员团的决定。

6.1.7 关于将议员开除出自民党议员团或议员个人要求退出自民党议员团的信息应传达至自民党最高委员会、中央机关和选民。

6.1.8 自民党主席、最高委员会可向自民党在俄罗斯联邦主体国家立法（代表）权力机关、地方代表机关的相应议员团（议员）提出下述建议：

——提请俄罗斯联邦主体最高公职人员（俄罗斯联邦主体国家最高执行权力机关主席）辞职；

——提名有固定（编制）的自民党议员团职业党员议员；

——根据俄罗斯联邦法律规定的程序和理由提请地方首脑辞职；

——地方自治机关所属地方首脑根据地方首脑、地方行政机关和其他附属机关领导向地方代表机关所作的年度报告的结果，对他们的活动作出评价。

6.1.9 自民党及其分支机构对自民党议员和议员团的工作给予协助。

自民党议员团考虑到法律草案（地方代表机关的决定草案）通过的期限保证自民党中央机关获得有关法律草案（地方代表机关的决定草案）的信息以及有关相应的国家立法（代表）权力机关（地方代表机关）实施的正式措施的信息。

进入自民党议员团并负责一定区域（选区）的议员必须向相应的自民党分支机构提供协助。

7. 自民党的财产、财产来源和党的经营活动

7.1 保证党开展符合现行法律和本章程的活动所必需的任何财产可以为自民党所有。

7.2 自民党包括党的地区分部和其他分支机构财产的所有者是整个自民党；党员无权占有党的财产；具有法人资格的党的地区分部和其他注册的分支机构有权实际管理其名下的财产，具有独立的收支平衡表或预算表。

7.3 党的财产只得用于实现党章和党纲规定的目标和任务。

7.4 党的地区分部和其他注册的分支机构以其所支配的财产担保履行自己的义务；在缺乏所指财产的情况下，党本身对党的地区分部或其他注册的分支机构的义务负有补偿责任。

7.5 最高委员会任命的全权代表负责实施党、其地区分部和其他分支机构的财务活动。

7.6 政党货币资金的来源：

——党费；

——根据俄罗斯联邦法律由联邦预算提供的资金；

——党及其地区分部和其他分支机构举办活动的收入以及经营活动的收入；

——民法行为的收入；

——自然人或法人符合现行法律规定的程序所获得的货币资金或其他财产形式的捐款；

——其他法律没有禁止的进账。

7.7 政党资金分置在俄罗斯联邦境内注册的各信贷组织中进行核算。

党及其具有法人资格的地区分部和其他注册的分支机构有权进行单独核算。

7.8 自民党独立决定保证其活动的经济问题，包括劳动报酬问题、经营活动问题、接受和使用货币资金和其他财产的问题。

俄罗斯联邦劳动法和社会保险的法律以及联邦《政党法》条款适用于按劳动合同（协议）在政党机关、其地区分部和其他分支机构工作的人员。

7.9 为创造经济和物质条件以实现党章和党纲规定的目标和任务，自民党、其地区分部和其他分支机构有权进行下列经营活动：

——为宣传自己观点、目标和任务和公布自己的活动成果进行的信息、广告、出版和印刷活动；

——制作和出售有自民党的标志和（或）名称的纪念品，制造和出售出版和印刷品；

——出售和出租自民党所有的动产和不动产。

7.10 自民党、其地区分部和其他分支机构的经营活动收入不能在政党成员之间进行分配，只应用于本章程规定的目的。

7.11 自民党、其地区分部和其他分支机构经营活动的结果反映在政党的综合财务报告中和其地区分部和其他注册的分支机构的财务（会计）报告中。

7.12 自民党、其地区分部和其他注册的分支机构按照俄罗斯联邦法律针对法人规定的程序和期限制作财务和会计报表。

8. 修订和补充党章和党纲的程序

8.1 对自民党党章和党纲的修改和补充在代表大会上以多数票通过。代表大会通过的对自民党党章的修改和补充应按照法律规定的程序进行国家注册。

对党纲的修改和补充应按照法律规定的程序向联邦登记管理机关通报。

9. 自民党及其地区分部和其他分支机构的改组和取消

9.1 党的改组依据联邦《政党法》和党章的规定，根据自民党代表大会的决定并经三分之二与会代表投票通过来进行。

9.2 党的地区分部和其他分支机构的改组根据自民党代表大会的决定或根据最高委员会的决定进行。

9.3 自民党可以根据其最高领导机关代表大会的决定或根据俄罗斯联邦最高法院的决定被取消。

9.4 根据自民党代表大会作出的符合联邦《政党法》第25条第1款和本章程规定的决定取消政党。

下述情况下政党的地区和其他分支机构可以被取消：

——根据自民党最高委员会的决定；

——根据法院按照现行法律规定的程序作出的判决；

——在党被取消的情况下。

9.5 在自民党被取消的情况下，其财产在完成债务清算后用于：

——如果政党根据党代表大会的决定被取消，其财产用于自民党党章和党纲规定的目的；

——如果自民党根据法院的决定被取消，其财产纳入俄罗斯联邦的收入。

9.6 党被取消后其工作人员的文件按照法律规定的程序转交国家档案机关保存。

（原文来源于俄罗斯自由民主党官方网站http://ldpr.ru）

自民党主席
弗·沃·日里诺夫斯基

（戢炳惠、李晓萌 译）

俄罗斯自由民主党纲领（简介）

俄罗斯自由民主党的纲领内容较多，本书选编了中央编译局李兴耕研究员对该党意识形态和纲领政策的简介。

2010年1月，俄罗斯自由民主党编辑委员会出版了题为《俄罗斯自由民主党的意识形态》的小册子，对该党的意识形态和纲领政策作了全面论述，提出了具有浓厚俄罗斯民族主义色彩的主张。这本小册子由该党主席弗拉基米尔·日里诺夫斯基任总编，共96页。现将其主要内容介绍如下。

一、党的奋斗目标

小册子宣称，自苏联解体以来，在俄罗斯形成了三种基本政治思潮：西方民主派、共产主义—国际主义派和爱国主义自由派。掌权的右翼民主派打着确立全民族思想的幌子，企图在国内实行思想垄断。在后苏联时代的最初几年里，大多数所谓的民主派政党或多或少地都采取亲西方的思想立场，带有明显的反俄色彩。而共产党人则继续鼓吹曾给俄罗斯（苏联）造成很大损害的国际主义。现在实际上所有政党的意识形态都朝着爱国主义（多半是假爱国主义）方向转变。俄罗斯自由民主党具有自己的意识形态，其中反映了民族在现今历史阶段的基本目标和利益，集中表达了国家历史文化中的一切宝贵遗产，确定了纲领及其实现道路和手段。

俄罗斯自由民主党宣称，党的意识形态目标是："联合俄罗斯国家的所有爱国主义力量，以实现国家的民族复兴，防止俄罗斯蜕变为西方的半殖民地，恢复俄罗斯的伟大强国地位。"党的基本理想是："爱国主义、自由主义、民主主义、公正和法治。"这些基本理想的总和构成了党的意识形态。该党认为，为了实现这些目标，必须废除1917年以来非法地改变俄罗斯国家版图的所有决定。它宣称，把波罗的海沿岸地区、波兰的俄罗斯土地、芬兰和其他地区从俄国分割出去是非法的；在俄罗斯国家领域内建立苏联也是不合法的，因为它按照民族原则把俄罗斯国家分割成各个"民族共和国"，而这些"民族共和国"的居民多半是俄罗斯人；1991年别洛韦日协定也是非法的、甚至是犯罪的行为，因为它把苏联分割为一些"独立"国家，导致历史形成的俄罗斯国家四分五裂，在俄罗斯国家的一部分领土范围内建立所谓"俄罗斯联邦"，破坏了国家的统一。该党要求在原苏联版图的范围内通过和平方式重新建立俄罗斯国家。第一步是俄罗斯联邦、乌克兰、白俄罗斯、摩尔达维亚和哈萨克斯坦联合起来。波罗的海沿岸地区自古以来属于俄罗斯。该地区应成为俄罗斯的一部分。外高加索和中亚应当加入俄罗斯国家。所有加入俄罗斯国家的共和国具有"区"的法律地位（статус округов）。在俄国将不会用"主权民族共和国"的招牌来掩盖民族不平等。俄罗斯国家既不是苏联，也不是共和国联盟，也不是改头换面的独联体或欧亚联盟。俄罗斯国家应当主要由俄罗斯族人来领导，他们应当担任国家的主要领导职务，从国家总统到地方行政长官都应该如此。在经济、科研、文化和意识形态领域也应这样。一般来说，少数民族的代表可以担任该民族集中居住地区的领导职务。这一做法不是沙文主义，也不是种族主义，不是法西斯主义，而是为了捍卫俄罗斯族人（русские）、俄国人（россияне）、俄国（Россия）的国家利益，复兴俄罗斯的精神道德和文化传统，克服严重的社会精神危机。俄罗斯爱国主义一贯致力于捍卫自己的土地，而不是掠夺他人的土地。

俄罗斯自由民主党自称拥护自由主义，反对极权主义。与此同时，它声称，个人自由不是无政府主义，不是犯罪活动自由。市场关系的自由并不是完全反对国家的调节作用。民主就是人民的政权（власть народа）、老百姓的政权（власть людей）、全社会的政权（власть всего общества），而不是某一个人的政权——既不是君主或是某个集团的专政，也不是委员会的专政或党（阶级）的专政。民主主义与一个党在社会和国家中对政权的垄断和统治是不相容的。它认为，根据历史经验，如果没有强有力的中央政权，没有集中的中央机关，要管理像俄罗斯这样幅员辽阔的国家和维护国家统一是非常困难的。应当建立统一的、单一制的而非联邦制的国家。国家元首应该拥有强大权力，议会也应是强有力的。俄罗斯应是真正民主的、社会的、世俗的和法治的国家，即自由主义的民主的社会国家，而不是社会主义国家，也不是资本主义国家。小册子宣称，"俄罗斯既不需要回到资本主义，也不需要回到社会主义。它应当建立一种社会、经济和政治制度，把资本主义和社会主义的优点结合起来，同时考虑到俄罗斯的具体条件、特点和传统"。

二、党的纲领主张

小册子提出了俄罗斯自由民主党的一系列纲领主张，其中包括：加强中央政权，把俄罗斯从联邦制改成单一制、议会民主制国家，实行一院制，把民族共和国体制改为省（州）体制。在统一的俄罗斯国家中，唯一的官方语言应是俄语，它是国家绝大多数居民使用的语言。该党要求对宪法作一些修改，建议在序言部分明确宣布："我们——俄罗斯族人和俄罗斯联邦的其他民族……"，认为在宪法中不谈俄罗斯民族是对俄罗斯的侮辱。宪法提到了所有民族，就是不谈俄罗斯民族，而居住在国家中的大多数人恰恰是俄罗斯族人。该党还建议解散现在的联邦委员会（议会上院），只保留国家杜马。在议员中不应有任何商人，只应有专家，包括经济学家和法学家。而歌唱家、滑冰运动员和理发师不应担任杜马议员。

该党主张多种成分的经济结构，各种所有制形式的企业具有同等权利和机会，但国家不应放弃对经济过程的管理。它主张把俄罗斯境内所有矿业部门转归国有，对原料部门实施国家监督，实行国有化。要提高工资和退休金，至少提高两倍。必须消除银行领域的混乱状况，加强对银行的监管，严禁投机行为。扶持中小型企业。实行有差别的所得税。小册子还对该党提出的克服经济危机的建议《如何摆脱危机》作了进一步说明。要求改善医疗体制，重视生态环境，保证俄罗斯的人口到 2040 年增加到 2 亿，调整移民政策，改革教育体制，反对滥用麻醉品，在俄罗斯东正教精神传统的基础上发展民族文化，打击犯罪活动，消除腐败等。

小册子宣称："作为战略前景，党呼吁在原苏联边界范围内，在历史形成的地缘政治区域里重建俄罗斯，恢复俄罗斯的伟大强国地位。党认为，解散苏联并在其领土上建立一些所谓的主权国家是非法的。俄罗斯自由民主党反对肢解俄罗斯联邦并把一些领土从联邦中分裂出去。与此同时，俄罗斯自由民主党也并不主张通过暴力方式把原先属于苏联的领土都合并到俄罗斯联邦中来。党反对引导国家与邻国以及其他国家发生武装冲突和战争。党的出发点是，这些地区的人民迟早会自己要求回到伟大的俄罗斯国家中来。但必须分阶段地实现这一目标。"

俄罗斯外交政策的优先方向是与独联体和波罗的海各国（即原苏联各个共和国）的关系，致力于在原苏联版图的范围内实现并发展重新一体化的过程。俄罗斯自由民主党要求修改俄罗斯与乌克兰的边界，把克里木和乌克兰的整个南部和东部地区重新归还俄国。该党坚决反对美国及其盟国在巴尔干的侵略行动，认为日本和中国在远东地区是俄罗斯的重要经济伙伴。在对日关系中，千岛群岛的地位不容改变。在对华关系中，该党认为，俄国与中国有很长的边界。一方面，这使两国之间可以发展商务、经济和其他关系。另一方面，这可能导致出现数以百万计的中国人渗入俄国领土、把那里的俄国居民排挤出去的危险。该党声称："必须采取严厉的经济、行政和军事手段，制止和消除来自中国方面的'种族入侵'，决不允许他们把相当部分的俄国领土事实上分割出去。中国的劣质食品和其他商品贸易也令人担心。必须要求俄国商人在俄罗斯境内验收中国商品，商务活动应有利于俄罗斯。"该党对巴西、俄国、印度、中国"金砖四国"的合作持肯定态度，认为这四国可以成为与北约组织相抗衡的力量。

（本文发表在《国外理论动态》2010年第7期，原标题为《俄罗斯自由民主党的意识形态》）

（李兴耕 编写）

图书在版编目（CIP）数据

世界主要政党规章制度文献. 俄罗斯 / 俞可平，陈家刚主编；徐向梅分册主编. —北京：中央编译出版社，2016.6

ISBN 978-7-5117-3040-4

Ⅰ. ①世… Ⅱ. ①俞… ②陈… ③徐… Ⅲ. ①政党-规章制度-文献-俄罗斯 Ⅳ. ①D564

中国版本图书馆 CIP 数据核字（2016）第139265号

世界主要政党规章制度文献. 俄罗斯

出 版 人：葛海彦
责任编辑：苗永姝
责任印制：尹 珺
出版发行：中央编译出版社
地　　址：北京西城区车公庄大街乙5号鸿儒大厦B座（100044）
电　　话：（010）52612345（总编室）　　（010）52612335（编辑室）
　　　　　（010）52612316（发行部）　　（010）52612317（网络销售）
　　　　　（010）52612346（馆配部）　　（010）55626985（读者服务部）
传　　真：（010）66515838
经　　销：全国新华书店
印　　刷：山东鸿君杰文化发展有限公司
开　　本：787毫米×1092毫米　1/16
字　　数：368千字
印　　张：25.75
版　　次：2016年6月第1版第1次印刷
定　　价：150.00元

网　　址：www.cctphome.com　　邮　　箱：cctp@cctphome.com
新浪微博：@中央编译出版社　　微　　信：中央编译出版社（ID：cctphome）
淘宝店铺：中央编译出版社直销店（http://shop108367160.taobao.com）　　（010）52612349

本社常年法律顾问：北京嘉润律师事务所律师　李敬伟　问小牛
凡有印装质量问题，本社负责调换。电话：（010）55626985